어린이를 위한 미래직업 100

**미래는 어떻게 변하고
직업의 미래는 어떻게 달라질까요?**

어린이를 위한 미래 직업 100

개정판

미래 유망 직업과 새로 등장할 직업

최정원, EK티쳐미래교육연구소 글 | 정지혜 그림

이케이북

10년 후 자신의 모습을 마음껏 꿈꾸세요!

••• 우리 어린이들이 미래에 직업을 가질 때쯤 사회는 어떤 모습일까요?

10년 전 오늘날을 예측할 수 없었듯이 우리가 10년 후를 정확히 예측하는 것은 거의 불가능합니다. 한 가지 분명한 것은 급격한 기술의 발달로 세상이 너무나 빠르게 변화하고 있다는 것입니다. 10~20년 후에는 상상 속에서나 존재하던, 혹은 상상 하지도 못했던 직업이 새롭게 탄생하기도 하고, 지금 인기가 있고 돈이 잘 벌리는 직업이 저무는 달처럼 사라지는 일도 생길 것입니다. 그러나 미래 사회라고 하여 색다르고 새로운 직업들만 있는 것은 아니겠지요.
그래서 이 책에서는 현재 사회를 분석하여 미래에도 유망한 직업을 골라냈어요. 또한 기술의 발전과 전 세계 사회의 변화를 연구하여 새로 등장할 직업도 소개합니다.

••• 지금도 인기가 높고, 10년 후에도 '유망한 직업'은 무엇일까요

이 책에서는 우선 여섯 파트에 걸쳐 미래에도 유망할 직업을 소개하고 있습니다.
'의학/과학/기술', '행정/사법/교육', '언론/문학/방송', '문화/예술', '패션/미용/요리', '경제/경영/서비스' 등 미래에도 안정적이거나 큰돈을 벌 수 있는 직업들은 계속 인기를 누릴 것입니다.
또한 건강과 웰빙을 추구하는 사회적 분위기 때문에 의료 분야와 사회복지, 문화생활과 관련된 직업들은 향후에도 각광을 받을 것으로 보입니다. 첨단 기술과 서비스 산업의 발전도 미래 유망 직업에 영향을 미칩니다.

••• 미래에 새 직업이 등장하게 되는 이유를 생각해 봤나요?

이 책에서는 미래에 더 각광받는 직업을 '우리 앞으로 바짝 다가온 직업'과 '새로운 기술, 새로운 직업'이라는 주제로 설명하고 있어요. 지금은 없는 직업이 미래에 등장하는 이유는 두 가지로 생각해 볼 수 있어요.
첫째, 사회가 고령화되고 정보화되어서 더 건강하고 더 행복하고 더 편리한 생활을 돕는 직업들이 급부상할 거 같습니다.
둘째, 로봇공학·우주공학·나노공학·유전공학 등 첨단기술을 활용한 직업들이 생겨나기 때문입니다. 그래서 미래 사회를 서술할 때는 미래학자들의 주장과 예측, SF영화 등을 적극 활용하여 흥미와 사실성을 높였습니다.

••• 이 책은 교육자로서의 전문성과 엄마의 진정한 마음으로 썼습니다

이 책은 교육 콘텐츠를 만드는 전문가 입장에서 어린이 여러분에게 정보를 주려고 노력했습니다. 또, 엄마 마음으로 어린이 여러분이 스스로 자신의 꿈을 진지하게 생각할 수 있기를 바라면서 다음 세 가지 특징을 강조했습니다.
첫째, 각 직업을 소개할 때 정보로만 접근하지 않고, 직업의 가치·의미와 사명감까지 생각해 볼 수 있도록 서술했습니다.

둘째, 사람은 모두 다른 사람들과 연결되어 있습니다. 화려한 직업이 아니라도 묵묵히 자신의 일을 해나가는 사람들에게 감사하고 이해하는 마음을 가져야 한다고 생각합니다. 그런 의미에서 직업의 좋은 점만을 나열하지 않고 힘든 점이나 관련된 면을 들여다보고, 어떤 과정을 거쳐 될 수 있는지 간략한 정보를 제공했습니다.

셋째, 이 직업을 위해 어떤 적성과 흥미, 성격, 가치관을 가지면 좋을지 밝혔습니다. 특히 한 파트가 끝날 때마다 〈못다 한 이야기〉 코너에서 과학자, 공무원, 연예인 등의 직업에 대해 갖고 있는 선입견이나 고정관념을 해소해 주려고 노력했습니다.

이 책은 2013년에 처음 출간되었어요. 개정판에서는 빠르게 변화하는 사회적 내용을 수정하여 반영했어요. 또한 이미지를 새롭게 바꾸었답니다.

마음껏 꿈꾸고 상상하는 것은 아이들의 특권입니다. 이 책으로 어린이들이 직업에 대한 인식을 넓히고 미래의 꿈을 다채롭게 키울 수 있기를 희망합니다.

2016년 9월
최정원 · EK티쳐미래교육연구소

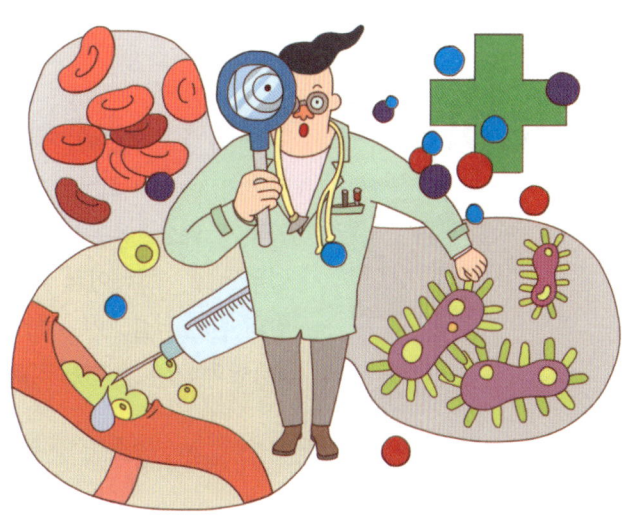

Chapter 1
의학/과학/기술

의사 10　간호사 12　한의사 14　수의사 16　약사 18　물리치료사 20
농업연구사 22　건축가 24　로봇공학자 26　컴퓨터 보안 전문가 28
디지털영상처리 전문가 30　웹 기획자 32　항공기 조종사 34

못다 한 이야기 1 _ 대한민국에서 이공계에서 진학한다는 것은? 36

Chapter 2
행정/사법/교육

대통령 40　국회의원 42　경찰관 44　소방관 46　외교관 48
판사 50　검사 52　변호사 54　법무사 56　변리사 58
교사 60　독서치료사 62

못다 한 이야기 2 _ 공무원은 미래에도 편하고 안정적인 직업일까? 64

Chapter 3
언론/문학/방송

기자 68　아나운서 70　리포터 72　작가 74　사서 76
편집 기획자 78　게임시나리오 작가 80　카피라이터 82
동시통역사 84　촬영 기사 86

못다 한 이야기 3 _ 마음을 움직이는 스토리의 힘! 88

Chapter 4
문화/예술

작곡가 92　지휘자 94　연주자 96　영화감독 98　영화 관련 직업 100
안무가 102　운동선수 104　판소리 가수 106　가수 108　개그맨 110
성우 112　큐레이터 114　캘리그래피스트 116　화가 118　만화가 120
만화 관련 직업 122　사진작가 124　공예가 126　네온아트 전문가 128

못다 한 이야기 4 _ 화려한 스타를 꿈꾸는 어린이에게 130

Chapter 5 패션/미용/요리

모델 134   메이크업 전문가 136   스타일리스트 138   미용사 140
귀금속 가공사 142   플로리스트 146   요리사 148   영양사 150
소믈리에 152   바리스타 154

못다 한 이야기 5 _ 반짝반짝 디자이너의 세계 156

Chapter 6 경제/경영/서비스

회계사 160   마케팅 전문가 162   재무설계사 164   펀드매니저 166
경호원 168   항공승무원 170   여행안내원 172   쇼핑호스트 174
공인중개사 176   국제의료관광 코디네이터 178

못다 한 이야기 6 _ CEO가 되고 싶어요! 180

Chapter 7 우리 앞으로 바싹 다가온 직업

데이터 과학자 184   가상현실 법률가 186   개인데이터 관리자 188
노화예방 매니저 190   인생 설계사 192   홈스쿨링 전문기획자 194
동물권리보호 전문법률가 196   담수전환회사 198

못다 한 이야기 7 _ SF영화가 그리는 가상현실 200

Chapter 8 새로운 기술, 새로운 직업

나노 의사 204   인간신체 제조회사 206   약제농업 208
유전공학 식재료회사 210   군사로봇 전문가 212   첨단과학 윤리학자 214
우주여행 가이드 216   날씨변경 감시경찰 218   통역기사 220

못다 한 이야기 8 _ 20년 이내에 나타날 새로운 직업들 222

Chapter 1

100 Jobs of the Future

 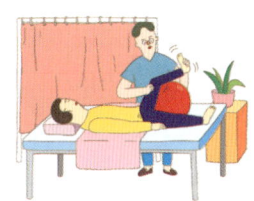 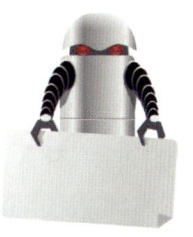

의학/과학/기술

조선시대까지 우리나라는 농업이 중심인 나라였어요. 그런데 1960년대부터 "우리도 한번 잘 살아보세!"라고 외치면서 산업화를 추진했지요. 공장에서 제품을 생산하는 제조업이 급성장하자 많은 사람들이 농촌을 떠나 도시로 향했어요. 1990년대 들어서는 서비스산업도 크게 번성하기 시작했어요. 농업 분야에서 일하는 사람들은 더욱 줄게 됐지요. 서구화된 식탁 때문에 쌀 소비가 감소하고 값싼 수입 농산물이 들어오면서 우리나라 농부들은 힘든 시기를 보내고 있답니다. 그런데 요즘 다시 농촌으로 돌아가는 사람들이 늘고 있대요. 논에 물을 대 주는 기술과 비닐하우스 시설, 농업기계가 발전했고, 과일·채소 등 경제적으로 이득이 큰 작물을 잘 키워내면 큰돈을 벌 수 있기 때문이에요. 다른 분야처럼 농업도 첨단기술과 만나고 있어요. 농업에 필요한 기술을 개발하는 농업연구사들 덕분이에요. 농업연구사는 병에 잘 걸리지 않고 수확량이 좋은 새로운 품종, 더 좋은 재배기술, 유기농법 같은 친환경기술 등을 연구해서 농부에게 전해 줘요.

의사 Doctor

환자를 치료하고
질병을 예방하는 전문가

 의사는 환자들의 상처나 질병, 장애 등 아픈 곳을 진단하고 낫게 해 줘요. 병이 나은 후에는 다시 병에 걸리지 않도록 예방해 주죠. 사람의 생명을 다루는 의사는 끊임없는 공부와 따뜻한 마음이 필요한 직업이랍니다.

◉ 배가 아플 땐 어떤 의사선생님을 찾아 가야 할까요

의사는 우리가 아플 때 진찰해 주고 어떤 병인지 알아내 고쳐 주는 사람이에요. 환자가 찾아오면 전문적인 의료 지식과 기술을 활용해서 증상에 따라 검사하고 진단해요. 그다음 치료 방법과 순서를 결정하고 약물 처방이나 외과적인 수술을 하지요.

감기가 걸리거나 배가 아프면 보통 동네 병원을 먼저 찾아요. 일반의는 몸 전체의 이상을 전반적으로 다 봐 주지만 간이나 위장 등의 기관이 심각하게 망가진 경우는 그 기관을 깊이 연구한 큰 병원의 전문의에게 가서 진료를 받아야 해요.

몸속 각 기관을 담당하는 내과에는 어떤 것들이 있는지 몇 가지 알아볼까요? 간, 위장, 대장, 소장처럼 소화에 관여하는 기관은 소화기내과 전문의가 담당해요. 혈액이 우리 온몸을 도는 과정과 관계된 기관은 순환기(심장)내과에서 진료를 본답니다.

또한, 우리 피에서 노폐물을 걸러 주는 콩팥에 이상이 생기면 신장내과에 가야 해요. 숨 쉬는 기관인 폐와 관련된 질환은 호흡기내과가 담당하죠. 이렇게 의사는 병을 고친다는 공통점이 있지만 각기 전공하는 분야가 다르답니다.

의사의 전문 분야

다양한 질병 및 장애가 있는 사람, 상해를 입은 사람을 치료하기 위해 의사의 전문 분야는 총 26개에 달해요. 내과, 외과, 정형외과(운동기관), 흉부외과(가슴부위의 기관), 신경외과, 소아청소년과, 산부인과, 안과, 이비인후과, 피부과, 비뇨기과(비뇨생식기관), 신경과, 정신과, 예방의학과, 재활의학과, 성형외과, 응급의학과 등이지요. 내과와 외과는 수술을 하느냐, 안 하느냐의 차이가 있어요.

🟣 생명을 살리는 고귀한 직업

의사는 수입이 좋고 사회적으로 존경을 받는 직업이에요. 하지만 사람의 생명을 다룬다는 긴장감이 크고 내 몸이 아플 때도 환자를 친절하게 보살펴야 하는 희생정신이 필요하지요. 의사가 된 뒤에도 새로운 의료기술을 끊임없이 익히고 공부해야 한답니다.

🟠 의예과 졸업 후 의사 국가시험을 봐요

다른 대학은 4년간만 공부하면 졸업하지만 의과대학은 예과 2년, 본과 4년을 합해서 6년을 학교에 다녀야 해요. 졸업한 후 의사국가면허시험에 통과해서 보건복지부장관이 주는 의사면허를 취득하면 일반의가 된답니다. 일반대학을 나와서 의학전문대학원을 졸업한 뒤에 의사 시험을 봐도 되지요.

시험에 합격하면 대학병원에 들어가 1년간 인턴(수련의)이 되어서 모든 과에서 수련하게 돼요. 그 과정을 밟은 후에 전공하고 싶은 과가 정해지면 그쪽에서 3~4년간 레지던트(전공의) 생활을 하게 된답니다. 그 후 전문의 시험을 봐서 합격하면 그때부터 전문의가 되는 것이지요. 다시 2년간 펠로우(전임의) 과정을 밟으면 의대 교수가 될 수 있어요.

🟡 의사를 꿈꾼다면 필요해요

의사로서의 적성 의대를 입학하고도 시체 해부 하는 것을 견디지 못해서 수업 시간마다 울다가 과를 바꾼 학생들도 많다고 해요.

긍지와 사명감 수없이 많은 환자를 보는 일은 생명을 살린다는 긍지 없이는 하기 힘들어요.

판단력과 소통능력 의사는 위급한 상황에서의 판단력과 환자와 성실하게 소통할 수 있는 능력이 필요해요.

히포크라테스 선서

이제 의업에 종사할 허락을 받으매 나의 생애를 인류봉사에 바칠 것을 엄숙히 서약하노라.
나의 은사에 대하여 존경과 감사를 드리겠노라.
나의 양심과 위엄으로서 의술을 베풀겠노라.
나의 환자의 건강과 생명을 첫째로 생각하겠노라.
나는 환자가 알려 준 모든 내정의 비밀을 지키겠노라.
나의 위업의 고귀한 전통과 명예를 유지하겠노라.
나는 동업자를 형제처럼 생각하겠노라.
나는 인종, 종교, 국적, 정당정파, 또는 사회적 지위 여하를 초월하여 오직 환자에 대한 나의 의무를 지키겠노라.
나는 인간의 생명을 수태된 때로부터 지상의 것으로 존중히 여기겠노라.
비록 위협을 당할지라도 나의 지식을 인도에 어긋나게 쓰지 않겠노라.
이상의 서약을 나의 자유의사로 나의 명예를 받들어 하노라.

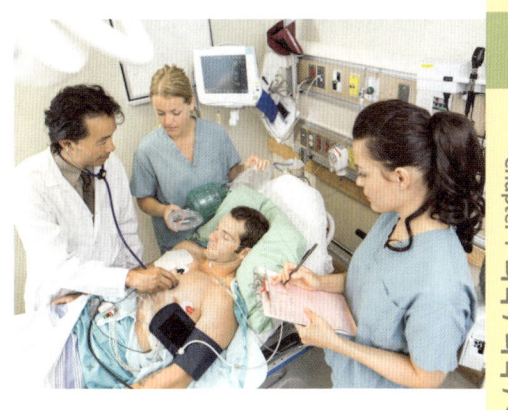

간호사 Nurse

의사를 도우며
환자를 돌보는 전문가

간호사는 의사의 진료 및 치료활동을 도와 환자가 빨리 회복할 수 있도록 돌봐 줘요. 몸이 아플 때는 마음도 약해진답니다. 간호사는 환자를 안심시키고 마치 엄마처럼 정성껏 챙겨 주기 때문에 '백의의 천사'라고 불려요.

● 의사와 환자한테 꼭 필요한 사람이에요

병원에 가면 제일 먼저 만나는 사람이 누구일까요? 진찰실에 들어가기 전에 진료 내용과 순서를 알려 주고 진료를 받은 후에는 처방전과 검사할 내용을 설명해 주는 친절한 사람이 바로 간호사랍니다.

혹시 병원에 입원하거나 문병을 가 본 적이 있나요? 병원에 입원하면 링거를 꽂고 수액으로 주사를 맞아야 하는데 간호사들이 링거 주사를 놔 주지요. 의사의 처방에 따라 약을 주는 것도 간호사들이랍니다.

의사가 없을 때 급한 일이 생기면 응급처치도 하지요. 밤이나 낮이나 입원 환자의 상태를 점검하러 병실마다 다니면서 체온·맥박·혈압 등을 기록하고 환자나 가족들에게는 치료내용이나 질병예방에 대한 설명까지 해 줘요.

그뿐만 아니라 의료 기구와 물품이 제대로 있는지 점검하는 일, 컴퓨터로 환자의 병력을 관리하는 일도 간호사들이 한답니다. 한마디로 간호사는 의사가 하는 모든 진료와 치료 활동을 도와요. 수술에 참여하여 의사를 보조하기도 하지요.

간호사? 간호조무사?

사람들은 흰 가운을 입고 의사를 도우면 모두 간호사인 줄 알지만 간호사와 간호조무사는 엄연히 구분되어 있어요. 간호사는 주사를 놓고 약을 투여하고 병실의 모든 업무를 도맡지만 간호조무사는 이런 간호사를 도와주는 일 외에는 할 수 없답니다.

입원 환자들의 침상을 정리하고 차트 등을 찾아 간호사에게 전달하는 일도 간호조무사들의 일이지요. 고등학교를 졸업하고 사설 학원 등을 다니면 간호조무사 자격시험을 칠 수 있어요. 2018년부터는 간호조무사 제도가 없어진다고 해요.

◉ 환자를 돌보는 일은 책임감이 필요합니다

병원은 감염 우려가 있는 곳이니 각별한 주의가 필요해요. 환자들 중에는 말을 할 수 없는 아기부터 뇌졸중 환자, 중환자 등이 있어서 자기표현을 못하는 경우도 많습니다. 종합병원의 간호사는 24시간 3교대로 근무해야 하기 때문에 체력적으로 힘들어요. 병원은 이렇게 힘든 일터이지만 매일매일 기적이 펼쳐지는 곳이기도 해요.

◉ 간호사는 점점 더 많이 필요해지고 있어요

이렇듯 간호사는 학교를 다니며 임상실습을 하고 전문적인 간호기술을 익힌답니다. 4년제 대학교의 간호학과나 3년제 전문대학의 간호과를 졸업하면 간호사 자격시험을 치를 수 있어요. 간호사 면허를 취득하고 나면 개인병원이나 종합병원에 취직할 수 있어요. 종합병원의 간호사는 수간호사와 주임간호사 등으로 승진할 수 있답니다.

간호사는 그 외에도 복지관, 산후조리원, 요양시설, 의료 관련 기업, 연구소 등에서 활동해요. 간호직 공무원임용시험에 합격하면 보건소에서 근무하는 공무원이 되고, 교원임용고사에 합격하면 보건교사가 될 수 있어요.

노인 인구가 늘어나고 사회복지가 확대되면서 간호사 수요는 점점 늘어나고 있어요. 아직은 여성이 대부분이지만 앞으로는 남자 간호사들도 많이 생겨날 거예요.

◉ 간호사를 꿈꾼다면 필요해요

사명감과 봉사정신 생명을 다루는 의료인으로서 사명감이 필요해요.
따뜻한 마음과 소통능력 상대방을 배려하고 다른 사람의 말에 귀 기울일 줄 알아야 해요.
침착함 긴박하고 위급한 상황에서도 침착하게 대처할 수 있어야 해요.

간호사를 전문직으로 만든 나이팅게일

영국에서 태어난 플로렌스 나이팅게일(1820~1910)은 1854년 발발한 크림 전쟁에서 부상병 간호에 헌신했어요. 당시 영국군은 전사자 5,000여 명에 병사자가 1만 5,000여 명일 정도로 치료 환경이 열악했지요. 나이팅게일은 철저한 위생 관리, 엄격한 규율 확립 등으로 터키 스쿠타리 야전병원의 환자 사망률을 42%에서 2%로 낮췄어요.

전쟁이 끝나고서는 여성 의료진을 교육하는 데 힘써서 근대 간호학의 창시자로 불려요. 간호사가 되려는 사람들은 "나는 일생을 의롭게 살며 전문 간호직에 최선을 다할 것을 하느님과 여러분 앞에 선서합니다……."라는 나이팅게일 선서를 한답니다.

한의사 Oriental doctor

한방 원리로 환자를 치료하는 의사

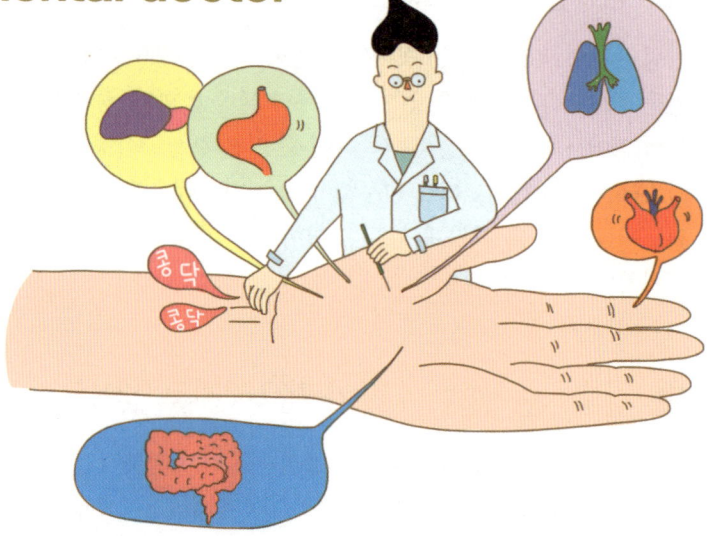

한의사는 우리나라의 한방 의료기술로 환자를 치료해 줘요. 진맥을 짚어 병을 진단한 다음 한약이나 침, 뜸 등을 통해 우리 몸의 저항력을 길러 주지요. 우리 몸은 스스로 병을 물리칠 수 있는 힘이 있다고 해요!

◉ 눈을 지그시 감고 진맥을 짚어 보면 안다고요?

서양식 의술이 들어오기 전에도 사람들은 아프면 병원에 갈 수 있었을까요? 물론이에요. 사람들이 살아가는 한 병드는 사람은 생기기 마련이죠. 나라와 민족마다 치료해 주는 고유의 의사가 있는데 우리에게는 한의사가 있어요. 『동의보감』을 지은 허준이 대표적이지요. 한의학이 서양 의학과 다른 점이 있다면 한약, 침, 뜸 등을 이용하여 수술용 칼 없이 스스로의 회복 기능을 활용해서 고친다는 점이에요.

병을 알아내는 방법도 특이하지요. 안색이나 겉에 나타나는 증상을 판단하는 것은 양방이나 한방이 모두 같지만 청진기 같은 기구를 쓰지 않고 직접 정맥을 손으로 짚는다는 게 큰 차이예요. 이걸 진맥이라고 합니다. 맥박이 뛰는 세기와 간격·특징 등을 분석해서 우리 내장기관과 전혀 관계없을 것처럼 보이는 부위에 침을 놓으면 신기하게도 그 내장기관에 변화가 일어난다는 사실이 실험 결과 밝혀졌어요.

싸우지 않고 이기는 자가 진정 승리하는 자라는 말이 있잖아요. 몸에 칼을 대지 않고도 병든 내장기관을 고치는 사람, 진짜 실력

이제마의 사상의학

조선 말기 한의학자인 이제마(1837~1900)는 사람의 체질과 성격을 중심으로 사람을 4종류로 분류한 사상의학을 주장했어요. 태양인, 소양인, 태음인, 소음인의 체질에 따라 약 처방도 달리해야 한다고 말입니다.

서양에서는 몸에 병이 드는 것을 세균이나 병균이 침투했다고 생각해요. 그렇지만 한의학은 병이 우리 몸속에 흐르는 기와 관련이 있다고 생각하지요. 그래서 병에 걸린 부위뿐만 아니라 몸 전체의 조화를 본답니다.

자가 아닐까요?

한의사는 조심할 일이 많습니다

한의사는 맨손으로 몸속의 상태를 판단해야 하므로 누구보다도 열심히 지식을 쌓고 많이 실습해야 해요. 침을 놓을 부위를 실수로 잘못 선택하면 부작용이 생길 수도 있고, 한약을 제조할 때 분량을 잘못 처방하면 건강이 나빠질 수 있으므로 주의해야 한답니다. 요즘은 농약을 잔뜩 친 수입산 한약 재료가 많이 들어와 약재를 선택할 때에도 조심해야 해요.

의학이 발달할수록 치솟는 한의학의 인기

한의과대학에 입학해 예과(2년)와 본과(4년) 과정을 모두 마치고 한의사 국가면허시험에 합격해야만 한의사가 될 수 있어요. 예전에는 한의학과가 있는 대학교가 전국에 몇 군데밖에 없었는데 경희대학교, 원광대학교 등 한의학과가 크게 늘고 있어요. 의학기술이 발달할수록 자연의 섭리를 중시하는 한의학의 인기가 치솟고 있다는 증거예요.

대학을 졸업한 후에 한의사가 되고 싶으면 한의학전문대학원(4년)에 진학하면 돼요. 졸업하면 한의학 석사학위와 한의사 면허시험을 볼 자격이 생기지요. 한의사 면허를 취득하고 바로 한의원을 개업해도 상관없어요. 만일 전문의가 되고 싶다면 종합병원에서 1년의 일반수련의(인턴) 과정과 3년의 전문수련의(레지던트) 과정을 거친 후 전문의자격시험에 합격하면 된답니다.

한의사를 꿈꾼다면 필요해요

책임감과 따뜻한 마음 좋은 한의사가 되려면 환자를 따뜻하고 정직하게 대하는 마음이 필요해요.
암기력 방대한 한의학 지식을 공부하려면 암기력이 뛰어난 사람이 유리하죠.
한자 한의학 책들은 전부 한자로 되어 있으니까 지금부터 한자 공부를 열심히 하세요.

실력 있는 한의사가 되는 비법

과거에는 한의사가 되려면 한의원에 견습생으로 들어가 온갖 힘든 심부름을 도맡으면서 한의사 선생님이 하는 일을 배웠어요. 약이 되는 식물 기르기와 구하기, 씻어서 말리고 썰기, 환자들의 치료 과정에서 나온 더러운 처치물 치우기 등이 모두 견습생의 몫이었어요.
이렇게 익힌 지식은 완전히 살아 있는 지식이라, 지금도 한의학과 학생 중에는 침을 놓거나 부항을 뜨는 일을 더 잘하기 위해서 대대로 한의원을 해 온 집안의 의사를 찾아가 과외를 받기도 한답니다.

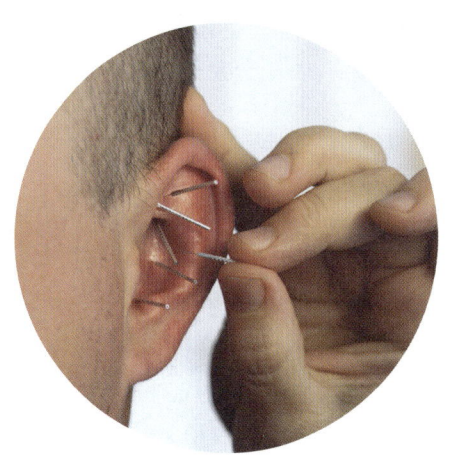

수의사 Veterinarian

병들거나 상처 입은 동물을 치료하는 사람

수의사는 병들거나 상처 입은 동물을 치료해 주고 병을 예방해 줘요. 동물은 말을 못 하기 때문에 세심하게 잘 관찰해야 아픈 것을 알 수 있어요. 수의사에게 전문지식 못지않게 필요한 것은 동물과 생명에 대한 사랑이랍니다.

● 아프다고 말을 못하는 동물을 치료해 줘요

수의사는 동물들의 병을 예방하고 병이 났을 때는 고쳐 주는 의사예요. 말 못하는 동물이 아파 보일 때는 정말 답답해요. 어디가 어떻게 아픈지 알 수가 없으니까요. 이럴 때 동물이 어떤 증세를 보이는지 파악해서 질병을 진단하고, 약을 처방하거나, 필요하면 외과수술도 해 주는 전문가가 바로 수의사랍니다.

가축 관련 연구소에서 일하는 수의사는 가축들을 대상으로 병을 예방하거나, 위생적인 환경에서 잘 번식할 수 있도록 도와주고, 의약품을 개발하기도 해요. 우리가 개한테 물렸을 때 맞는 광견병 예방주사는 바로 수의사들이 연구해서 만들어 낸 주사이지요.

그 밖에도 도축장과 공항의 동물 검역소에서 축산물이 안전한지 검사하는 일, 야생동물을 구조하고 보호하는 일, 생명공학을 이용해 가축의 품종을 개량하는 일 등 수의사의 활동 범위는 굉장히 넓어요.

가축 전염병

얼마 전에 구제역(소, 돼지 등이 잘 걸리는 가축 전염병)으로 가축들을 대량으로 살처분(죽여서 땅에 묻는 것)하는 게 큰 사회문제가 되기도 했지요?
구제역은 아니지만 광우병(소)이나 조류독감(닭)은 사람에게 전염되는 수도 있다고 해요. 평소 방역 활동을 펼치고, 가축 전염병이 돌 때에 현장에 가서 다른 지역으로 확산되는 것을 막는 사람도 수의사랍니다.

동물에 대한 사랑 없이는 힘들어요

야생동물은 인간이 치료해 주려는 건지 해치려는 건지 알지 못해요. 그래서 치료하기 위해 동물을 힘겹게 포획해야 하는 경우도 있어요. 또, 치료 도중에 말의 뒷발에 채이거나 개한테 물릴 수도 있지요. 가축 전염병을 다룰 때는 특히나 건강과 위생에 주의해야 해요. 응급상황이 발생하면 밤늦게까지 일할 수도 있답니다.

수의사는 어떻게 될 수 있나요?

수의사는 애완동물부터 가축, 야생동물, 희귀동물까지 다뤄요. 따라서 일반 의과대학보다 수의과대학이 더 공부의 양이 많을 수도 있지요. 수의학 역시 전문성을 요구하기 때문에 독학으로 자격증을 딴다는 것은 거의 불가능해요.
우리나라에는 서울대학교, 건국대학교, 강원대학교, 충남대학교, 경북대학교, 전남대학교, 전북대학교, 제주대학교, 경상대학교, 부산대학교, 이렇게 전국 10개 대학에 수의학과가 있어요. 수의예과 2년, 수의학과 4년을 차례로 마치고 난 뒤 수의사 국가면허시험에 합격해야 해요. 그 후에는 동물병원을 개업하거나 동물원, 관공서, 연구소, 제약회사, 축산물 유통업체 등에서 근무할 수 있답니다.

수의사를 꿈꾼다면 필요해요

동물을 사랑하는 마음 동물도 고마움을 느낄 줄 안대요. 동물과 교감하는 것이 제일 중요하답니다.
세심한 관찰력 동물은 증상과 고통을 설명할 수 없으니까요.
끈기와 집념 동물의 병을 고치는 일은 인내심이 필요해요.

아직 끝나지 않은 황우석 논란

수의학자인 황우석 박사는 한때 바이오(생명공학)산업계의 스타였어요. 하지만 2006년 세계적 학술지에 실린 줄기세포(세포의 기원이 되는 세포) 논문 조작을 방치한 혐의로 서울대 교수직에서 물러났어요. 2009년 사기 혐의는 벗었지만 여성의 난자 제공에 대가를 지불한 것 등에 대해서는 일부 유죄 판결을 받았어요. 재판 중이기 때문에 줄기세포 연구가 금지된 황 박사는 현재 동물 복제 분야를 연구하고 있어요. 이미 2005년에 세계 최초로 이병천 교수와 복제견 '스너피'를 탄생시켰고, 사자개와 코요테 복제도 성공했다고 해요.
황우석 박사에 대한 객관적인 평가는 여러분이 나중에 해야 할 것 같아요. 그러기 위해 여러분 중에 더 뛰어난 과학자들이 많이 나오길 기대할게요.

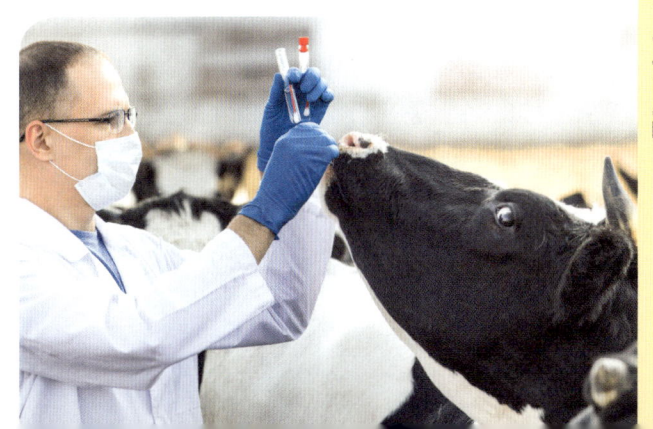

약사 Pharmacist

약을 조제하고 판매하는 전문가

약사는 의사의 처방전에 따라 약을 조제하거나 판매하는 일을 해요. 약국에서는 손님들의 건강 문제를 친절하게 상담해 주기도 하지요. 제약회사나 연구소에서 새로운 약을 연구하고 개발하는 약사도 있어요.

◉ 우리 동네 주민의 건강은 내가 책임진다

약사는 환자의 증세와 치료 목적에 따라 필요한 약을 조제하는 일을 해요. 예전에는 약국을 방문한 환자의 증세를 보고 거기에 따라 약을 조제할 수 있었지만 요즘은 의사의 처방전 없이는 함부로 약을 지어 줄 수 없답니다. 예를 들어 부작용의 우려가 있는 호르몬제나 항생제는 처방전이 없으면 살 수 없는 전문 약이에요.

처방전에 이상이 없는지 검토할 때는 환자가 여러 병원을 다니는 경우 함께 복용해서는 안 되는 약이 있는지, 비슷한 약이 중복되어서 남용하는 것은 아닌지 등등을 꼼꼼하게 보아야 해요. 약을 조제해 줄 때는 정확한 복용 방법과 환자의 체질을 고려해 주의 사항을 함께 설명해 주지요. 약사는 손님에게 건강에 대한 상담도 해 준답니다.

개인 약국을 열어도 되지만 약국을 운영하는 것도 사업이기 때문에 신경을 쓸 일이 아주 많아요. 휴일이나 밤늦게 약국을 여는 경우도 있어요. 하루 종일 약을 짓는 일이 힘들기는 하지만 소득이 높은 전문직인데다가 아픈 사람을 돕는다는 보람도 느낄 수 있습니다.

그래서 병원이나 대형 약국에 약사로 취직하기도 한답니다. 제약

약사는 꼭 이과를 가야 하나요?

약학대학은 대학 2학년을 마치고 지원할 수 있어요. 처음 전공에는 제한이 없지만 약학을 제대로 이해하기 위해서는 화학은 필수이고, 약이 우리 몸에 미치는 영향 등을 생각해야 하므로 생리학도 알아야 해요.
그런데 문과를 다니다가 진학해서 이런 공부를 실제로 해 보면 진도를 따라가기가 무척 힘들답니다. 따라서 고등학교 때 이과로 갈 것을 권하고 싶어요.

회사, 건강식품업체, 생명공학연구소, 식품의약품안전청 등에서 약을 연구·개발하거나 안전성을 검사하는 일을 하는 약사들도 있어요.

많은 약 이름을 다 외워야 해요

환자의 건강이 달린 일이니 실수하지 않도록 긴장해야 하며, 많은 약 이름과 성분을 외우려면 꼼꼼하고 기억력이 좋아야 해요. 그래서인지 여성들에게 아주 인기가 높답니다.

약학대학에 합격하는 것이 우선

> **까다로운 약사 국가고시**
>
> 약사 고시 시험과목은 정성분석학, 정량분석학, 생약학(약용식물학 포함), 무기약품제조화학, 유기약품제조화학, 위생화학, 생화학, 약제학, 미생물학, 약물학, 대한약전, 약사 및 마약류 관리에 관한 법령으로 총 12과목이에요.
> 2015년 이후부터는 차차 12교과목이 4개 영역으로 변경된다고 해요. 통합적 판단능력과 실무능력을 평가하기 위해 과목 간의 칸막이를 없애는 것이랍니다.

약학대학은 서울대학교, 연세대학교, CHA의과대학교 등 전국 35개 대학에 설치되어 있어요. 여기에 진학하기 위해서는 일반 대학 2학년 과정을 수료한 학생들이 약학대학입문자격시험(PEET)이라는 시험을 치러야 해요. PEET는 생물추론, 화학추론 ― 일반화학, 화학추론 ― 유기화학, 물리추론의 영역으로 나뉘어진답니다. 이 성적을 가지고 응시해서 합격하면 약대로 진학하는 것이지요.

약학과 전혀 관계없는 전공을 공부하다가 약대에 진학한 학생들은 약대에 들어간 후 선수과목을 공부해야 해요. 선수과목은 학교마다 조금씩 다르지만 미리 공부해 두어야 학교 진도를 따라갈 수 있을 정도로 전공에 필수적인 과목을 말해요. 약학대학을 졸업한 뒤에 약사 국가고시에 합격하면 약사 자격증이 나와요.

약사를 꿈꾼다면 필요해요

정직함과 따뜻한 마음 좋은 약사는 이익보다 환자의 건강을 먼저 생각해요.
이과 적성 생물, 화학 등을 깊이 공부해야 하므로 이과 과목을 싫어하면 안 돼요.
사교성 상담이 필요한 직업이므로 말을 잘하고 사교적이면 유리하지요.

물리치료사 Physical therapist

물리적인 힘으로 치료해 주는 전문가

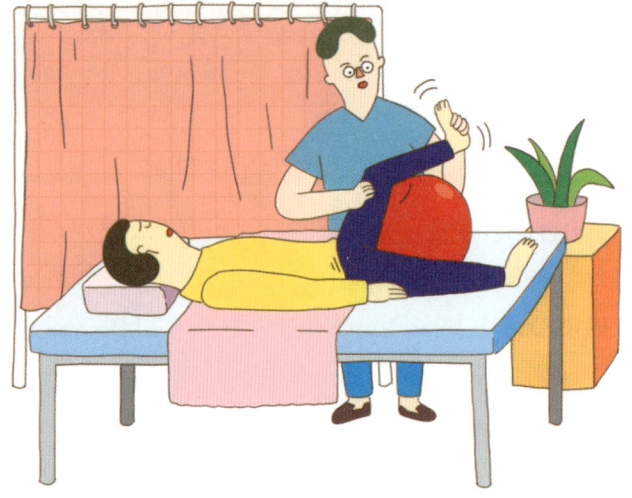

물리치료사는 일상생활이 불편하거나 몸에 통증을 느끼는 사람을 마사지나 운동 같은 물리적인 방법으로 치료해 줘요. 특히 운동선수들은 잦은 부상과 통증 때문에 물리치료사의 관리와 도움을 꼭 받는답니다.

● 아빠, 제가 오늘 '물리치료' 해 드릴까요?

"아이고 팔다리야, 철수야, 어깨 좀 주물러라." 어른들께 흔히 듣는 말이에요. 우리 몸도 시간이 가면 물건이 낡듯이 여기저기 고장이 나는데, 그때 오는 아픔은 몸이 망가졌다는 것을 알려 주는 알람시계나 다름없답니다. 그럴 때는 망가진 기계를 고치듯이 제때제때 치료해 주어야 해요.

물리치료사는 질병이나 부상으로 일상생활이 불편하거나 몸에 통증을 느끼는 사람의 기본적인 운동 기능을 회복시켜 주는 일을 해요. 약을 먹이고 주사를 놓는 대신 마사지, 전기 자극, 온열, 운동 같은 물리적인 힘을 이용해서 근육이나 뼈에 생긴 병을 치료하기 때문에 물리치료사라고 부른답니다.

물리치료가 필요한 환자는 신체 기능이 떨어진 노인, 뇌졸중이나 교통사고 등의 후유증을 겪는 사람, 경기 중에 부상을 입은 운동선수 등이에요.

물리치료의 종류

물리치료는 통증을 줄여 주고, 근육 수축 및 이완, 혈액순환이 잘되게 해 줘요. 물리치료에는 마사지요법, 전기치료, 광선치료, 열을 가하는 온열치료, 물을 이용하는 수치료 등의 물리치료가 있어요. 또한, 근력강화훈련, 관절운동, 스트레칭, 보행훈련, 일상생활동작훈련 등의 운동치료가 있어요. 물리치료사는 이렇게 치료와 훈련을 병행하면서 환자의 재활을 돕는답니다.

다시 걸을 수 있게 도와줄게요

환자를 치료하는 데 시간이 많이 걸리기 때문에 환자의 의지를 계속 북돋워 줄 수 있도록 유대관계를 잘 맺어야 해요. 움직이기 힘든 환자들을 상대하기 때문에 기본적인 체력이 필요하고, 끈기가 약하면 지루하다고 느낄 수도 있어요. 새로운 치료법에 대한 끊임없는 연구가 필요하답니다.

물리치료사도 국가에서 면허를 줘요

물리치료사가 되려면 3년제 전문대학이나 4년제 대학교의 물리치료학과를 졸업한 후 물리치료사 국가면허시험에 합격해야 해요. 고려대학교와 연세대학교 같은 우리나라의 유명한 대학에도 물리치료학과가 있어요. 가천의과학대학교와 을지대학교, 삼육대학교에도 같은 과가 있고요.

현대사회에서는 식생활이 서구화되고 평균수명이 길어지고 있어요. 교통사고 환자도 늘어나고 있지요. 앞으로 물리치료사는 점점 더 많이 필요해질 거예요.

물리치료사 자격증을 취득하고 난 후에는 병원, 보건소, 재활치료센터, 노인복지시설, 장애인복지관 등 의료나 복지와 관련된 곳에서 일할 수 있어요. 요즘은 큰 병원뿐만 아니라 작은 정형외과나 통증클리닉, 한의원 등에도 물리치료사들이 있지요.

물리치료사를 꿈꾼다면 필요해요

과학 과목 물리치료는 의학 분야이니까 평소 과학 과목에 관심이 많으면 좋아요.

인내심 동작을 반복하는 재활훈련을 시키려면 상당한 인내심이 필요해요.

운동을 좋아할 것 우리 몸의 운동 기능을 잘 이해하기 위해서는 운동을 좋아하는 사람이 유리하답니다.

물리치료사의 색다른 진로

보건·의료 분야 이외에도 진로가 점점 더 다양해지고 있다는 것이 물리치료사의 장점이에요. 스포츠센터, 프로 스포츠 구단 같은 곳에서 일하는 트레이너들 중에도 물리치료사가 많아요. 기업의 건강관리실에서 직원들의 복지를 위해 일할 수도 있고요. 의료기기 및 의수족, 보조기 등을 만들기 위한 연구원으로 취직할 수도 있어요.

또한, 장애인용품, 노인용품 등을 수입하는 업체에서 전문지식을 활용하여 수입 품목을 결정하거나 사용법의 교육 등을 담당하는 전문 직원으로 일할 수도 있답니다. 때로는 군부대에 의정장교로 입대해 나라를 지키는 군인들을 돌보는 군장교로서의 인생을 선택할 수도 있어요.

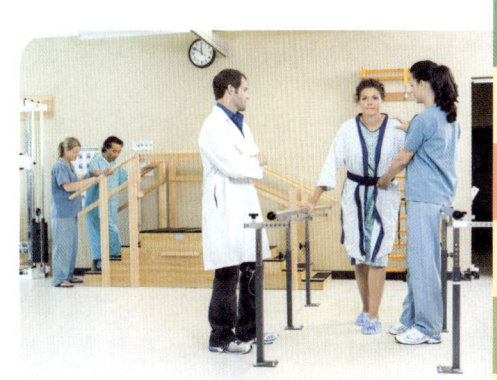

농업연구사 Agricultural researcher

농업에 필요한 기술을 개발하는 사람

 농업연구사는 과학적인 농사 기법을 연구해서 농부에게 도움을 줘요. 농업이 첨단기술을 만나면 작물이 병에 걸리지 않도록 하는 기술, 더 잘 크는 새로운 품종, 몸에 좋은 유기농법 등으로 우리 농업의 경쟁력도 쑥쑥 자라요.

◉ 농업과 첨단기술이 만났어요

조선시대까지 우리나라는 농업이 중심인 나라였어요. 그런데 1960년대부터 "우리도 한번 잘 살아보세!"라고 외치면서 산업화를 추진했지요. 공장에서 제품을 생산하는 제조업이 급성장하자 많은 사람들이 농촌을 떠나 도시로 향했어요.

1990년대 들어서는 서비스산업도 크게 번성하기 시작했어요. 농업 분야에서 일하는 사람들은 더욱 줄게 됐지요. 서구화된 식탁 때문에 쌀 소비가 감소하고 값싼 수입 농산물이 들어오면서 우리나라 농부들은 힘든 시기를 보내고 있답니다.

그런데 요즘 다시 농촌으로 돌아가는 사람들이 늘고 있대요. 논에 물을 대 주는 기술과 비닐하우스 시설, 농업기계가 발전했고,, 과일·채소 등 경제적으로 이득이 큰 작물을 잘 키워내면 큰돈을 벌 수 있기 때문이에요.

다른 분야처럼 농업도 첨단기술과 만나고 있어요. 농업에 필요한 기술을 개발하는 농업연구사들 덕분이에요. 농업연구사는 병에 잘 걸리지 않고 수확량이 좋은 새로운 품종, 더 좋은 재배기술, 유기농법 같은 친환경기술 등을 연구해서 농부에게 전해 줘요.

식물공장

기상이변과 도시화로 인한 식량 부족 위기를 해결할 수 있는 대안으로 식물공장이 떠오르고 있어요.

식물공장이란 건물 내에서 빛(LED), 온도, 수분, 양분 등을 조절하여 작물에게 최적조건을 제공함으로써 최대의 생산성을 얻는 새로운 농업을 말해요. 최첨단 친환경 도시농업인 셈이죠. 식물공장에는 유전공학, 정보통신, 로봇공학, 신소재 기술 등이 총동원된답니다.

● 연구실에서 농업의 미래를 생각해요

기상현상, 토양의 특성, 잡초와 병해충의 종류와 특징 등 환경에 대해서 잘 알아야 하는 것은 기본이에요. 전통적인 품종 개량방법과 첨단 생명공학 기법을 접목시켜서 강하고 좋은 작물을 생산하는 품종을 만들려면 과학 이론도 아주 열심히 공부해야 한답니다.

주로 연구실에서 농업기술을 오랫동안 연구하니까 많은 인내심이 요구돼요. 세계 각 지역의 농업을 공부하기 위해서는 외국어를 잘하면 유리하지요.

● 전통적인 농사부터 생명공학까지 다양하게 배워요

농업연구사가 되려면 대학교의 농업 관련 학과를 가면 좋아요. 서울대학교, 전북대학교 등에 농업생명과학대학이 있어요. 전통적인 농사짓기도 가르치지만 농업 경영과 농산물 가격이 어떻게 결정되는지를 다루는 농산물 유통도 배워요.

자유무역협정(FTA)으로 농산물을 수출할 수 있는 길이 넓어지면서 국제화된 농업을 준비할 수 있게 돕는 과목도 있답니다.

농업연구사는 석사 이상의 학위를 요구하는 경우가 많아요. 또한, 기업에 취업하는 경우를 제외하고 농업기술센터, 농업기술원, 농업연구센터에서 일하기 위해서는 공무원채용시험에 합격해야 해요.

● 농업연구사를 꿈꾼다면 필요해요

자연을 사랑하는 마음 자연과 식물을 사랑하는 마음이 필요해요.
과학 과목 연구실에서 공부하고 실험하는 일을 즐기는 성격이어야 해요.
농사에 대한 관심 농사 체험에 직접 참여해 보고 농사의 소중함과 보람을 꼭 느껴 보세요.

농자천하지대본
(農者天下之大本)

농사짓는 일이 이세상에서 살아가는 데 기본이 된다는 뜻이에요. 사람은 먹지 않고 살 수 없어요. 그런데 우리나라는 우리가 먹는 곡물의 80%를 해외에서 수입하는 상황이에요. 쌀을 제외하면 더 심각하대요.

이렇게 수입에 의존하다가 갑자기 수입을 못 하게 되면 곡물을 수출하는 나라들에게 값을 올려 주면서까지 식량을 사려고 애걸복걸해야 하는 상황이 올지도 몰라요.

식량주권을 잃어버린다는 것은 식량을 무기로 삼는 나라 앞에서 우리나라가 독립국가의 힘과 체면을 잃어버리는 것을 의미해요. 우리 국민의 생명을 지켜 줄 식량을 책임지고 있는 농부와 농업연구사들을 애국자로 봐야 하지 않을까요?

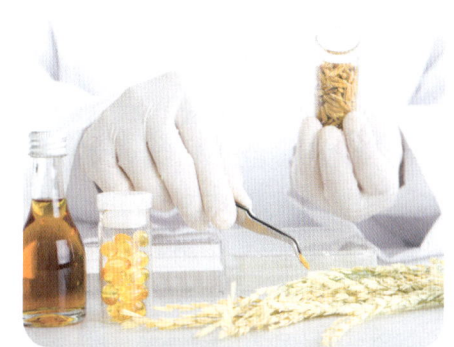

건축가 Architect

멋진 건축물을 설계하고 짓는 전문가

 건축가는 집, 빌딩, 공항 등 다양한 건축물을 설계하고 건설 공사를 감독해요. 레고 블록을 쌓으면서 집 짓는 재미에 푹 빠져 본 적이 있나요? 건축가는 우리가 살아갈 공간을 상상하고 디자인하는 예술가라고 볼 수 있답니다.

◉ 컴퓨터가 설계를 도와요

건축가는 건축물을 지을 때 어떤 재료를 이용해 어떤 모양으로 지을지 모든 과정을 기획·설계하고 감독하는 사람이에요. 예를 들어 집을 지어 달라는 의뢰를 받으면 먼저 집이 들어설 땅과 고객의 요구 등을 고려해 크기와 디자인, 비용 등 기본 방향을 정해요. 그리고 컴퓨터 설계 프로그램(CAD)을 이용해서 머릿속으로 구상한 집을 3차원 영상으로 만들어 본답니다.

그다음 치밀하게 계산된 설계도를 작성해요. 전체 집의 면적이 얼마이고, 어떤 공간에 어떤 기능을 가진 방을 만들 것인가를 계획해서 작게 줄인 도면을 만드는 거죠. 건축자재를 고려해서 설계도를 완성하고 나면 거의 실제 모습을 그려 볼 수 있어요.

관청에 허락을 받고 시공 업체를 정하면 공사가 시작돼요. 건축가는 현장 기술자들이 설계도에 맞게 잘 짓고 있는지 수시로 방문해서 감독해야 해요.

좋은 건축물은 경제적이고 편리할 뿐만 아니라 화재나 지진의 위험에도 안전하고 주변 환경과도 잘 조화되어야 한답니다. 따라서 건축가는 전기·수도·난방 등의 기술자, 건축구조 기술자, 조경 기술자 등 다양한 전문가와 의논하고 협동해서 일해요.

> **캐드**
>
> 캐드(CAD)는 컴퓨터를 활용한 설계(computer aided design)를 말해요. 건축 및 설비뿐만 아니라 자동차나 항공기 등의 기계 디자인에도 널리 활용된답니다.
> 캐드로 설계도를 그리면 입구, 출구, 창문의 위치, 부엌의 위치 등까지 건축할 집의 모양을 미리 3차원 입체 영상으로 볼 수 있어서 편리해요. 손으로 하는 작업보다 시간이 단축되고 수정이 편리하지요.

열정으로 어려움을 극복해요

건축가는 사람이 편안한 삶을 살도록 도와주고 누구나 볼 수 있는 건물이 작품이라는 점에서 보람이 있지만 그만큼 힘든 직업이랍니다. 마감을 맞추려면 밤을 새기 일쑤지요. 온갖 고생을 다해 설계도를 그려도 의뢰인이 다른 디자인을 요구하면 며칠 밤을 새서 만든 설계도는 휴지조각이 된답니다. 공사 현장을 감독할 때도 다양한 사람들과 의견을 조율하려면 대인관계가 원만해야 해요.

건축가는 예술가가 된 기술자

건축가가 되려면 우선 건축사 시험에 합격해야 해요. 이 시험은 건축사 예비시험과 건축사 시험의 두 단계가 있어요. 대학의 5년제 건축학과 또는 건축전문대학원을 졸업하면 예비시험이 면제돼요. 고등학교나 전문대학만 졸업했더라도 실망할 필요는 없어요. 건축설계 사무소 등에서 몇 년간 경력을 쌓으면서 건축사 예비시험에 합격하는 길이 있으니까요.

건축사 시험은 더욱 까다로워서 건축설계 분야에서 3~5년 이상 경력을 쌓아야지만 시험을 치를 수 있는 자격이 생겨요. 이 시험에 합격하면 자신의 이름을 단 건축사 사무소를 열 수 있어요.

건축사가 공모전에서 상을 받으면 여기저기서 설계를 의뢰해 오지요. 이때 입소문을 탈 정도로 아름답고 독창적인 건물을 지으면 건축 전문 잡지에 소개가 되고 비로소 예술가로 인정받는 '건축가'가 된답니다.

건축가가 인테리어까지?

실내 공간을 건축한다는 것은 기능적인 편리함뿐만 아니라, 사람의 예술적·정서적 욕구까지 만족시켜야 하는 일이에요. 특히 요즘의 현대식 건물들은 대개 처음에 설계 단계에서부터 필요한 가구를 건축물에 포함시켜요. 세탁기나 장식장, 옷장 등이 대개 벽면에 설비되어 있지요. 이런 공법을 '빌트인(built-in)'이라고 해요. 건물이 다 완성되었을 때는 적합한 가구와 장식품으로 건물을 꾸미는 일도 하게 되는데, 주로 우리는 이런 실내장식을 인테리어라고 부르지요. 건축사 자격증을 따면 인테리어까지 같이 할 수 있어요.

건축가를 꿈꾼다면 필요해요

독창적인 공간 활용능력 내 힘으로 빈 공간에 건물이 들어서는 것을 상상하는 게 신난다면 도전해 보세요.
미적인 감각 건물의 외관과 실내를 아름답게 꾸미려면 미적인 감각이 필요해요.
수학 건축 공학에 대한 지식을 익히려면 수학도 잘해야 해요.

로봇공학자 Robot engineer

로봇을 연구하고 개발하는 사람

로봇공학자는 의료, 산업, 탐사, 가사도우미 등 다양한 분야에서 활용되는 로봇을 연구하고 개발해요. 원래 로봇은 체코 말로 '강제노동'이라는 뜻이래요. 엄마 대신 일해 줄 친근한 집사 로봇이 등장할 날이 머지않았어요.

◉ 사람을 꼭 닮은 로봇을 꿈꿉니다

과학이 발달할수록 우리의 하루가 쉽게 지나가기는커녕 점점 더 해결할 일이 많아지고 있어요. 전에는 부산에 출장을 가면 며칠간 머물며 일을 꼼꼼히 다 마무리하고 올라오곤 했답니다. 그런데 요즘은 새벽에 KTX를 타고 가서 낮에 일하고 저녁이면 돌아온대요. 지금은 전 세계 어디든 먼 곳까지 바쁘게 오가며 일하고 있지요. 결국 우리는 모든 일을 다 우리 손으로 할 수가 없게 되어 버렸어요. 하루가 48시간이나 72시간으로 늘어날 수는 없으니 대신 로봇공학이 발전했답니다. 사람의 일손을 덜어 주는 로봇을 설계하고, 제조하고, 응용하는 분야를 다루는 학문이에요.

우리는 두 손, 두 팔, 두 발에 얼굴이 있고 사람처럼 행동하는 것을 로봇이라고 생각하지요. 그러나 우리나라 최초 휴머노이드(인간형) 로봇, '휴보' 같은 경우도 몸체의 표면을 열고 들여다보면 컴퓨터로 제어되는 기계에 불과해요. 그렇게 보면 세탁기도 컴퓨터도 청소기도 다 로봇이랍니다. 로봇공학자는, 사람처럼 섬세하게 움직여서 사람 대신 모든 일을 할 수 있는, 로봇을 설계하고 만드는 학자예요.

다양한 분야의 로봇들

정밀한 작업이 필요한 의료 현장, 위험한 산업 현장에서는 로봇이 많이 쓰이고 있어요. 사람이 갈 수 없는 해저나 우주 탐사를 포함해서 앞으로 사람의 일을 대신하는 경우가 점점 더 많아질 거예요.

전쟁터처럼 목숨을 걸어야 하는 곳도 마찬가지지요. 로봇이 정탐병 대신 적이 숨은 곳을 찾아다닌다면 몰래 숨은 적의 복병에게 총격을 받더라도 사람은 다치지 않겠죠?

🟢 기술과 인간을 모두 이해해야 해요

로봇이 인간을 닮게 하는 데 필요한 기술은 한두 가지가 아니에요. 사물을 감지하는 센서, 자연스럽게 움직이는 제어장치, 인공지능은 기술과 인간에 대한 깊은 이해가 필요한 분야예요. 로봇을 어떤 소재를 이용해 어떤 디자인으로 만들어야 인간에게 친숙함을 줄 수 있는지 연구하는 일은 예술가적인 감성까지 필요하답니다.

🟠 로봇의 뇌는 소프트웨어, 몸은 하드웨어

로봇은 뇌 역할을 하는 컴퓨터를 여러 가지 용도로 활용할 수 있는 소프트웨어들과 그것을 동작으로 연결시킬 기계, 즉 하드웨어를 동시에 가지고 있어요. 그래서 엄청난 처리속도로 우리가 제시한 문제를 해결하여 그 결과만 화면으로 표시해 주는 컴퓨터의 영특한 머리를 하드웨어인 몸으로 실천할 수 있죠.

따라서 로봇공학자 되기 위해서는 전자공학, 기계공학, 컴퓨터공학 등 로봇 제조에 필요한 관련 학문의 지식을 배울 수 있는 학과에 들어가야 해요. 최근에는 로봇시스템공학과, 제어로봇공학과, 제어계측로봇공학과 등 다양한 이름으로 로봇공학과들이 생기고 있답니다.

🟡 로봇공학자를 꿈꾼다면 필요해요

상상력과 창의성 끊임없이 상상하고 꿈꾸는 사람만이 새로운 로봇을 만들어 낼 수 있어요.

논리적 사고와 분석력 로봇의 동작을 제어하려면 엄청나게 세밀하게 계산하는 수학을 잘해야 합니다. 또한, 기계를 움직이게 하는 에너지를 이해하는 물리학은 기본이에요.

협동심 아무리 능력이 뛰어나도 혼자서는 못 하는 일이기 때문에 원만한 대인관계가 필요해요.

여러 전문가가 참여해요

로봇은 다양한 첨단기술의 집합체인 만큼 팀을 이뤄서 연구를 하게 돼요. 여러 분야의 전문가가 함께 논의할 때 다른 사람의 말을 이해하지 못하면 설계와 디자인에 대해 좋은 생각을 낼 수 없어요. 그래서 로봇공학자는 수학과 물리학을 기초로 관련 분야를 끊임없이 공부해야 한답니다.

천재 과학자 아인슈타인도 독불장군이 아니었어요. 그가 원자폭탄의 원리가 되는 특수상대성원리를 발명했다지만, 앞서 살았던 수학자 리만의 기하학을 몰랐다면 이 원리를 발명할 수 없었어요. 아인슈타인에게는 리만의 이론을 알아들을 때까지 설명해 준 민코프스키라는 친구 수학자가 있었답니다.

컴퓨터 보안 전문가
Computer security specialist

정보 보안을
책임지는 사람

컴퓨터 보안 전문가는 바이러스나 해킹으로부터 소중한 정보를 지켜 줘요. 현대 사회에서 정보는 가장 중요한 자산이랍니다. 컴퓨터 바이러스를 치료하는 의사이자 컴퓨터 보안을 유지하는 경찰관이라고 할 수 있어요.

◉ 컴퓨터의 정보와 보안을 책임져요

컴퓨터를 켰는데 부팅이 안 된다거나 이메일을 보내려고 인터넷을 열었는데 화면이 뜨는 데 엄청나게 오랜 시간이 걸릴 때가 있어요. 공공건물이나 학교에서 여러 사람이 이용하는 컴퓨터일수록 이상한 증세가 나타날 때가 많지요.

바이러스가 사람 몸에 병을 일으키듯 컴퓨터 바이러스도 컴퓨터에 침입하여 시스템에 손상을 가져온답니다. 또, 누군가 컴퓨터에 무단으로 침입하여 정보를 빼가거나 프로그램을 파괴하는 경우도 있어요. 컴퓨터에도 바이러스를 퇴치해 주는 의사가 필요한 거죠! 컴퓨터 보안 전문가는 컴퓨터와 그것을 운용하는 소프트웨어에 대한 지식과 경험으로 바이러스를 잡아냅니다. 또한, 네트워크에 침입한 해커들을 물리치는 역할을 하는 전문가예요.

바이러스를 진단하고 예방하는 컴퓨터 백신을 만들어서 제공하고, 컴퓨터가 바이러스에 감염되면 치료도 해 줘요. 또, 외부의 접근을 차단하는 방화벽을 설치하고 보안 프로그램을 만들어서 컴퓨터 시스템을 지켜 줘요.

해커와의 한판 대결

해킹의 피해는 단순히 불편함에 그치지 않는다는 데 심각성이 있어요. 사생활을 침해당할 수도 있고, 은행계좌의 돈을 도둑맞는다든가, 그 외 각종 범죄의 표적이 될 수도 있지요. 그래서 컴퓨터를 이용한 해적을 막아 주는 '장보고' 같은 사람이 필요해요.
컴퓨터 보안 전문가는 해킹 사고가 발생하면 공격 경로와 피해를 추적해서 대비책을 세우고, 모의 해킹 실험으로 보안 상태를 점검하는 일도 한답니다.

● 지키는 사람 열이 도둑 하나를 못 잡는다

막는 사람은 전방위로 철통같은 보안을 유지해야 하는 데 비해 도둑은 가장 약한 곳 한 군데를 집중공략하면 되니 그만큼 뚫기보다 지켜 내기가 어려워요. 개인은 물론 기업과 국가에 막대한 손실을 입힐 수 있는 보안 사고는 날이 갈수록 지능화되고 있어서 한시도 방심할 수 없답니다.

따라서 끊임없이 새로운 환경에 적응하고 새로운 보안기술을 개발하여 불법 침입을 막는 데 보람을 느끼는 것이 중요합니다. 그래야지 덜 고달프고, 나이 들어서까지 즐길 수 있으니까요.

● 수많은 공인자격증이 있어요

컴퓨터 보안 일을 하려면 대개 전문대학 이상의 학력 소지자로서 2년 이상의 경력이 있어야 하고, 정보처리기사 1, 2급 자격이 필요하다고 해요. 대학의 컴퓨터공학과나 전산학과, 통계학과에 진학하면 도움이 돼요. 포항공과대학교, 아주대학교, 상명대학교, 동국대학교, 순천향대학교 등에는 컴퓨터 보안 관련 학과가 설치되어 있어요.

더욱 실력 있는 전문가로 인정받으려면 수많은 공인자격증은 스스로 따야 해요. 국내에는 한국정보통신자격협회에서 실시하는 인터넷보안전문가 자격시험이 있어요. 국제 자격증으로는 미국의 국제공인정보시스템전문가(CISSP)와 국제공인정보시스템감사사(CISA), 영국의 C:CURE감사사 등이 있어요.

● 컴퓨터 보안 전문가를 꿈꾼다면 필요해요

사명감과 열정 대학을 나온다고 해도 컴퓨터 보안 관련 전문지식은 많은 부분을 독학해야 한답니다.

컴퓨터 실력 해커와 두뇌싸움을 벌이는 직업이니만큼 뛰어난 실력이 필요해요. 컴퓨터 프로그램이 작동되는 원리에 관심을 갖고 공부해 보세요.

논리력과 수리력 수학 공부를 통해 차근차근 논리력과 수리력을 키우면 유리해요.

안철수와 안랩

안랩(AhnLab)은 컴퓨터바이러스 백신 V3로 잘 알려진 국내 1위 정보 보안 회사예요. 설립자인 안철수는 대한민국 최초로 컴퓨터 백신을 개발하여 무료로 배포한 사람이에요. 서울대 의대 교수이자 프로그래머로 활동하다가 1995년에 '안철수연구소'를 설립하고 경영자로 변신했지요. 2005년 안철수는 회사를 떠났지만 안랩은 여전히 개인에게 백신을 무료로 배포하면서 한국에서 가장 존경받는 벤처기업으로 꼽혀요.

최근에는 스마트폰도 컴퓨터 시스템을 운용하기 때문에 모바일 보안이 컴퓨터 보안 분야에서 중요해지고 있어요. 안랩에서는 최근 스마트폰 보안에 관한 특허 기술 개발에도 성공했대요.

디지털영상처리 전문가

Digital imaging specialist

디지털영상에 다양한 특수효과를 주는 사람

디지털영상처리 전문가는 컴퓨터로 디지털영상을 처리하여 다양한 특수효과를 연출해요. 디지털영상처리 기술 덕분에 영화에서 공룡이 뛰어다니는 모습을 볼 수도 있고, 얼굴 인식을 통해 안전하게 현금을 인출할 수도 있죠.

○ 디지털영상은 우리가 가는 곳마다 있어요

디지털영상처리는 방송, 영화에서 컴퓨터 그래픽(CG)으로 특수효과를 만드는 것이나 3차원(3D) 영화 등에서 활용돼요.
디지털영상처리가 방송 편집에서만 필요한 게 아니에요. 요즘은 어느 정도 큰 회사, 그중에서도 첨단기술을 다루는 회사에서는 보안 시스템을 운영하고 있어요. 출입문에 지문인식기를 달기도 하고, 극히 적은 수이지만 눈동자의 무늬, 즉 홍채인식기를 달아 놓은 곳도 있어요. 10년 전만 해도 이런 시스템은 SF영화에서나 등장했는데 말이에요.
이런 것들이 가능한 원리는 바로 지문이나 홍채에 사람마다 다른 독특한 무늬가 있기 때문이에요. 지문인식 전문가는 입력한 지문을 사진으로 찍어서 실제 등록된 사람의 것과 비교하고 분석해서 영상을 처리하는 전문가예요.
이렇게 디지털영상처리란 한마디로 카메라나 스캐너를 통해 얻은 사진, 그림 등을 디지털화한 뒤 컴퓨터에서 처리하여 다양한 특수효과를 주는 기술이에요. 영상을 처리하는 기술은 영상의 화질을 더 좋게 하는 것, 영상을 변형하는 것, 영상을 인식하는 것 등으로 다양하답니다.

디지털영상처리의 장점

디지털영상처리는 아날로그영상처리에 비해 이미 입력된 자료에 대한 변형이 가능하고, 화질이 우수할 뿐만 아니라 자료를 영구히 저장할 수 있어요. 또한, 영상을 처리하는 중에 발생하는 소음 등을 방지할 수 있어요. 많은 산업에서 활용 가능성이 무궁무진하답니다.

🔵 계속 봐야 해서 눈이 많이 아파요

방송이나 보안 분야에서 많이 쓰이는 만큼 작은 실수도 해서는 안 돼요. 비슷비슷한 내용의 영상을 계속 보는 일이니까 지루할 수도 있어요. 외국의 기술과 용어를 이해하기 위해서는 외국어를 잘하면 유리해요.

🔴 필요한 소프트웨어를 자유자재로 다루어야 해요

컴퓨터 소프트웨어를 포함해 다양한 분야를 잘 알아야 해요. 대학에서 컴퓨터공학이나 전자공학, 전산, 정보처리 등을 전공한 사람들도 2~3년 정도 경험을 쌓은 후에야 본격적으로 인정받을 만한 실력을 발휘할 수 있다고 해요.
무엇보다도 필요한 소프트웨어를 가지고 영상을 분석하고 설계할 줄 알아야 해요. 가상현실을 이용해서 정말 자신이 개발한 것이 제대로 작동하는지 테스트도 해야 하지요.
정보, 전파, 영상 분야 자격증이 있으면 관련 회사에 지원할 때 매우 유리하답니다. 대표적으로 정보관리기술사, 정보처리기사, 전파통신기사, 방송통신기사, 멀티미디어콘텐츠 제작전문가 자격증 등이 있어요.

🟠 디지털영상처리 전문가를 꿈꾼다면 필요해요

컴퓨터와 영상에 대한 관심 요즘에는 간편한 컴퓨터 편집 프로그램으로 집에서 내가 원하는 이미지와 영상을 만들어 볼 수 있답니다.
꼼꼼한 관찰력 성격이 꼼꼼하고 관찰이 좋은 사람이 유리합니다.
예술가적인 상상력 특수효과에 관심이 있다면 예술적인 안목과 상상력도 있어야겠지요.

디지털영상처리의 미래

컴퓨터의 발달과 함께 앞으로 디지털영상처리 전문가가 필요한 영역은 계속 늘어날 거예요. 병원에서는 의료 영상 분야가 있고요. 방송 편집과 3D 분야에서도 전문가가 더 많이 필요하겠지요. 요즘에는 화상전화, 로봇, 반도체, 증강현실(현실과 가상현실의 혼합), 원격탐사 등에도 이 기술이 활용되고 있어요.
특히 생체인식을 통한 보안제품 분야에서 디지털영상처리가 날개를 달고 있어요. 홍채·정맥·지문·얼굴 등을 통한 영상인식시스템을 개발해서 출입관리, 현금인출기에서의 식별, 노트북 보안, 사이트 방문 시 인증 등에 활용하는 거죠.

웹 기획자 Web planner

새로운 웹 사이트를 기획하는 사람

웹 기획자는 웹 사이트를 어떻게 만들지 방향을 정하고 어떤 콘텐츠를 넣을지 기획해요. 인터넷이라는 무한한 공간에 지을 새집을 설계하는 건축가라고 볼 수 있어요. 시대와 변화를 읽는 안목이 있어야 해요.

● 웹 사이트는 인터넷 집이라고 할 수 있어요

웹 기획자는 인터넷에 웹 사이트를 만들 때 웹 사이트를 여는 목적과 고객의 요구에 맞춰 콘텐츠를 만들고 사이트의 전반적인 설계를 담당하는 사람이에요.

예를 들어, 경제적 활동을 위한 웹 사이트라면 결제와 회계정리 등이 쉽고 운영하기 좋도록 구조를 계획하고 제작 과정을 관리해요. 웹 사이트가 만들어진 뒤에는 꼼꼼하게 점검해서 운영 전까지 도와주어야 한답니다.

웹 기획자의 가장 중요한 임무는 수많은 다른 웹사이트들과 차별화시키기 위해 웹 사이트의 전체적인 방향을 설정하는 거예요. 인터넷은 우주처럼 무한한 공간이고 웹 기획자는 마치 건축가처럼 개성 넘치는 새집을 짓는 사람이라고 보면 돼요. 그 집의 세세한 구조는 콘텐츠의 종류에 따라 달라지지요.

웹 기획자는 시각적인 디자인을 담당하는 웹 디자이너, 사이트를 만드는 웹 엔지니어, 웹 프로그래머들을 총괄합니다. 디자인 콘셉트와 콘텐츠를 정하는 것부터 운영과 홍보까지 전반적인 업무를 지휘하므로 동료들과 항상 의견을 주고받으며 일해야 해요.

> **웹 디자이너**
>
> 갖가지 종류의 인터넷 페이지들의 모양을 아름답고 실용적으로 디자인하는 사람이에요.
> 사이트의 목적에 맞게 색상, 문자, 그림, 동영상, 음성 등을 정하고 방문자들이 쉽게 원하는 정보를 얻을 수 있도록 보기 좋게 디자인해요.

새로움을 창조하는 매력적인 일이에요

컴퓨터 작업을 오래 하는 사람들은 '컴퓨터 모니터 증후군'이라고 하여 눈의 건강이 나빠지고 두통, 어깨와 목 결림 등을 겪을 수 있어요. 또한, 이 직업은 웹 시장의 변화, 새로운 웹 관련 기술, 홍보·마케팅의 최신 흐름에서 뒤떨어지지 않게 늘 공부해야 한답니다. 그만큼 새로운 것을 만들어내는 기획 일은 보람이 커요.

웹 사이트가 있는 모든 곳에서 일할 수 있어요

컴퓨터 프로그램과 그래픽 디자인에 대한 기본 지식을 갖추기 위해서 전문대학이나 대학교의 컴퓨터공학과, 전산학과 등을 다니면 유리하지만 사설 학원에서도 필요한 교육을 받을 수 있어요. 자격증이 꼭 필요한 것은 아니지만 웹 마스터 전문가, 웹 디자인 기능사, 자바프로그램 공인자격증(SCJP), 리눅스마스터 자격증 등을 따 두면 도움이 된답니다.
웹 기획자는 인터넷 포털 사이트 업체, 웹 사이트 전문제작 업체, 인터넷 쇼핑몰 업체, 기업체나 대학 공공기관의 전산실 등으로 진출할 수 있어요. 요즘은 개인들이 웹 사이트를 구축하고 쇼핑몰을 운영하는 경우가 많기 때문에 이런 사람들을 고객으로 삼아 프리랜서로 일할 수도 있답니다.

웹 마스터와 웹 기획자는 어떻게 다른가요?

웹 사이트의 기획부터 관리까지 지속적으로 책임지는 사람을 웹 마스터라고 해요. 웹 기획자는 웹 마스터와 비슷하지만 기획에 중점을 두고 따로 독립한 직업이라고 볼 수 있어요. 요즘은 휴대폰에서도 예전에 컴퓨터로만 가능했던 각종 업무를 볼 수 있기 때문에 웹 기획자는 모바일 애플리케이션 영역까지 진출했지요. 웹 마스터이건 웹 기획자이건 오랜 실무 경험을 쌓아야 인정받을 수 있답니다. 자신의 포트폴리오(작품모음집)를 여러 개 가질 때까지는 수입보다도 경력을 쌓는 데 주력하는 게 좋을 듯해요. 프리랜서로 일하는 사람은 스스로 웹 사이트를 만들어 운영하는 것이 좋아요. 홍보도 되고 경력에도 도움이 되니까요.

웹 기획자를 꿈꾼다면 필요해요

컴퓨터와 인터넷에 대한 관심 인터넷이 웹 기획자의 일터이자 놀이터이기 때문이죠.
창의성과 디자인 감각 조금은 남과 다른 생각할 줄 아는 어린이가 유리해요.
호기심 기획능력이란 사람들을 호기심 어린 눈으로 관찰하고 원하는 것을 읽을 줄 아는 것이에요.
의사소통 능력 동료들과 끊임없이 토론하고 함께 일하기 때문에 원활하게 소통할 줄 알아야 해요.

항공기 조종사 Aviator

항공기를 전문적으로 조종하는 사람

 항공기 조종사는 항공기를 조종해서 사람이나 화물을 목적지까지 운반하는 일을 해요. 많은 훈련이 필요하고 긴장감도 큰 직업이지만 내가 조종하는 비행기에서 북극 상공의 오로라를 볼 수 있다니 근사하지 않은가요?

◉ 이륙부터 착륙까지 비행에 대한 모든 일

항공기 조종사는 말 그대로 항공기, 즉 비행기를 운전하는 조종사로서 파일럿이라고도 해요. 자동차도 다양하지만 특히 항공기는 일반 여객기부터 경비행기, 전투기, 헬리콥터까지 종류가 아주 다양해요. 그리고 자동차와는 달리 기종마다 조종방법이 아주 다르다고 해요.

항공기는 여객 및 화물을 운송하기도 하고, 항공을 순찰하거나 촬영하기도 해요. 넓은 지역에 약을 뿌리거나 항공기 성능을 시험하기 위해서 비행하기도 하지요.

차 사고에서 살아남은 사람은 많아도 항공기 추락 사고에서 살아남은 사람은 아주 드물어요. 그래서 어떤 직업보다도 철저하고 완벽하게 준비해야 한답니다. 조종사는 비행하기 전에 기계와 연료 상태, 비행경로와 일기예보 등을 꼼꼼히 점검해요. 착륙할 때는 도착지의 공항 상태와 날씨를 잘 살펴야 해요.

요즘 항공기는 보통 두 명의 조종사가 번갈아 조종대를 잡는데 이륙과 착륙을 제외하고는 자동조종으로 비행해요. 그렇지만 긴급 사태나 예상하지 못한 기상 변화에 대처하는 능력은 더욱 중요해지고 있어요.

안경을 낀 조종사는 없나요?

조종사는 반드시 눈이 좋아야 해요. 눈이 나쁜 사람은 조종사가 될 생각을 안 하는 게 좋아요. 물론 수술로 회복된 교정시력도 인정받을 수 있지만 안경을 껴서는 안 된답니다.
비행기가 심하게 흔들려 안경이 떨어지거나 깨진다든가 비상시 헬멧 착용에 방해가 되면 승객들 전부의 생명이 위험해지니까요.

◉ 목숨을 걸어야 할 때도 있어요

항공기 조종사는 오랜 비행시간, 시차 적응 및 불규칙한 식사 때문에 건강에 각별히 유의해야 해요. 실수 없이 승객의 안전을 책임져야 한다는 스트레스도 많답니다.

웬만한 직업은 실력이 없으면 해고를 당하는 것이 전부지만 항공기 조종사가 실력이 없으면 자기 목숨을 걸어야 해요. 그런 만큼 보수는 넉넉히 주어진답니다. 대개 신입사원 초임 연봉이 9,000만 원 이상이에요. 세계 각지를 여행할 수 있다는 것도 장점이지요.

◉ 비행이 적성에 맞는 것이 중요해요

항공대학을 졸업하거나 공군에 입대해 조종사 교육을 받으면 항공기 조종사로 지원할 자격이 생겨요. 한국항공대학 항공운항학과 이외에도 한서대학교, 극동대학교, 교통대학교 등에도 항공운항학과가 있어요. 혹은 외국에 나가서 항공기 운항 면장을 따도 같은 자격을 인정받는답니다.

다른 대학을 졸업한 후라도 길은 있어요. 항공조종사 전문교육기관이나 비행교육원에서 훈련을 받으면 항공사에 취직할 수 있어요. 비행 경험이 없는 사람은 국내 항공사에서 주최하는 시험을 치르고 운항훈련생으로 뽑히기도 해요. 비행이 적성에 맞는 것은 기본이고, 모든 시험에는 영어와 신체검사가 반드시 포함돼요.

◉ 항공기 조종사를 꿈꾼다면 필요해요

비행 적성 비행을 즐길 줄 알고 공간 감각이 있느냐가 중요해요. 요즘은 체험 비행을 해 볼 수도 있어요.

알맞은 신체조건 시력과 청력 등의 신체조건을 잘 관리하고 체력을 튼튼하게 길러야 해요.

영어와 수학 관제탑과 교신할 때 영어를 사용한답니다. 복잡한 기계를 다루려면 수학도 필요해요.

위기대처능력 두려움 없이 침착하게 위기에 대처하는 능력과 책임감이 있어야죠.

〈이런 직업도 있어요!〉
항공 관제사

비행기는 워낙 큰데다 많은 사람이 타고 있어 사고가 나면 대형 참사로 이어집니다. 그래서 자동차처럼 운전자 자율에 맡기는 것을 의미하는 신호등 체계로 운영되지 않아요. 육안으로 공항과 활주로가 보이기는 하지만 속도가 워낙 빠르고 항공기가 무거워서 눈으로 확인하고 움직이려 하면 너무 늦어요. 다른 항공기들과 충돌할 위험도 있고요.

그래서 항공기 조종사는 관제탑에 고도와 위도 등의 정보를 보내고 관제탑의 지시에 따라야 해요. 관제탑은 교통경찰과 같아요. 항공 관제사는 공항의 관제탑에서 레이더망을 보면서 항공기 조종사에게 기상, 풍속 등의 정보를 제공하고 안전한 이륙과 착륙을 지휘해요.

• 못다 한 이야기 1 •

대한민국에서 이공계에 진학한다는 것은?

과학자를 꿈꾸는 사람이 왜 줄어들까요?

최근 한국직업능력개발원의 조사에 따르면 한국의 초등학생이 꿈꾸는 직업 순위에서 과학자는 운동선수, 교사, 연예인, 의사 다음이었어요. 중학생이 꿈꾸는 직업 순위도 비슷해요. 교사, 의사, 연예인, 공무원, 과학자 순이었답니다.

그런데 부모님이 자녀에게 기대하는 직업을 보면 조금 차이가 있어요. 초등학생 부모님은 의사, 교사, 공무원, 전문직, 법조인 다음으로 과학자를 꼽았고, 중학생의 부모님이 기대하는 직업에서 과학자는 10위권에 포함되지 못했답니다. 엔지니어가 8위에 올랐을 뿐이에요. 예전에는 희망 직업에 대통령, 과학자, 군인이 압도적으로 많았었는데 그동안 대체 무슨 일이 벌어진 걸까요?

컴퓨터공학자나 뇌과학자, 로봇공학자 등을 꿈꾸는 초등학생은 여전히 많지만 중·고등학교를 거치면서 이공계 진학은 급격히 감소하고 있어요. 단순히 수학과 과학이 어려워서만은 아닐 거예요.

과학자와 엔지니어로 살기가 힘들다고요?

미국 실리콘밸리에서 크게 성공한 정보기술(IT) 회사 설립자들은 대개 뛰어난 과학자나 엔지니어라는 걸 아세요? 페이스북을 만든 마크 저커버그는 컴퓨터공학도 출신인데, 2012년 27세의 나이에 세계 최연소 부자에 오르기도 했죠. 세계 최대의 검색엔진 구글을 만든 세르게이 브린, 아이폰을 만든 애플의 스티브 잡스도 우리의 삶을 획기적으로 바꾼 이공계 영웅이라고 할 수 있어요.

우리나라도 전쟁 이후 60여 년간 과학기술이 경제 발전을 이끌었어요. 우리나라는 반도체, TV, 휴대폰 등 IT와 자동차, 선박 등의 분야에서 자타가 공인하는 세계 정상급이랍니다. 문제는 이공계를 피하는 경향이 이대로 굳어진다면 우리의 미래가 어둡다는 거예요.

현재 언론들은 과학기술 뉴스보다는 스포츠나 스타 보도에 더 열을 올리죠. 스타가 되면 20대 젊은 나이에 사회적으로 대단한 대접을 받는다는 뉴스가 주를 이루다 보니 점점 학생들이 한 분야로 몰리는 것 같아요.

게다가 새로운 것을 연구하고 개발하는 과학자와 엔지니어는 의사나 변호사 등 다른 전문직이 되는 것 이상으로 많은 공부가 필요한데, 아직까지 대우가 거기에 미치지 못하니까요.

무한한 우주로 날아오른 나로호처럼 과학은 멋지고 중요한 일이에요

하지만 분위기는 조금씩 달라지고 있어요. 2013년 1월 전남 나로 우주센터에서 우리나라 첫 우주발사체 나로호의 발사가 성공했어요. 두 차례의 실패 경험을 딛고 마지막 기회에서 성공했기에 더욱 기쁨이 컸죠. 이로써 우리나라는 우주 선진국 대열에 합류하게 됐어요. 온 국민은 그 동안 고생했던 과학자들에게 힘찬 박수를 보냈답니다.

기술이 세상을 바꾸는 시대에 이공계 인재는 더 많이 필요하지요. 실제로 2012년 대학 졸업자 중 공학계열 취업률은 인문·사회계열보다 훨씬 높았어요. 젊은 과학자 중에 억대 연봉 연구원도 속속 나오고 있죠. 이공계 출신이 기업의 최고경영자(CEO) 자리에 오르는 사례도 늘고 있어요. 마침내 2013년에는 이공계 출신 대통령도 탄생했답니다.

정부는 과학기술을 바탕으로 새로운 성장 산업을 키우고 전보다 안정적인 이공계 일자리를 크게 늘릴 계획이에요. 그러니 저 무한한 우주로 날아오른 나로호처럼 미지의 세계를 개척하려는 꿈을 버리지 말고 꼭 도전해 보세요.

• 자녀가 바라는 직업 •

초등학생		중학생		고등학생	
운동선수	14.7%	교사	11.6%	교사	9.7%
교사	13.3%	의사	9.2%	회사원	6.1%
연예인	10.0%	연예인	7.4%	공무원	5.1%
약사	9.7%	공무원	6.7%	의사	5.1%
과학자	8.3%	과학자	6.0%	디자이너	4.7%
경찰	5.7%	요리사	5.3%	자영업	4.3%
요리사	4.0%	운동선수	4.2%	연예인	4.0%
화가	3.3%	경찰	3.2%	교수	3.6%
음악 종사자	3.0%	자영업	3.2%	연구원	3.2%
공무원	2.3%	컴퓨터 전문가	3.2%	컴퓨터 전문가	3.2%
합계	74.3	합계	60.0%	합계	49.0%

• 부모가 자녀에게 기대하는 직업 •

초등학생		중학생		고등학생	
의사	16.4%	교사	18.7%	교사	20.9%
교사	15.3%	공무원	17.6%	공무원	17.5%
공무원	13.8%	의사	15.1%	의사	8.0%
전문직	6.2%	교수	4.3%	법조인	5.3%
법조인	5.8%	전문직	4.0%	교수	4.2%
과학자	4.0%	법조인	3.2%	전문직	4.2%
무응답	3.6%	외교관	3.2%	자영업	3.4%
경찰	3.3%	회사원	3.2%	엔지니어	2.7%
외교관	3.3%	엔지니어	1.8%	군인	2.7%
		군인	1.8%	회사원	2.3%
합계	74.2%	합계	72.9%	합계	71.2%

• 제공 : 한국직업능력개발원
• 초중고생 학부모 909명을 조사한 결과

Natural Scientist and Engineerer

Chapter 2

100 Jobs of the Future

행정/사법/교육

어디를 가든 경찰관이 눈에 띄지요. 경찰관들이 무슨 일을 하는지는 하루를 곰곰이 생각해 보는 것만으로도 대부분은 알 수 있을 것 같아요. 범죄를 예방하고 사회 질서를 유지하는 방범·순찰 업무, 범죄를 수사하는 업무, 교통 위반을 단속하는 업무 등 늘 우리 곁에서 생명과 안전, 재산을 지켜 줘요. 사회가 다양해지면서 경찰 업무도 전문화하고 있어요. 경찰청에는 수사국, 정보국, 보안국, 외사국 등이 있답니다. 수사국은 특수한 수사를 맡는 곳인데요, 대개 우리가 드라마에서 보는 액션극의 형사들은 여기 속해 있어요. 마약사건이나 지능적인 범죄를 저질러 과학수사대가 투입돼야 하는 사건, 사이버테러 사건 등을 맡아 해결하지요. 갈수록 지능화되어 가는 범죄는 머리나 증거만으로 범인을 잡기가 어려워 각종 정보를 이용해 수사한답니다. 이렇게 정보를 수집하고 분석하는 곳은 정보국이에요. 또, 우리나라의 안보를 어지럽히는 적대세력에 대해서 대비를 하는 곳은 보안국이랍니다. 외사국은 외국인 관련 범죄의 예방과 수사를 맡아서 해요.

대통령 President

우리나라를 대표하는 최고 책임자

 대통령은 행정부의 우두머리로서 나라의 살림을 책임지고 외국에 대해 우리나라를 대표해요. 임기는 5년이고 국민의 손으로 직접 뽑는답니다. 힘이 센 자리이니만큼 능력 있고 정직한 사람이 맡아야 국민이 행복해요.

● 5년 동안 국민을 편안하고 행복하게 할 의무

대통령은 뉴스에서 주로 누군가와 악수하거나 연설하는 모습을 많이 보여 주는데, 실제로 하는 일이 무엇이냐고 물으면 대답하기가 쉽지 않지요. 대통령은 나라를 보호하고 대표하는 아주 중요한 직업입니다. 우리나라에서는 가장 높은 법인 헌법에서 대통령의 자격과 하는 일에 대해서 정하고 있어요.

나라 살림을 하는 행정부의 모든 공무원은 대통령의 부하직원이에요. 대통령은 행정부의 우두머리로서 장관들과 정책에 대해 의논하고 입법부(국회)에서 만든 법률을 실제에 적용한답니다. 또 국군을 지휘하고 통솔해요. 만일 우리나라를 공격하는 세력이 있으면 국방장관에게 명령해서 단호하게 벌할 것을 명령하지요. 그러나 외국과 다툼이 생겼을 때는 대통령이 잘 타이르거나 항의를 해서 평화롭게 해결하는 것이 제일 좋겠지요?

대통령은 외국에서 외교사절이 오면 맞이하고 우리나라와 무역을 하는 나라들을 순방(돌아가면서 방문)하면서 우정을 쌓고 우리나라와 경제협력관계를 돈독히 해 줄 것을 부탁하지요.

대통령의 자격

대통령은 후보가 되는 데도 일정한 제한이 있어요. 정당이나 선거권자의 추천을 받아야 하는데, 선거를 치를 때 법을 위반한 적이 있으면 안 돼요. 특이한 것은 40세가 넘어야 한다는 거예요. 머리가 좋고 능력이 있다고 나라 살림을 잘할 수 있는 건 아니거든요. 세상을 살아가는 지혜와 인격이 성장했을 때 더 나라를 잘 다스릴 테니 40세 이상이라는 제한을 두는 것이랍니다.

🟣 명예로운 만큼 힘든 일이에요

대통령은 좋은 대우를 받는 것은 물론 일을 잘하면 국민의 존경을 받아요. 하지만 나라 전체의 살림을 맡고 외국에 우리나라를 대표해야 하므로 정말 하는 일도 많고 힘든 직업이기도 하지요. 단 한 번의 실수로도 온 국민에게 영향을 줄 수 있기 때문에 항상 신중하고 모범이 되어야 한답니다.

🟠 선거와 선거운동은 헌법을 따라야 해요

대통령은 헌법이 정한 방법에 따라서 선출하게 되어 있어요. 만 19세가 넘으면 대통령을 뽑을 수 있는 선거권이 생겨요. 여러 명의 후보들 중에서 가장 많은 표를 얻은 사람이 대통령이 된답니다.

대통령 선거는 현재 우리 헌법이 효력을 발휘한 1988년부터 5년마다 12월 19일에 실시하고 있어요. 대통령 선거 후보자 등록을 한 다음 선거운동을 시작할 수 있답니다.

선거운동이란 자신이 얼마나 능력이 있고 대통령에 적합한 인물인지를 선전하는 것입니다. TV에 나와서 정책을 설명하거나 후보들끼리 토론회를 하는 일이 대표적이에요. 물론 원하는 장소에 들러서 사람들을 만나 연설하고 지지해 달라고 호소하는 것도 포함돼요.

대통령의 고유 권한

대통령은 죄를 지어 벌을 받고 있는 사람도 용서해 줄 만하다고 여기면 그 벌을 면제해 줄 수 있어요. 이를 사면권이라고 불러요. 또, 공무원을 임명하는 권리도 가져요. 일을 잘하겠다고 생각되는 사람에게 중요한 일을 맡긴다는 뜻이에요.
나라가 위급하다고 생각되면 군대가 지배하도록 계엄령을 선포할 수 있고, 국가에 긴급한 일이 생기면 빠르고 안전한 해결을 위해서 긴급명령권을 발동할 수 있어요.
이렇게 권력이 큰 만큼 아무한테나 맡길 수는 없겠죠? 그래서 대통령이 되기도 정말 힘들어요. 대한민국이 시작되고 오랜 시간 동안 아직까지 10명의 대통령만이 나라를 맡았답니다.

🟡 대통령을 꿈꾼다면 필요해요

리더십과 소통능력 다른 사람들의 이야기에 잘 귀 기울일 줄 알아야 해요. 학급과 학교를 이끌어 보는 경험이 도움이 될 거예요. 존경받는 리더들에 관한 책을 읽으며 배울 점을 생각해 보세요.

도전정신 대통령이 되는 과정 자체가 계속되는 도전과 실패예요. 다양한 경험을 통해 견문을 넓혀야 한답니다.

도덕성과 책임감 자기 자신의 이익보다 나라를 더 사랑하고 고통받는 국민이 없는지 살펴야 해요.

• 우리나라 대통령이 거주하는 청와대

국회의원

Member of the National Assembly

국민을 대표해 법을 만드는 사람

국회의원은 국민을 대신해 법을 만들고 나라의 살림살이를 감독해요. 우리는 보통 정치인이라고 하면 국회의원을 떠올려요. 민주 국가의 주인은 국민이지만 우리가 모든 나랏일에 직접 참여할 수 없어서 국회의원을 뽑는 거지요.

◉ 국민이 뽑은 나라의 일꾼

대한민국은 법치주의 국가지요. 법이 다스리는 사회에서는 부당한 차별을 당하지 않고 자신의 권리를 누리고 의무를 다하면서 살 수 있어요. 이렇게 국민을 위한 법을 만드는 입법기관이 바로 국회랍니다. 국회의원은 법을 만들거나 잘못된 법을 고치고 나라의 살림살이를 위해 정부가 세운 예산을 검토하고 행정부가 일을 제대로 하는지 감시해요.

국민의 뜻을 대표하는 사람이니 당연히 국민이 뽑아야 하겠지요? 그래서 국회의원은 선거직 공무원이에요. 우리나라 국회의원은 현재 299명으로, 국회에는 16개의 상임위원회와 특별위원회가 있어요. 상임위원회는 경제, 통일, 국방, 교육, 문화, 보건, 환경, 정보 등 국회에서 다루어야 할 사안을 전문적으로 다루는 분과위원회예요.

법률을 만들자는 제안이 들어오면 먼저 상임위원회에서 심사하고 토론해요. 전문가의 의견, 국민의 의견을 듣기도 하죠. 여기서 투표를 통과하면 국회 본회의로 넘어가요. 본회의에서도 투표를 통해 통과가 되면 대통령이 법률로 공포한답니다.

국회의원의 특권

불체포 특권과 면책 특권이 대표적이에요. 불체포 특권은 현행범인 경우를 제외하고는 국회의 동의 없이 체포 또는 구금을 당하지 않는 것을 말해요. 면책 특권은 국회의원이 직무상 행한 발언이나 표결에 대해 국회 외에서 책임을 지지 않는 것을 말한답니다.

🟣 정치인은 믿을 수가 없다고요?

국회의원의 지위는 헌법이 보장하기 때문에 남의 눈치 보지 않고 소신껏 일할 수 있다는 장점이 있어요. 하지만 그와 동시에 청렴할 것, 다른 일과 겸하는 것 금지, 국가의 이익을 우선할 것, 지위를 남용하는 것 금지 등의 의무가 따라요. 국회의원이 이런 의무를 다하는 모습을 보일 때 '정치인'이란 직업이 신뢰를 얻게 될 거예요.

🟢 지역구 주민의 문제를 해결해요

국회의원으로 나설 수 있는 자격은 만 25세예요. 너무 어리면 국민들의 어려움을 이해하고 해결하기 어려울 테니까요. 국회의원은 보통 정당의 추천을 받아 선거에 출마해요. 시의원·도의원 등을 거치며 기초를 닦는 사람도 있고, 교수나 변호사·시민운동가 등으로 이름을 날리다가 출마하는 사람도 있어요.

국회의원이 되기 위한 가장 중요한 준비는 지역구 사람들의 삶을 파악하는 것이에요. 그리고 자신이 그들의 문제점을 해결해 줄 수 있는 사람이라는 사실을 알리는 것이랍니다. 선거일에 가장 많은 표를 얻은 사람이 그 지역의 국회의원으로 뽑혀요. 그 후 4년 동안 헌법에서 정한 권리와 의무를 다하면서 국민을 위해 일하게 된답니다.

🟡 국회의원을 꿈꾼다면 필요해요

따뜻하고 올바른 마음씨 좋은 대학을 나온 사람보다는 좋은 사람이 필요해요.
정의를 향한 용기 주변에 억울하게 어려움에 처한 사람들이 있는지 살피는 일부터 시작해 보세요.
사명감과 민주적인 태도 국민을 대표해 일한다는 사명감과 다른 사람들과 토론할 줄 아는 민주적인 태도를 가져야 해요.

국회의원을 여러 번 하는 방법

국회의원은 일을 잘해서 계속 뽑히면 여러 번 할 수 있어요. 자신이 맡은 지역구 사람들이 편안하고 행복하게 살 수 있도록 국회에서 그 사람들을 대신해 눈과 귀, 입이 되어야 해요.

따라서 국회의원에게 가장 필요한 것은 '지역구 사람들이 어떻게 살고 있는가? 문제점은 무엇인가?'를 파악해서 국회에서 어떻게 하면 자신을 믿고 뽑아 준 국민과 국가의 이익을 높일 수 있는지 연구하고 실천하는 일이지요.

또한, 법을 만들어야 하기 때문에 법에 대한 지식을 쌓고, 정치적인 이익 때문에 반대하는 사람들이 있다면 설득하기도 해요. 국민은 성실하게 활동한 국회의원에게 다시 한 번 기회를 줍니다.

• 우리나라 국회의사당

경찰관 Police officer

국민의 생명과 안전을 지켜 주는 사람

경찰관은 국민을 위험에서 보호하고 사회 질서가 잘 지켜지도록 해요. 국민이 안심하고 편안하게 살 수 있도록 봉사하기 때문에 '민중의 지팡이'라고 불린답니다. 언제나 국민과 함께 울고 웃는 고마운 직업이에요.

◉ 복잡한 사회에서 전문화하고 있는 경찰

어디를 가든 경찰관이 눈에 띄지요. 경찰관들이 무슨 일을 하는지는 하루를 곰곰이 생각해 보는 것만으로도 대부분은 알 수 있을 것 같아요. 범죄를 예방하고 사회 질서를 유지하는 방범·순찰 업무, 범죄를 수사하는 업무, 교통 위반을 단속하는 업무 등 늘 우리 곁에서 생명과 안전, 재산을 지켜 줘요.

사회가 다양해지면서 경찰 업무도 전문화하고 있어요. 경찰청에는 수사국, 정보국, 보안국, 외사국 등이 있답니다. 수사국은 특수한 수사를 맡는 곳인데요, 대개 우리가 드라마에서 보는 액션극의 형사들은 여기 속해 있어요. 마약사건이나 지능적인 범죄를 저질러 과학수사대가 투입돼야 하는 사건, 사이버테러 사건 등을 맡아 해결하지요.

갈수록 지능화되어 가는 범죄는 머리나 증거만으로 범인을 잡기가 어려워 각종 정보를 이용해 수사한답니다. 이렇게 정보를 수집하고 분석하는 곳은 정보국이에요. 또, 우리나라의 안보를 어지럽히는 적대세력에 대해서 대비를 하는 곳은 보안국이랍니다. 외사국은 외국인 관련 범죄의 예방과 수사를 맡아서 해요.

해양경찰청

요즘 불법조업을 하는 중국 어부들과 사투를 벌이는 해경들도 뉴스에 자주 나오지요? 해경들은 독립된 조직인 해양경찰청에 속해 있답니다.
해양경찰청은 해상 경비 및 해난 구조, 해상 범죄 수사 등 해상에서의 경찰 업무를 관장하는 중앙행정기관이에요.

🔵 시민이 기댈 수 있는 지팡이 역할

시민을 위해 봉사한다는 보람과 안정된 공무원이라는 장점 때문에 순경 공개채용시험의 경쟁률은 60:1에서 100:1일 정도로 치열해요. 하지만 24시간 국민을 지킨다는 것은 희생정신이 필요한 일이지요. 근무 시간이 불규칙하고 밖에서 보내는 시간이 많아서 체력적으로 힘들다고 합니다. 또한, 범죄를 수사하다 보면 위험한 일도 많답니다.

🔵 경찰관 시험이 5차까지 있는 이유

고등학교 이상을 졸업하고 운전면허증이 있으면 경찰공무원 시험을 치르고 순경이 될 수 있어요. 경찰관이 되기 위해서는 총 다섯 개의 관문을 통과해야 해요. 맡은 일의 중요성이 크기 때문에 그만큼 절차도 까다롭답니다. 1차는 신체검사, 2차는 경찰학개론 · 한국사 · 영어 · 형법 · 형사소송법 필기시험, 3차는 체력검사, 4차는 적성검사, 5차는 면접이에요.

시험에 합격하고 지구대 파출소에서 2년간 근무하면 경찰서의 각 부서에 배치되는데요, 형사과에서 근무하는 경찰관은 형사라고 불려요. 이 과정을 뛰어넘는 방법도 있답니다. 4년제 경찰대학교를 졸업한 사람과 경찰간부후보생시험을 봐서 경찰교육원 1년 과정을 졸업한 사람은 경위부터 경찰 업무를 시작할 수 있어요.

경찰 특별채용시험도 있어요

일반 대학교나 전문대학의 경찰행정학과를 졸업해야만 응시할 수 있는 특별채용시험은 공개채용시험보다 경쟁률이 조금 낮다고 해요.

특별채용의 모집 분야는 경찰특공대, 항공요원, 정보통신 요원, 피해자심리 전문요원, 외사요원, 사이버수사요원, 경찰악대 등으로 다양해요.

참고로, 심리학을 전공하고 경찰이 되면 피해자심리 전문요원이나 프로파일러가 될 수 있어요. 영화에 자주 등장하는 프로파일러는 범죄 용의자의 심리와 행동을 분석해 수사에 도움을 주는 경찰관이에요.

🔵 경찰관을 꿈꾼다면 필요해요

사명감과 따뜻한 마음 시민을 위해 봉사한다는 사명감과 남을 배려하는 따뜻한 마음이 없으면 오히려 사회에 나쁜 해를 끼칠 수도 있어요.

체력과 판단력 여러 가지 사건을 수사하고 해결할 수 있는 튼튼한 체력과 판단력이 필요해요.

국사, 영어, 사회 시험과목에 한국사, 영어, 법이 포함되어 있으니 열심히 공부하세요.

소방관 Firefighter

화재 현장에서 생명과 재산을 지켜 주는 사람

 소방관은 화재 및 사고 현장에서 시민의 소중한 생명과 재산을 보호해 줘요. 방화복, 방수모, 공기 호흡기 등을 착용하고 거침없이 불 속에 뛰어드는 소방관들의 희생정신은 큰 존경을 받는답니다.

◉ 여기 불이 났어요! 빨리 와 주세요!

우리는 빨간 불자동차가 앵앵 소리를 내면서 달리면 '불이 났구나' 하고 생각합니다. 그리고 뜨거운 화염 속에서 불을 끄는 아저씨들을 상상하지요. 그런데 소방관 아저씨들이 꼭 화재 현장에만 출동하는 게 아니에요.

언젠가 경기도 어느 곳에서 말벌들이 떼를 지어 주택가를 돌아다닐 때에도 소방관들이 출동했어요. 고속도로에서 충돌 사고가 났을 때 소방서 소속의 119 구급차가 출동하는 것을 본 적이 있지요? 이렇게 소방관은 화재, 홍수, 산악사고, 교통사고, 건물 붕괴, 가스 폭발 등 생명을 위협하는 각종 사고 현장에 제일 먼저 도착해서 사람들을 구조하고 응급환자를 병원으로 이송해요.

따라서 소방관에게는 화재 진압 및 위험물 취급과 관련된 지식과 응급처치를 할 수 있는 의료 지식이 필수예요. 불조심 교육을 하고 소방시설을 미리미리 점검하는 등 화재를 예방하는 일도 중요해요.

119 구급대

119 구급대원은 각종 재난 및 재해가 발생했을 때나 심장마비처럼 갑작스럽게 응급환자가 발생했을 때 신속하고 안전하게 인명구조 활동을 하는 사람이에요. 구조대는 응급구조사 자격자들로 구성되어 있어요. 신고를 받으면 차량, 헬기 등을 이용해 현장으로 긴급 출동한답니다.

신고 전화를 받고 30초 안에 출동한다고요?

사고는 24시간 일어날 수 있기 때문에 소방관들은 20~30초 내로 출동할 수 있도록 항상 긴장하고 있어야 해요. 혹독한 현장에서 밤샘 구조작업을 할 때도 많고, 화상을 입거나 사고를 당할 위험이 있어서 강한 체력과 정신력이 필요하지요.

소방관이 되는 3가지 방법

소방관도 공무원이에요. 따라서 공무원 시험을 치러야겠지요? 시험의 종류에는 3가지가 있어요.
첫째, 소방직공무원 공개채용시험은 국어·한국사·영어 등의 필기시험과 신체검사, 체력검사 등을 거쳐야 해요. 학력과 성별에는 제한이 없지만 소방학, 소방관리학, 응급구조학 등 관련 학문을 전공하면 시험에 도움이 된답니다.
둘째, 이런 학과들을 졸업하면 소방직 특별채용시험에 응시할 자격이 생겨요. 과학적인 소방과 재난구조 활동을 위해서 체계적으로 가르치는 대학도 요즘은 아주 많답니다.
마지막으로, 소방간부를 뽑는 소방간부후보생 선발시험도 있어요.

소방관을 꿈꾼다면 필요해요

정의감 소방관을 꿈꾸는 어린이라면 이미 힘든 일에 솔선수범하는 정의로운 사람일 거예요.
튼튼한 체력 건강하고 민첩한 몸은 기본이에요.
사명감과 희생정신 위험에 맞서 국민의 생명을 보호하려는 용기와 투철한 사명감이 없으면 안 돼요. 다른 사람을 배려하고 협동할 줄 아는 것도 중요해요.

소방관에게 더 좋은 대우가 필요해요

소방관은 보람도 크고 사회적인 존경을 받는 직업이에요. 하지만 아직은 소방관이 시민들을 위해 흘리는 땀에 비하면 대우가 소홀하다는 아쉬움이 있어요. 다른 사람의 생명을 구하기 위해 때로는 목숨까지 걸고 힘든 일을 묵묵히 견디는 분들인데 말이죠.
최근 흥행한 영화 「타워」(감독 김지훈)에서는 명배우 안성기와 설경구가 연휴에 가족과 함께하지 못하고 비상근무를 하거나 한 명이라도 더 많은 사람을 구하기 위해 자신을 희생하는 소방관들로 나와요. 이렇게 고생하는 소방관을 더 좋게 대우해 주어서 그분들이 더 신나게 일한다면 우리나라는 그만큼 살기 좋은 나라가 될 거예요.

외교관 Diplomat

나라를 대표해 외교활동을 하는 사람

 외교관은 외국에서 자기 나라를 대표해서 국가의 이익을 보호하는 일을 해요. 또, 자기 나라의 전통과 문화를 알려서 이미지를 좋게 해 줘요. 외국과 평화로운 협력관계를 맺을 수 있도록 힘쓰는 국가공무원이랍니다.

◉ 멋진 외교로 국가의 위상을 쑤욱 높여요

외교관은 외국에서 자기 국가를 대표해서 국가의 이익과 국민을 보호하는 일을 해요. 국가 간에 무역, 군사, 정치 등 다양한 문제가 생겼을 때 외교관은 자신이 파견되어 근무하는 나라와 대화하고 교섭하게 되죠.

두 나라가 교류와 교역을 하고 조약을 맺을 때 자기 나라가 유리하도록 그 나라의 정보를 수집하여 본국에 보고하고, 두 국가가 평화롭고 우호적인 협력관계를 유지하도록 힘써요. 또, 외교관은 해외 교포의 처우와 여행 중인 국민의 안전에 대해서도 관심을 가진답니다.

요즘처럼 세계화 시대에는 나라 살림의 모든 영역이 외교와 관계를 갖고 있어요. 외교관은 자국의 전통과 문화를 적극적으로 홍보하면서 국가 이미지와 경쟁력을 높여 줘요. 우리나라처럼 무역으로 국민소득의 대부분을 올리는 나라는 활발한 외교활동으로 교역이 점점 확대되면 국민소득이 상승하는 효과가 나타난답니다.

외교관은 국내 외교통상부에 근무하는 외교관과 세계 각국에 있는 공관에서 근무하는 외교관으로 나뉘어요. 우리나라는 총 159개의 해외 공관(대사관, 총영사관, 대표부)을 두고 있어요.

우리나라의 외교활동

안보 분야: 우리나라는 세계에서 유일한 분단국가라서 미국 등 주요 동맹국과 협력관계를 강화해야 해요.

통상 분야: 통상 마찰을 줄이고, 우리 기업들이 쉽게 해외 진출을 할 수 있도록 지원해요

문화 분야: 우리 문화를 해외에 널리 알리고 동시에 그 나라의 문화를 국내에 소개하는 쌍방향 문화외교를 펼치고 있어요.

우리나라를 위해서라면 오지에서도 열심히 일해요

외교관은 나라를 수시로 옮겨 다녀야 하고, 때로는 테러 위협이 있거나 기후 조건이 나빠서 가고 싶지 않은 나라에도 가야 해요. 생소한 환경에 잘 적응해야 하고 어떠한 경우에도 나라를 대표하는 사람으로서 품위를 잃으면 안 돼요.

국립외교원이 문을 열었어요

외교관은 외국에서 살아야 하므로 기본적으로 자신이 체류하는 국가의 언어를 알아야 하고 영어나 불어 등, 외교가에서 기본적으로 쓰이는 언어를 자유자재로 쓸 수 있어야 해요.
그러므로 장차 외교관이 되고 싶은 사람은 어학을 아주 열심히 공부해야 해요. 또 여러 나라를 순차적으로 돌아가면서 근무해야 하므로 세계사를 잘 알아야 하고 국제 정세를 잘 파악해 대비할 수 있어야 한답니다.
현재 외교관을 선발하는 외무고시는 2014년에 폐지된다고 합니다. 대신 전문성 및 실무능력을 키우는 데 중점을 두는 국립외교원이 생겨요. 2013년에 첫 입학시험을 치를 예정입니다. 외교관 채용 인원 40명의 1.5배를 모집하여 예비 외교관으로서 1년간 교육한 뒤 최종 40명을 선발한대요.

국립외교원 입학시험

외교관이 되려면 반드시 국립외교원에 입학해야 해요. 시험은 3차에 걸쳐 치르는데 1차에서는 영어, 공직적격성검사, 제2외국어, 한국사를 봐요. 2차에서는 전공평가시험과 학제통합논술시험을 치른답니다. 3차에서는 인성면접과 역량면접을 봐요.
공직적격성검사(PSAT)란 공무를 수행할 때 필요한 자질과 능력을 갖추었는지 검증하기 위해서 종합적 사고력을 측정하는 시험이에요.
입학한 후에는 1년간 논리력과 발표능력, 외국어능력, 전문지식 등을 쌓으면서 외교관으로서의 잠재성을 종합적으로 평가받는다고 해요.

외교관을 꿈꾼다면 필요해요

애국심 해외에서 우리나라를 대표하는 일이니까 애국심이 강해야 해요.
외국어와 교양 탁월한 외국어 실력은 기본이에요. 게다가 외국의 정치·역사·문화에 대해 폭넓게 이해하는 교양 있는 세계인이 되어야 해요. 해외 뉴스에 관심을 갖고 독서를 많이 하세요.
사교성 매사에 긍정적이고 사교적인 성격이 유리해요.

판사 Judge

재판을 진행하고 판결을 내리는 사람

판사는 재판장에서 변호사와 검사의 말을 듣고, 증인의 진술과 증거를 검토한 뒤 판결을 내려요. 드라마나 영화에서 "판결을 내리겠습니다."라고 엄숙하게 말한 뒤 판사봉으로 '탕탕탕!' 치는 모습을 본 적 있을 거예요.

◉ 판사는 명예롭고 막중한 자리예요

판사는 말 그대로 모든 일에 분쟁이 생겼을 때 판결을 내려 주는 사람이에요. 분쟁에는 여러 가지가 있어요. 개인 사이의 분쟁인 민사소송, 살인죄 등 형법의 적용을 받는 형사소송, 행정기관을 상대로 국민이 피해를 호소하는 행정소송이 대표적이에요. 판사는 판결을 통해 갈등과 다툼을 해결하고, 사람들의 권리를 보호해 줘요. 또한, 잘못한 사람에게는 벌금을 물리거나 교도소에 보내서 사회의 안전과 질서를 지킨답니다.

우리나라에서는 한 사건으로 세 차례까지 재판을 받을 수 있는 3심제를 택하고 있어요. 판사는 재판이 진행될 때 변호사와 검사의 논쟁을 잘 듣고, 법정에 제출된 증거와 증인의 진술을 검토하여 법률에 근거해서 판결을 내려요. 그 외에 재판을 위해 서류를 검토하고, 재판 날짜 및 절차, 증거와 증인의 채택 방식을 정해요.

판사가 아주 높은 사람인 것처럼 느껴지지요. 그만큼 덕망이 있고 인정을 받아야만 판사로 임용될 수 있고, 헌법에서 지위를 보장받고 있기 때문이에요. 헌법 103조에는 "판사는 헌법과 법률에 의하여 그 양심에 따라 독립하여 심판한다."라고 나와 있어요.

> **삼권 분립**
>
> 판사는 법을 집행하는 사법부에 속해 있어요. 법을 만드는 입법부인 국회나, 나라 일을 돌보는 행정부의 영향을 받지 않고 독립적으로 재판하게 돼요. 만일 삼권 분립이 보장되지 않는다면 판사는 더 높은 지위를 가진 사람들의 눈치를 보아야 할 거예요.

누군가의 인생이 걸린 일이에요

판사는 사회적 명예와 권위가 높은 직업이지만, 판결에 따라 한 사람의 인생이 좌지우지될 수 있는 만큼 막중한 책임과 스트레스가 따라요. 범죄를 다스리고 분쟁을 해결하는 사람으로서 법률뿐만 아니라 정치, 경제, 인문, 사회, 도덕, 역사에 두루 밝아야 해요.

대법원장의 임명을 받아야 해요

대학을 졸업한 후 반드시 로스쿨(3년제 법학전문대학원)에 들어가야 해요. 로스쿨 졸업생이 일정한 시험을 치르면 변호사 자격증을 얻게 돼요. 판사가 갖는 막중한 책임 때문에 정식 판사가 되려면 그 후에도 재판연구관에서 2~3년간 실무교육을 더 받아야 합니다.

판사는 대법원장의 임명을 받아 가정법원, 지방법원, 고등법원, 대법원 등에서 일해요. 판사 1명이 재판하는 단독부는 5년 이상 경력을 쌓은 판사만 맡을 수 있어요. 상대적으로 무거운 죄를 처벌하는 합의부는 판사 3명이 판결한답니다. 판사, 우배석 판사, 좌배석 판사가 재판정에 나란히 앉지요.

배석 판사가 되려면 최소한 3년간의 법조 경력을 쌓아야 한대요. 우리나라 최고법원인 대법원 판사가 되려면 10년 이상 경력을 쌓아야 해요.

판사를 꿈꾼다면 필요해요

따뜻한 마음 인간에 대한 애정을 바탕으로 판결을 내려야 하기 때문이에요.

책임감과 독립성 누구의 눈치도 보지 않고 양심에 따라 판결을 하기 위해서죠.

다양한 분야의 공부 어려운 법문을 이해하는 것은 물론 다른 사람의 말을 듣고 올바른 판단을 하기 위해서는 평소 많은 책을 읽고, 토론을 즐기며, 열심히 공부해야 한답니다.

판사의 지위 보장은 누구를 위한 것인가?

판사의 임기는 10년이고, 임용 절차와 똑같은 방법으로 한 번 더 연임할 수 있어요. 정년은 63세예요. 판사가 큰 병이 나서 직무를 수행할 수 없을 때는 대법원장이 퇴직을 명령할 수 있어요. 만일 이 정도로 심각하지는 않더라도 2년의 범위 안에서 휴직을 허가받을 수 있어요.

판사는 탄핵이나 금고(강제노동을 하지 않고 감옥에 갇혀 있는 것) 이상의 형벌을 받지 않는 한 파면당할 수 없어요. 만일 이런저런 사유로 쉽게 파면된다면 '양심에 따라 독립하여 심판'하기가 쉽지 않을 테니까요.

징계를 받을 사유가 뚜렷하게 있을 때만 정직·감봉 또는 불리한 처분을 받게 돼요. 이런 판사의 지위는 우리 모두를 위한 것이랍니다.

검사 Prosecutor

범죄자에게 재판을 받게 하는 사람

검사는 범죄자의 죄를 밝히고 재판을 받게 해요. 우리 사회의 공익을 위해 죄인에게 알맞은 벌을 주도록 법원에 요청하는 거지요. 검사는 경찰을 지휘해서 범죄를 수사하고 재판에 필요한 증거를 수집해요.

● 오늘도 사회 정의를 위해 달려요

누가 잘못을 했는지 국가기관인 사법부에서 심판을 통해 가려 주도록 만든 제도를 재판이라고 해요. 재판정에 넘겨지는 소송사건에는 형사소송과 민사소송이 있어요.
형사소송은 형법을 어겼다고 고소당한 피의자들의 잘못을 판가름해 주는 재판이에요. 민사소송은 개인과 개인 사이에 생긴 다툼에서 누가 얼마나 잘못했는지를 국가에서 판단해 주는 법정싸움이지요.
소송에는 잘잘못을 가려 달라고 고소하는 사람인 원고와 원고에게 고소당한 사람인 피고가 있어요. 이 중에서 형사소송의 원고가 되는 사람이 바로 검사예요. 검사는 살인, 강도, 폭력 같은 범죄사건의 수사를 지휘하고 분석해요. 경찰이 먼저 수사를 하지만 재판하기 위해서는 더 깊이 수사해서 증거와 증인을 확실하게 마련해야 하거든요.
사건의 수사가 끝나면 그 결과를 종합한 후 피의자를 재판에 넘기지요. 범죄자들이 자신이 저지른 죄에 알맞은 벌을 받도록 감옥에 갇히는 기간을 요청함으로써 범죄자가 사회에서 함부로 돌아다닐 수 없도록 막는 일을 하는 사람이 검사예요.

피의자와 피고인

형법은 범죄와 형벌에 관한 법으로서 이 법을 어기면 벌을 받게 돼요.
피의자는 범죄를 저지른 것으로 추측이 되는 사람들을 부르는 말이지요.
피의자를 검사가 재판으로 넘기는 것을 '공소'라고 하고, 공소가 제기되고 나면 그때부터 피의자를 '피고인'이라고 부른답니다.

입을 꾹 다문 피의자를 어쩌면 좋을까요?

검사는 사회 정의를 실현한다는 자부심이 큰 직업이지만 한 달에 평균 200건 정도의 사건을 처리할 만큼 업무량이 정말 많아요. 사건 현장에서 뛰기도 하고 바쁘게 움직여야 하는 만큼 체력이 필요해요. 또한, 피의자를 상대로 진실을 밝히는 일이다 보니 정신적인 스트레스도 큽니다.

로스쿨 시대가 활짝 열려요

로스쿨(Law School)이란 법조계 인재를 양성하는 프로그램을 가르치는 법학전문대학원을 말하는데요, 미국에서 시작된 제도예요. 3년 과정을 마치고 로스쿨을 졸업하면 일정한 시험을 치르고, 합격자는 변호사 자격증을 받아요.

법학과가 있는 대학은 많지만 대학원에 로스쿨이 있는 학교는 많지 않아요. 현재 서울대학교, 연세대학교, 고려대학교, 이화여자대학교, 한양대학교 등 25개의 로스쿨이 있어요.

우리나라는 이 제도를 도입한 지 3년밖에 안 되고 2012년에 첫 로스쿨 졸업자를 배출했어요. 그중에서 42명이 검찰청의 면접시험에 합격했다고 해요. 이 사람들은 검찰청에 들어가 1년간 연수를 받은 뒤에 단독으로 검찰 업무를 맡게 돼요.

검사를 꿈꾼다면 필요해요

정의감 책임감과 정의감이 남다르고 성실한 학생이라야 해요.
이해력과 추리력 사건을 논리적으로 분석하고 방대한 법률을 이해하려면 어렸을 때부터 책을 많이 읽어야 해요.
글쓰기와 말하기 판사를 설득하려면 조리 있게 글을 쓰고 말을 하는 연습을 꾸준히 해야 한답니다.

막 내리는 사법고시

올해로 54회째가 되는 사법 시험은 미래에 판사, 검사, 변호사가 될 사람들을 뽑는 시험이에요. 이 시험에 합격하면 사법연수원이라는 곳에 들어가는데, 여기서 약 2년 동안 다시 교육을 받아요. 이 기간을 모두 마치고 나면 연수생이 근무하고 싶은 곳을 지원하게 되지요.
사법부에서는 법관을, 검찰청에서는 검사를 지원자 중에서 성적순으로 선발해요. 나머지 학생들에게는 변호사 자격증을 준답니다. 그런데 사법 시험은 2017년에 마지막으로 치르게 돼요. 그 후에는 로스쿨 제도만 운영한답니다.

• 서울중앙지방검찰청

변호사 Lawyer

의뢰인을 변호해 주는 사람

변호사는 민사소송, 형사소송 등에서 의뢰인을 변호해 줘요. 억울한 일을 당한 사람에게 법률적인 도움을 주지요. 의뢰인을 위하여 "재판장님, 이의 있습니다!"라고 힘차게 외치는 사람을 영화에서 본 적이 있을 거예요.

◉ 억울한 일이 생기면 생각나는 법률전문가

어려움에 처해 있거나 억울한 피해를 당한 사람은 법률적인 도움이 필요해요. 심지어 죄를 지은 사람까지도 법을 잘 몰라서 더 큰 벌을 받지 않도록 변호해 줄 사람이 필요하답니다. 잘못을 저지른 사람도 피치 못할 이유가 있다면 형벌을 줄여 주거든요. 이것을 '정상참작'이라고 해요.

변호사는 갈등이나 사건, 사고 등에 휘말린 의뢰인을 대신해 소송을 제기하거나 법정에서 변호해 주는 법률전문가예요. 손해배상이나 이혼소송 같은 민사사건이라면 갈등을 원만하게 해결해 주고, 형사사건이라면 피의자의 기본 인권을 지켜 주지요. 재판에서는 유죄가 확정되기 전까지 피의자를 무죄라고 봅니다.

변호사는 재판에서 진실을 밝히고 의뢰인에게 유리한 판결을 이끌어 내기 위해 여러 가지 증거 자료를 모으고 관련된 재판 기록과 법률을 꼼꼼하게 검토해요. 최근에는 소송 분야가 매우 다양해서 인권, 지식재산권, 세금, 국제 무역, 의료, 연예 등 자신만의 전문 분야를 갖는 변호사가 많아요.

인권변호사

사회적 약자를 위해 일하는 변호사를 인권변호사라고 해요. 노동자, 여성, 장애인, 성소수자, 이주자·난민 등 사회에서 차별을 받는 사람들의 인권을 옹호하는 활동을 하지요.
특권을 많이 내려놓고 공익을 위해 뛰는 일이기 때문에 사회에서 존경을 받아요. 박원순 서울시장도 인권변호사 출신이랍니다.

🟣 변호사님, 제발 진실을 밝혀 주세요

소송에서 이기거나 의뢰인의 억울한 누명을 벗겨 주었을 때는 큰 보람을 느낄 수 있지요. 반대로 소송에서 질 수도 있으므로 일할 때 큰 부담과 스트레스를 안게 되지요. 다른 사람의 생명과 재산이 걸린 일이기 때문에 작은 실수도 하지 않도록 주의해야 해요.

🟠 변호사는 공무원이 아니랍니다

변호사 역시 판사 및 검사와 마찬가지로 로스쿨을 졸업하고 변호사 시험에 합격해야 하는 것까지는 같아요. 하지만 판사와 검사는 사법공무원인데 변호사는 일정한 수임료를 받고 의뢰인의 소송을 대신해 주는 자영업자예요.

개인 사무실을 열지 않으면 로펌(대형 법률사무소)에 들어가거나, 대기업의 법무팀에서 근무하는 경우가 많아요.

변호사들은 경력도 다양해요. 변호사 시험에 합격한 후 바로 변호사가 된 사람도 있고, 법관이나 검사로 일하다가 그 일을 그만둔 후 새로 개업한 사람들도 있어요.

🟡 변호사를 꿈꾼다면 필요해요

정의로운 성품 사회적 약자에 대한 애정, 공평하고 사사롭지 않은 태도가 필요해요.

말하기와 글쓰기 법정에서 논리적으로 변론하거나 문서를 제출해야 하기 때문이에요.

비판적 사고와 상상력 당연해 보이는 것까지 의심하면서 사건 전체를 파악할 줄 알아야 해요.

변호사의 수임료는 대체 얼마?

변호사들은 경력과 소송의 규모에 따라서 수임료가 천차만별이에요. 삼성과 애플사가 특허 건으로 소송했을 때 수임료는 1천억 원이 넘었대요.

법관을 했던 변호사들은 '전관예우'라고 해서 수임료를 아주 많이 준답니다. 전관예우란 법원에서 누리던 지위에 대해 인정을 하는 것을 말해요. 하지만 예전 지위를 이용해서 법관의 독립된 판결에 영향을 끼치려는 사람들이 있어, 지금은 모두들 전관예우라는 특혜를 고쳐야 할 관습이라고 생각한답니다.

법무사

Judicial scrivener

법률 서류를 대신 작성해 주는 사람

법무사는 법률 서류를 대신 작성해서 검찰, 법원이나 관공서에 제출해 줘요. 부동산을 사고 팔거나 호적을 정리할 때가 대표적이에요. 또한, 민사 소송을 제기할 때 법을 잘 모르는 일반인에게 법률 상담을 해 줘요.

● 일반인은 법률 서류를 잘 몰라요

법무사는 법적인 서류를 작성할 줄 모르는 일반인을 위해 검찰 및 법원에 제출할 서류를 작성해 주는 업무를 주로 해요. 예를 들면, 관공서 중에 토지나 건물 등의 부동산을 매매하거나 상속할 때 소유권이 이전된 법률관계를 공개적으로 알리기 위해 장부를 관리하는 등기소가 있어요. 법무사의 대표적인 업무가 이러한 등기 명의 변경 서류를 만들고 등기 수속을 대신해 주는 거죠.

또한, 각종 재판 소송을 할 때 법률적인 조언을 해 주고 소송장(소장)을 대신 작성해 주기도 하지요. 그 밖에도 재산을 마음대로 처분하지 못하게 하는 가처분·가압류 사건이나 회사 설립, 호적 정리, 이혼, 파산 등의 업무로 일반인을 도와준답니다.

요즘은 인터넷으로 서류 형식을 다운로드 받고 작성 방법까지 검색해서 쉽게 알 수 있기 때문에 법무사 없이도 서류를 작성할 수 있어요. 하지만 여전히 일반인은 법적인 지식을 쌓기가 힘들고 어르신들은 어려움을 많이 느껴요.

법무사와 변호사의 차이

법무사가 하는 일은 변호사나 그리 다르지 않아요. 하지만 대신해 주는 비용, 수임료는 엄청나게 차이가 나죠. 변호사는 비싼 수임료를 요구하지만 법무사는 그렇지 않아요.
두 직업이 차이가 나는 것은 재판에서 변론을 담당할 수 있느냐 아니냐에 달려 있어요. 법무사가 직접 소송을 치르면 변호사법을 위반하게 돼요.

잘못하면 의뢰인에게 손해를 입힐 수 있어요

우리나라는 서류 작성이 까다롭고 준비할 서류가 많기로 세계적으로 이름이 나 있어서 사람들이 법무사의 법률 서비스를 많이 찾는 편이에요. 법률 관련 문서를 처리할 때는 실수가 있어서는 안 되기 때문에 긴장하고 조심해야 해요. 특히 민사사건의 대부분은 금액의 규모가 크지 않지만 서민의 생계와 관련되어 있으니까요. 다양한 의뢰인을 만나기 때문에 사교적인 성격이 아니라면 스트레스를 받을 수도 있지요.

학력이나 나이 제한이 없어요

법무사가 되는 데는 학력 제한이 없어요. 그런데 워낙 읽기도 어려운 법조문을 하나하나 해석하고 익혀야 하므로 법무사 시험도 사법 시험 못지않게 어려워요. 그래서 대개 법과대학 졸업자이거나 사법 시험을 준비하는 사람이 이 시험을 함께 준비하기도 해요.

시험은 1차와 2차 필기시험과 3차 면접시험으로 나누어 봐요. 필기시험에서는 헌법, 상법, 민법, 민사소송법, 형법, 형사소송법, 부동산 등기법, 가족관계의 등록에 관한 법률 등을 잘 알아야 해요. 법무사 시험에 합격하고 나면 대한법무사협회에 회원으로 가입하고 법무사로서 일을 시작할 수 있답니다. 개인 사무실을 열거나 합동 법무사 사무소를 개업하기도 해요.

법무사를 꿈꾼다면 필요해요

꼼꼼함과 글 솜씨 서류를 작성하는 일이니까 성격이 꼼꼼하고 글 솜씨가 좋아야 해요.

정직함과 대인관계 다양한 사람들에게 법률전문가로서 서비스를 제공하는 일이니까요.

풍부한 상식과 한자 세상 돌아가는 일을 잘 알아야 해요. 평소 뉴스와 신문을 가까이하고 생활 속의 법적인 문제에 관심을 가지면서 법률 상식을 넓혀 보세요. 어려운 법률 용어를 이해하기 위해서 한자를 공부해 두면 유리해요.

중학교 중퇴자가 법무사에 합격?

권진혁 씨는 만 19세였던 2012년에 제18회 법무사 시험 최연소 합격자로 당당히 이름을 올렸어요. 더 놀라운 것은 그가 중학교 중퇴자로서 단 두 번의 도전 끝에 합격했다는 거예요.

태국의 국제학교 유학을 준비하던 도중에 부동산 개발업을 하는 아버지의 영향으로 부동산 관련법에 관심이 많아지면서 진로를 바꿨대요. 나이와 학력 제한이 없는 법무사 시험에 매력을 느껴 도전하게 된 거죠.

법학 비전공자인데다 사회생활 경험이 적었지만 법학 교수들의 논문을 찾아보고 궁금한 점은 메일을 보내 답변까지 듣는 열성으로 극복했대요. 여러분도 자신감을 가지고 꾸준히 노력하면 해낼 수 있어요.

변리사 Patent agent

특허 내는 일을 도와주는 전문가

변리사는 반짝이는 아이디어가 담긴 발명품이나 상표를 개발한 사람들이 특허권을 가질 수 있게 도와줘요. 또한, 특허 분쟁이 일어나면 법정 소송을 대신해 주기 때문에 특허 분야의 변호사라고 할 수 있어요.

○ 눈에 보이지 않는 지적 재산권을 지켜 줘요

변리사는 지적재산권에 대한 모든 업무를 대신해 주는 전문가예요. 지적재산권은 지식재산권이라도 하는데, 눈에 보이지 않는 재산을 말해요. 예를 들어, 자동차는 눈에 보이지만 타이어가 잘 미끄러지지 않게 하는 기술은 눈에 보이지 않죠.
이렇게 새로운 기술이나 발명품 특허, 디자인, 상표에 대한 권리를 개발한 사람이 가질 수 있게 돕는 일이에요. 특허를 받았다는 것을 널리 알림으로써 다른 사람이 마음대로 사용하지 못하게 하고, 새로운 기술을 개발하도록 자극할 수 있어요.
변리사 업무는 크게 두 가지예요. 먼저 특허 준비 중인 대상이 문제가 없는지 조사하고 특허청에 특허를 등록할 수 있게 도와줘요. 또한, 특허 분쟁이 발생하는 경우 법정 소송을 대신해요. 법률적이고 기술적인 상담을 해 주려면 법과 기술 분야를 모두 잘 알아야 하죠.
변리사는 특수한 법률 서비스를 해 주기 때문에 높은 소득을 올릴 수 있어요. 또한, 우리나라의 기술이 국제 특허를 받으면 전 세계 많은 기업들로부터 인세(로열티)를 받을 수 있으니까 국가의 산업 발전에도 이바지하는 셈이에요.

지적재산권

지적재산권은 보통 기술 및 산업 분야의 창작물과 관련된 '산업재산권'과 문화예술 분야의 창작물과 관련된 '저작권'으로 나뉘어요.
산업재산권에는 특허권, 실용신안권, 디자인권, 상표권이 있어요. 이 중에서 실용신안권은 물품의 모양, 구조 등을 개량해서 실용적으로 만든 것을 독점할 수 있는 권리를 말해요.

새로운 기술을 가장 먼저 접해요

기술 개발 속도가 점점 빨라지고 있기 때문에 긴급하게 처리해야 할 일이 많아요. 다른 사람보다 앞서 특허권을 신청해야 하니까요. 늘 바쁘게 사람들을 만나고, 최신 정보를 얻고, 최신 기술을 이해하기 위해 끊임없이 공부해야 한답니다. 하지만 누구보다 먼저 최신 기술을 접하니 즐겁겠지요.

이공계를 전공한 사람이 유리해요

변리사가 되기 위해서는 변리사 시험에 합격해야 해요. 시험 과목에는 법, 과학, 외국어 등이 있어요. 만 20세 이상이면 학력 제한 없이 응시할 수 있지만 대학에서 법학, 경영학, 기계공학, 전기전자공학 등을 공부하면 도움이 돼요. 변리사 시험에 합격하면 변리사 사무소에 취직해 실무를 1년간 익힌 후에 정식 변리사로 활동할 수 있답니다.

변호사는 이미 법률전문가이기 때문에 등록만 하면 변리사가 될 수 있어요. 하지만 이공계 분야를 전공한 사람들도 어떤 물질에 대한 지식, 특별한 기술이나 독특한 방법의 내용을 잘 이해하고 조언해 줄 수 있기 때문에 더 유리하다고 해요. 변리사 중에는 기계나 전자 등 본인의 전공을 살려 특정 분야만 전문적으로 담당하는 사람들도 있어요.

신지적재산권

요즘에는 과학이 급속도로 발달하여 전통적인 지적재산권으로는 다룰 수 없는 분야들이 생겨나고 있어요. 반도체·유전공학 같은 첨단산업과 디지털콘텐츠·데이터베이스 등 소프트웨어 관련 분야가 대표적이에요. 이것을 신지적재산권이라고 해요.

또한, 사업을 운영하는 아이디어가 돈이 되는 시대이다 보니 재산으로 취급해요. 보통 '노하우'라고 불리는 영업 비밀도 특허로 등록해 두면 강력한 보호를 받을 수 있어요. 이와 같이 변리사들의 업무 분야는 점점 더 확장될 거예요.

변리사를 꿈꾼다면 필요해요

새로운 것에 대한 호기심 신기술이나 특허에 흥미가 있는 사람한테 알맞아요.

책임감 특허는 아주 작은 차이로도 결정돼요. 책임감이 강하고 꼼꼼한 성격이어야 유리하답니다.

말솜씨와 외국어 사람들에게 말로 신뢰감을 줄 수 있어야 한답니다. 외국과 특허 분쟁이 일어나는 경우도 많으니 외국어도 열심히 공부해야 해요.

풍부한 상식 법률과 기술을 분석하고 이해하려면 다방면으로 지식이 풍부해야 해요. 독서를 많이 하세요.

교사 Teacher

학생들에게 지식을 가르치고 생활을 지도하는 사람

 교사는 학생들에게 지식을 전달하고 학교생활을 지도해요. 수업시간에 정해진 과목을 가르치는 것 말고도 학생들이 친구관계를 잘 맺는지, 생활 습관은 어떤지 항상 살펴보고 올바른 품성을 갖추고 잘 자라도록 도와주지요.

◉ 학생과 관련된 모든 일

교사가 하는 일은 여러분이 더 잘 알 것 같아요. 교사는 학생들과 대부분의 시간을 보내니까요. 하지만 학생들과 함께 있지 않을 때도 교육과 관련된 많은 업무를 처리한답니다. 교사는 우선 수업 시간에 교과목을 가르치고 평소 전반적인 학교생활에 대해 지도해요.

만일 담임교사를 맡게 된다면 자기 반 학생들을 돌보고 상담해 주지요. 요즘은 인성교육이 중요해지고 있어요. 사랑으로 아이들이 조금씩 변화할 때 많은 보람을 느낄 수 있답니다.

초등학교 때에는 영어나 컴퓨터 등을 제외한 전 과목을 담임교사가 맡지만 중학교부터는 교과목마다 그 과목을 전공한 선생님이 담당해요. 학생들에게 정기적으로 시험을 보게 해서 가르친 일이 얼마만큼의 성과를 거두었는지 확인하고 더 잘 가르칠 수 있도록 교육계획안도 만들어요.

또, 성취한 결과를 같은 지역에 소속된 선생님들끼리 서로 비교한 후 학교 간의 실력 차이를 없애기 위해 연구하고 있지요. 방학 기간 중에는 다음 학기를 준비하고 새로운 수업 방법 등을 배우는 교사연수 프로그램에도 참여해요.

초등학생 수 감소

저출산 현상으로 우리나라 어린이 숫자가 점점 줄어들고 있어요. 교사 수도 점점 줄어들겠죠? 이런 일이 일어나는 가장 큰 이유는 젊은 부부들이 양육비와 사교육비를 부담스러워하고 사회가 불안하여 아이 낳기를 망설인다는 거예요.
여러분이 우리나라를 이끌어 나갈 때쯤에는 어린이들을 마음 놓고 키울 수 있는 세상이 왔으면 좋겠어요.

🌞 선생님은 목이 자주 아파요

교사는 여러분이 선호하는 직업이자 사회에 필요한 올바른 인재를 기르는 중요한 직업이에요. 보수는 크지 않지만 안정되고 야근이 적으며, 방학이 있어서 자기계발을 할 여유도 많은 편이지요. 하지만 담임교사나 입시를 지도하는 교사는 업무가 무척 많아요. 말을 많이 하는 직업이기 때문에 목과 관련된 병을 앓는 교사도 많대요.

🌞 학교 선생님도 자격증이 필요해요

초등학교 교사가 되려면 우선 교육대학교, 한국교원대학교 등에 입학해야 해요. 중·고등학교 교사가 되려면 자기가 가르치고 싶은 전공과목을 선택해 국어교육과, 수학교육과 등 사범계열 학과에 진학해야 해요.

사범대학은 무척 인기가 높답니다. 일반 학과에 진학한 사람이 교사가 되고 싶으면 교직과목을 이수해야 해요. 그러면 졸업할 때 사대와 마찬가지로 2급 정교사자격증이 나와요.

졸업한 뒤에는 보통 사립학교나 국·공립학교에서 일하는데, 국·공립학교 교사는 공무원이기 때문에 교원임용고사를 치러서 합격해야만 해요. 예전에는 중·고교 교원시험이 훨씬 경쟁이 심했지만, 요즘에는 교대의 경쟁이 심해져서 적어도 반에서 1, 2등은 해야 입학할 수 있대요!

🌞 교사를 꿈꾼다면 필요해요

사명감 '어떤 선생님이 되고 싶은가?'에 대해 먼저 고민해 보세요. 학생들을 깊이 사랑하고, 가르치는 일을 보람으로 여길 수 있어야 해요.

도덕성 교사는 높은 도덕성으로 학교에서는 물론 사회에서도 항상 모범이 되어야 한답니다.

인내심 규칙을 어기고 말썽을 부리는 학생을 상담하는 것은 많은 인내심이 필요하지요. 남의 말을 들어 줄 줄 알고 자신의 감정을 잘 다스리는 좋은 사람이 되도록 노력해야 해요.

전달능력 "아는 것과 가르치는 것은 다르다."라는 말이 있어요. 지식을 쌓는 것은 기본이고 잘 전달하는 능력이 필요해요.

〈이 직업과 비슷해요!〉 대학교수

교수는 사회에서 무척 존경을 받는 직업이에요. 가장 어려운 공부를 한다는 대학생들을 가르치니까요. 그러다 보니 보통 자기 분야에서 석사 및 박사학위를 따고 강사, 조교수를 거쳐 힘들게 교수가 된답니다.

2013년부터는 법이 바뀌어서 시간강사도 9시간 이상 대학에서 강의를 하도록 되었답니다. 사실상 시간강사 제도가 없어지고 교수만 뽑게 되는 셈이지요.

단순히 돈이나 명예를 얻기 위해서 교수가 되려고 하면 실망하기가 쉬워요. 전공과목을 강의하고 성적을 평가하는 일을 하면서 동시에 학자로서 끊임없이 연구 실적을 쌓아야 하거든요. 하지만 공부하는 것 자체를 행복으로 생각한다면 세상에서 가장 좋은 직업이라고 할 수 있답니다.

독서치료사 Reading therapist

책으로 마음의 상처를 치료해 주는 사람

독서치료사는 독서 활동을 통해 스트레스와 마음속 문제를 해결할 수 있도록 도와줘요. 예술은 상처받은 영혼을 치유한대요. 의사가 약을 처방하는 것처럼 심리적·정서적으로 어려움을 겪는 사람들에게 책을 처방하는 치료사죠.

◉ 어머, 책 속에 내 얘기가 있네

책을 읽다가 나와 똑같은 처지에 놓여 있지만 씩씩하게 역경을 극복한 주인공 이야기에 눈물을 펑펑 흘리거나 박수를 쳐 본 기억이 있나요? 그렇다면 책이 얼마나 우리에게 위안을 주는지 이해할 수 있을 거예요.

병이 나면 의사가 원인을 확인한 후 약을 처방하고 치료하지요. 독서치료사는 우리 마음이 왜 병들었는지를 살핀 다음 알맞은 책을 권하고 함께 이야기하며 마음의 병을 치유해 준답니다.

부모님께서 심하게 편애해서 슬픔에 빠진 어린이가 르나아르의 『홍당무』를 읽으면서 한참 동안 울고 나면 자신이 당한 일은 별것 아닌 것처럼 느껴질 수도 있어요. 어머니의 학대에도 밝고 성실하게 살아가는 주인공 홍당무를 닮고 싶은 마음이 들기도 하지요. 우리와 처지가 비슷한 주인공들이 어려움을 극복하는 내용을 읽다 보면 마음에 변화가 일어나요. 최소한, 세상에 어려운 일을 당하는 것은 우리뿐만이 아니라는 사실을 깨닫게 되지요.

독서치료사는 이렇게 책이나 비디오, 영화 등 이야기 자료를 통해서 심리적·정서적으로 어려움을 겪고 있는 사람들의 마음을 치료하는 사람이에요.

독서치료사의 검사 방법

의사가 망가진 기관을 알아내기 위해서 내장기관을 검사하는 것처럼 독서치료사는 독서능력 검사, 문장완성 검사, 투사적 그림 검사(그림을 그린 사람의 정신상태가 나타나는 원리를 이용한 검사) 등을 검사해요.

검사 결과에 따라 좋은 책을 읽어 주거나 상담 받는 사람이 읽은 책을 함께 이야기하는 시간을 가진답니다.

🔵 마음의 문을 열어 주세요

현대 의학이 발달함에 따라서 몸이 아픈 질병은 점점 줄어들고 있지만 경쟁과 갈등에서 오는 마음의 병과 스트레스가 늘고 있어요. 독서치료사는 치료를 받는 사람에게 공감하고 관심을 쏟다 보면 정작 본인을 잘 돌보지 못하게 되어 힘들 수도 있어요. 환자가 마음을 열고 치료 효과가 나타날 때까지 인내심이 많이 필요해요.

🔵 다양한 지식과 경험이 있어야 해요

대학교에는 아직 독서치료학과가 없어요. 이 분야가 2000년 이후에 개발되기 시작했기 때문이에요. 또한, 독서를 통해 환자들의 마음을 치료하려면 아주 많은 분야를 알아야 하기 때문에 꼭 집어 한 가지 분야를 공부하라고 할 수도 없기 때문이에요.

대학에서 문헌정보학처럼 책을 많이 접하는 과목을 전공한 사람이 유리해요. 대학교의 사회교육원 또는 평생교육원에서 개설한 독서치료과정을 통해서 독서치료사가 될 수도 있어요.

다만 대학원을 나오거나 공부를 많이 한 사람들이 주로 독서치료사가 돼요. 심리적·정서적으로 어려움을 안고 있는 사람들을 치료해야 하므로 심리학, 상담학, 아동학에 대해 풍부한 지식이 있어야 하기 때문이지요.

🔵 독서치료사를 꿈꾼다면 필요해요

공감능력 평소 친구들의 마음을 이해해 주고 고민을 잘 들어주는 사람이라면 도전해 보세요.

풍부한 독서 다양한 책과 영화를 접하는 것도 중요해요. 하지만 책을 읽을 때 줄거리만 따라가지 말고 '이 사람은 왜 이런 생각을 할까?' 고민하면서 주인공의 심리를 읽는 습관을 들이면 좋아요.

영혼을 치유하는 예술치료

고대 그리스에서도 예술치료를 했다고 해요. 아리스토텔레스는 문학을 포함한 예술이 사람의 정서를 순화한다고 생각했어요. 그리스의 옛 도서관에는 '영혼을 치유하는 장소'라는 글이 적혀 있었대요. 책을 통해서 치료할 경우에는 독서치료가 되지만 때로는 음악이나 미술, 놀이를 통해서 마음이 병든 사람을 치료하기도 해요. 무용이나 연극, 식물을 이용한 치료도 있지요. 이 모든 것을 통틀어 예술치료라고 해요.

아직은 예술치료에 대한 이해가 부족하지만 각 병원이나 복지기관에 반드시 독서치료나 미술치료, 음악치료 등의 치료사를 채용해야 하는 날이 곧 오게 될 거예요.

•『홍당무』의 표지

• 못다 한 이야기 2 •

공무원은 미래에도 편하고 안정적인 직업일까?

공무원이 하는 일

공무원은 국가의 공적인 업무를 보는 사람들이에요. 앞에 나온 대통령, 경찰, 소방관, 외교관도 모두 공무원이죠. 법정에서 만날 수 있는 검사와 판사, 국·공립학교의 교사, 보건소 의사, 군인도 당연히 공무원이에요.

공무원 숫자는 2013년 초 현재 98만 8천여 명으로 곧 100만 명을 넘을 것으로 보여요. 우리나라 인구 50명당 1명이 공무원이 된다는 뜻이에요. 그만큼 국민의 삶은 더 편안해지겠죠?

이 중에서 우리가 보통 '공무원'이라고 부르는 직업은 일반 행정공무원이에요. 행정공무원은 다시 중앙 정부부처에서 일하는 국가공무원과 시청·구청·동 사무소 등 지방자치단체에서 일하는 지방공무원으로 나뉘어요.

동사무소에서 주민등록등본 등 서류를 발급 받아 본 일이 있나요? 우리가 자주 만나는 지방공무원은 자신이 속한 부서의 특성에 맞게 전산, 민원 처리 등 다양한 업무를 수행한답니다. 서울시청을 예로 들자면 주택, 환경, 교통, 세무, 도시계획, 교육, 소방재난 등 시민의 생활 편의를 위한 일은 모두 다 하지요.

하늘로 치솟는 공무원의 인기

공무원이 되기 위해서는 7급, 9급 공무원 시험 또는 행정고시(5급)에 합격해야 해요. 고등학교 졸업 이상의 학력이면 시험에 응시할 수 있기 때문에 사설 학원에 다니면서 시험을 준비하는 사람들이 많아요.

2012년 7급 공무원 경쟁률은 108.2:1, 9급은 72.1:1이었어요. 높은 인기를 증명하듯이 학원들이 모여 있는 노량진 고시촌에는 공무원 시험 준비생이 넘쳐나고 있답니다. 공무원이 예전부터 인기가 있던 것은 아니었어요. 그런데 1998년 IMF 사태 이후 평생 안정적인 직업이라는 이유로 선망의 직업으로 떠올랐죠.

연봉이 대기업보다 많다고 볼 수는 없지만 부정이나 비리, 범죄 등 큰 잘못을 저지르지 않으면 대부분 정년퇴임 때까지 일할 수 있고, 퇴직 후에는 높은 연금으로 노후도 보장되니까요. 게다가 사업의 인·허가를 내 주거나 규제할 수 있는 공무원의 권한은 여전히 막강해요.

달라진 공무원 시대

하지만 공무원을 단순히 편하고 안정적이라고만 생각하는 어린이가 있다면 꼭 알아야 할 것이 있어요. 공무원은 엄청난 책임이 뒤따르는 자리랍니다. 각종 재난이 발생할 때 적극적으로 대처해야 하며, 국민의 심부름꾼으로서 솔선수범해야 해요.

행정은 점점 복잡해지고, 시민들의 요구와 기대도 더욱 높아지고 있지요. 최근 서울시 공무원의 정신·심리 상태를 조사해 보았더니 4.1%가 위험한 정도로 스트레스를 받고 있다고 나왔대요. 일반인 평균 5%와 비슷하답니다.

또한, 앞으로 공무원도 자신의 분야에서 전문가 못지않은 지식을 갖추어야 해요. 실력 없는 공무원은 퇴출되기도 해요. 경쟁이 없다는 것은 옛말이에요. 공무원은 승진을 하면서 봉급도 오르고 명예도 높아지는데, 이것을 위한 시험이 까다로워서 고액 과외를 받는 일까지 있다고 해요.

꼭 기억하세요! 공무원은 국민을 위해 봉사하고 나라의 이익을 높이는 일이에요. 정직함과 사명감·봉사 정신이 있는 사람에게만 매력적인 직업이 될 수 있답니다.

Civil servant

Chapter 3

100 Jobs of the Future

언론/문학/방송

어린이 여러분들도 '메이플스토리'나 '리니지' 같은 게임을 해 보았을 거예요. 게임 캐릭터가 점수를 따면서 옮겨 가는 공간과 결투를 벌이는 인물들, 점수를 올리는 아이템들이 그냥 만들어진 것이 아니라 일정한 이야기를 가지고 있다는 것은 모두 아시지요? 이렇게 재미있는 배경 이야기를 만들어서 게이머들이 이야기에 몰입하여 주인공이 되고 싶은 마음을 가지도록 해 주는 게 게임시나리오 작가의 역할이에요. 게임시나리오 작가들은 '이런 게임을 만들어 보자'는 게임 기획을 바탕으로 시나리오를 창작해요. 프로그래머들이나 그래픽 디자이너들은 이야기를 바탕으로 게임 화면을 어떻게 만들어야 할지 이해한답니다. 주요한 일은 스토리보드 및 콘티 작성, 캐릭터 설정, 주제 설정, 소재 탐구, 다른 게임과 차별화할 수 있는 전략을 짜는 것이지요. 이 일을 하기 위해서는 다양한 종류의 컴퓨터 게임에 대한 지식이 필요해요. 특히, 게임을 하는 사람들이 원하는 것을 알아내서 게임에 반영하여 흥미롭게 흘러갈 수 있도록 하는 감각이 필요하답니다.

기자 Journalist

새로운 소식과 정보를 전달하는 사람

기자는 새로운 소식을 취재해서 기사를 작성하거나 보도해요. 남들보다 먼저 가치 있는 정보와 특종을 전하기 위해 발로 뛰는 직업이랍니다. 기자를 가장 기자답게 하는 것은 진실을 최우선으로 하는 태도예요.

◉ 뉴스가 될 만한 일이면 어디든 출동해요

대형사고가 나면 제일 먼저 나타나는 사람은 누구일까요? 119구급대원 아저씨? 정답~! 그만큼이나 빠르게 나타나는 사람이 있다면? 경찰관 아저씨? 이 부분에서는 자신 있게 정답이라고 하기가 어려워요. 때로는 경찰보다 더 빨리 소식을 듣고 나타나는 사람이 있거든요.

바로 기자들이에요. 기자는 세상에서 일어나는 각종 사고나 사건, 소식, 생활 정보 등을 신문, 잡지, 라디오, TV와 같은 매체를 통해서 사람들에게 신속하게 알려 주는 일을 한답니다. 이런 활동을 언론이라고 해요. 기자는 언론매체에 따라 부르는 이름도 각자 다른데요, 우리가 가장 자주 접하는 사람은 대개 방송기자, 신문기자, 잡지기자예요.

뉴스 화면을 보면 취재기자들이 바쁘게 돌아다니는 모습은 보이는데, 그 사진이나 영상은 누가 찍을까 하는 의문이 들 때가 있어요. 바로 사진기자와 촬영기자랍니다.

또, 취재 영상을 보면 누군가 마이크를 잡고 중요한 말을 발표할 때 기자들이 달가닥달가닥 두드리는 자판 소리가 들릴 때가 많아요. 이 원고는 곧바로 본사의 편집기자에게 보내져 신문이나 잡지

특종을 잡아랏!

기자는 특종을 찾아서 위험을 감수할 때가 많아요. 다양한 사람들을 만나 정보를 얻어야 하고 때로는 경찰서에서, 때로는 농성장에서 밤을 며칠씩 새야 해요. 때로는 형사들과 함께 범인을 뒤쫓아 출동해야 해요.
이렇게 감추어진 진실을 파헤쳐서 알리는 용감한 기자들은 언제나 사회에서 존경을 받아요.

에 실릴 수 있게 편집된답니다. 요즘엔 인터넷에 실시간으로 기사가 뜨는 경우도 많아요.

운동선수처럼 체력도 강해야 해요

위험하고 불규칙한 일상을 소화하고 마감시간을 지킬 수 있도록 무쇠와 같은 체력이 뒷받침돼야 한답니다. 또한, 잘못된 보도로 손해를 입는 사람이 생기지 않도록 무거운 책임감을 가져야 해요.

기자 시험에는 학과 제한이 없어요

어느 정도 인정받는 대학에는 신문방송학과가 있기 마련이에요. 이 학과에서는 대중매체의 특징과 속성을 연구한답니다. 기자나 방송인에게 도움되는 내용이지요. 4년제 대학 이상의 정치학, 사회학, 신문방송학 등 인문사회 계열을 전공하면 기자가 되는 데 유리하지만 기자를 뽑는 시험에는 학과의 제한이 없답니다. 세상을 가득 채우는 정보는 한 가지 전공만으로 다룰 수 있는 게 아니기 때문이에요.

각 매체에서는 채용시험을 치르는데, 시험과목은 영어·논술·상식 등이고 면접도 중요해요. 유명한 일간지와 방송사 등의 기자가 되는 길은 고시를 패스하는 것만큼이나 어려워서 '기자고시'라고 불릴 정도랍니다. 인턴 경험이나 대학생 기자 경험이 있으면 유리해요.

기자를 꿈꾼다면 필요해요

편견 없는 태도 기자는 정확한 진실과 정보를 전하는 사람이므로 고정관념이나 편견이 없어야 해요.
관찰력과 호기심 사회현상에 대한 관찰력이 뛰어나고 호기심이 많다면 일단 기자로서는 오케이죠.
글쓰기와 말하기 기자는 모든 업무를 언어로 평가받는 직업이기 때문이에요.
시사 상식 사회현상을 이해하고 분석하는 능력을 기르려면 평소 시사 상식에 관심이 많아야 한답니다.

기자도 전문가 시대

홍혜걸 기자는 우리나라 최초의 의학전문기자예요. 원래 서울대학교 의과대학을 나와 의학박사학위까지 받은 의사랍니다. KBS 방송국에서 제작한 「생로병사의 비밀」 등 사람들에게 친근한 의학지식 대부분은 홍혜걸 기자가 해설했어요.
홍혜걸 기자가 「중앙일보」에서 활약하기 전에는 의학전문기자라는 개념조차 없었어요. 하지만 이제는 의학, 건강, 경제 등의 분야에서 전문기자가 늘어나고 있어요.

©Paolo Bona / Shutterstock.com

아나운서 Announcer

방송에서 소식과 정보를 전달하는 사람

아나운서는 방송에서 뉴스와 정보를 전해 주고 다양한 프로그램을 진행해요. 프로그램의 중심에 서는 일이 많아서 '방송의 꽃'이라고 불리지요. 요즘은 만능 엔터테이너의 끼를 갖춘 아나운서가 환영을 받아요.

● '아나테이너' 시대

여러분, 아나운서는 무엇을 하는 사람일까요? 오락이나 예능 프로그램에 나와서 게임을 하고 힘겨루기를 하며 때로는 춤도 추고 개그도 하고 노래도 부르는 방송인일까요? 사실은 그렇지 않아요. 아나운서는 방송을 통해 소식과 정보를 정확한 언어로 시청자들에게 전달하고 각종 프로그램을 진행하는 사람이에요. 뉴스 앵커, 교양·오락프로그램 MC뿐만 아니라 리포터, 스포츠 캐스터, 라디오 DJ 등 다양한 분야에서 활약하고 있답니다.

원래 아나운서는 진지한 얼굴과 목소리로 정보를 전달하는 사람으로 통했어요. 그런데 요즘은 연예인 못지않은 재능을 선보이며 화려한 의상에 세련된 화장을 하고 나와 만능 엔터테이너라는 것을 뽐내지요. 이런 사람들을 아나운서와 엔터테이너라는 말을 합쳐서 '아나테이너'라고도 부른답니다.

최근에는 스타 아나운서들이 많이 등장하고 있어요. 무엇이든 잘 할 수 있는 만능 엔터테이너로서의 재능과 끼를 갖출 것, 이것이 새로운 아나운서의 조건인 것처럼 보여요.

아나운서는 예뻐야 한다?

아나운서의 외모는 예쁘다기보다는 호감이 가고 단아한 느낌을 줄 필요가 있어요. 무엇보다도 듣기 편안한 목소리로 정확한 표준어를 풍부하게 구사할 줄 알아야 해요. 그리고 발음과 정확한 입 모양을 맞추려고 노력해야 하지요. 그래야 정보를 정확히 전달할 수 있답니다. 또한, 텔레비전을 보는 어린이들도 보고 배울 수 있을 테니까요.

갑자기 웃음이 터지면 어떡하죠?

생방송 중에 돌발 상황이 발생해도 침착하게 대처할 수 있는 순간적인 판단력이 필요해요. 방송 스케줄에 쫓겨 시간에 제약이 많고, 특히 새벽이나 심야 방송을 맡은 경우 체력적으로 힘이 들죠.

아나운서가 되는 다섯 관문

대학에서 국어국문학, 신문방송학, 언론정보학 등을 전공하면 도움이 되지만, 다른 학과를 졸업한 경우에도 방송 아카데미나 사설 학원에서 교육받고 방송사 공개채용시험에 합격하면 돼요.
아나운서 시험은 경쟁률이 매우 높고 5단계로 까다롭게 치러져요. 1차는 서류이므로 영어 공인점수 등이 영향을 주게 돼요. KBS의 경우는 한국어능력시험 성적도 참고를 하지요.
2차 시험에서는 카메라 테스트를 하는데, 이때 짤막한 뉴스 원고를 카메라 앞에서 읽게 해요. 3차는 교양 필기시험을 봐요. 4차 실기 테스트에서는 실제 뉴스 기사 등을 보도하게 하는 등 아나운서가 될 자질을 본답니다. 5차는 최종 면접 및 신체검사 등이에요.

아나운서를 꿈꾼다면 필요해요

정확한 발음 표준어로 또박또박 책을 읽는 연습을 미리 해 두는 게 좋아요.
폭넓은 교양 평소 열심히 문학, 역사, 사회, 그 외 여러 분야의 책들을 읽어 두어야 해요.
시사 상식 뉴스와 신문을 통해 우리가 살고 있는 세상이 돌아가는 사정을 잘 파악하고 있는 게 좋답니다.

자기소개서를 쓰는 법

"저는 ○○년 ○월 ○일에 태어났고 자애로운 부모님 밑에서 훌륭한 교육을 받고 자랐습니다. 해외어학연수를 다녀왔고 세계 여행을 다니면서 많은 경험을 했습니다."
요즘에는 이렇게 형식적인 자기소개서는 읽지도 않는답니다. 부모님의 삶의 철학이나 해외를 다녀온 경험이 구체적으로 어떤 것이었고, 그게 어떤 영향을 끼쳤는지 써야 해요.
예를 들어, 차비만 들고 떠난 배낭여행을 통해 동전 한 닢의 귀중함과 세계의 서민들이 처한 문제는 무엇이었는지 몸소 경험을 했다든지, 어떠어떠한 해결책을 생각하는 계기가 되었다는 식으로 쓰세요. 그것은 깊은 생각을 통해 스스로 문제에 대한 해결책을 끌어냈다는 뜻이니까요.

리포터 Reporter

방송에서 현장 소식을 전하는 사람

리포터는 방송에서 직접 취재한 내용을 생생하게 소개해요. 유명 인사나 궁금한 현장을 찾아가서 시청자가 궁금한 내용을 위주로 직접 질문하고 경험하는 거죠. 리포터의 역할은 방송인과 기자를 합한 것이라고 보면 돼요.

◉ 리포터! 생생한 현장 소식을 전해 주세요!

라디오, 텔레비전 등의 방송 프로그램에서 유명한 사람이나 현장을 찾아가서 직접 취재한 내용을 리포트(보고)하는 사람을 리포터라고 해요. 우리말로는 탐방기자나 통신원으로 번역할 수 있겠어요.

텔레비전 프로그램을 자주 본 어린이라면 알겠지만 시청률이 높은 버라이어티 프로그램에서는 연예인이 리포터가 되는 경우가 많아요. 시사 관련 프로그램에서는 보도부 기자가 담당하기도 하지요. 그러나 리포터 활동에 필요한 준비를 착실히 하고 리포터 시험에 합격한 전문 리포터들은 분명 있답니다.

전문 리포터는 자신이 맡은 방송 내용을 기획하고 취재할 대상을 정하는 것에서부터 대본, 현장 취재, 편집, 방송까지 프로그램 제작 전반에 참여하는 경우가 많아요. 녹화하는 날에는 알맞은 화장과 의상을 준비하는 것도 중요해요.

리포터는 젊은 여성이 많은 편이에요. 최근에는 요리, 스포츠, 패션 등 자신만의 전문 분야를 개척해서 오랫동안 경쟁력을 유지하는 사람이 늘고 있답니다.

방송언어

전문 리포터나 아나운서가 되고 싶은 사람은 방송언어를 구사해야 해요. 방송언어는 우리가 보통 쓰는 말과는 조금 다른 표현 방식이랍니다.
표준어, 이해하기 쉽고 품위 있는 말, 시청자 중심의 존댓말, 꾸미는 말과 감탄사의 억제 등이 방송언어의 특징이에요. 물론 리포터는 일반적으로 아나운서보다 더 자유롭게 말하지요.

🟢 긴장해서 틀리게 말할까 봐 걱정해요

생방송을 진행할 때 실수하지 않도록 긴장해야 하고 현장 취재를 많이 다니다 보면 불쾌하거나 위험한 상황을 만나기도 하지요. 프리랜서로 활동하는 경우가 많아서 자유롭긴 하지만 일이 불규칙해서 안정되지 못해요.

🟢 카메라 앞에서는 자연스러워야 해요

리포터는 고등학교 때 문과로 진학하면 조금 더 유리해요. 신문방송학과, 언론정보학과 등이 모두 문과에 속하니까요. 리포터를 뽑을 때 출신학과에 제한을 두는 것은 아니지만 언론의 속성에 대해 공부하면 아무래도 다른 학과 출신들보다는 유리하겠지요?
방송국에서 보는 리포터 시험은 대개 음성테스트, 카메라테스트 등이에요. 미리 작성된 원고를 본인이 리포터라고 생각하고 말하듯이 읽어 보라고 하지요. 이때 정확한 발음과 함께 자연스럽고 예쁘게 말하도록 입 모양을 연습할 필요가 있어요. 카메라에 비쳤을 때 호감을 주는 외모도 중요하답니다. 그래서 방송관계 일을 하고 싶은 사람들은 실습을 통해 방송인의 자질과 감각을 키워 주는 방송 아카데미나 사설 학원에 다니기도 해요.

🟡 리포터를 꿈꾼다면 필요해요

발표력과 친화력 리포터는 다양한 사람들을 만나고 방송에서는 핵심을 조리 있게 전달해야 해요. 호감을 주는 외모를 가지고 있으면 유리해요.
재치와 순발력 좋은 리포터는 방송을 더 생기 있게 만들고, 돌발 상황도 잘 대처해요.
전문성 상식을 넓히는 동시에 좋아하는 분야를 더욱 깊이 파고들어 자신만의 전문성을 키워 보세요.

리포터 가상 체험

「7시 내 고향」이라는 생방송 프로그램을 본다고 가정해 보세요. 리포터가 취재한 곳은 한국에서 젓갈로 가장 유명한 강경시장이에요. 준비한 영상이 화면을 나오는 동안 그 리포터는 스튜디오에서 마이크를 들고 설명을 하죠.
"저는 지난주에 생선젓갈로 유명한 강경 젓갈 시장에 다녀왔습니다. 사람들이 정말 많았어요."
곧이어 화면 속의 리포터는 한 주민에게 말을 걸지요.
"안녕하세요, 어머니? 지금 담그고 계신 젓갈은 재료가 뭐예요?"
이런 식으로 리포터는 자신이 취재한 영상을 스튜디오에서 보여 주며 분위기에 맞게 추임새를 넣고 소개하는 경우가 많답니다.

©imagestockdesign / Shutterstock.com

작가 Writer

글로 자신의 생각을 표현하는 사람

작가는 소설, 시, 수필 등 자신이 좋아하는 분야의 글을 써요. 밤새서 소설을 읽어 본 적이 있나요? 재미있고 감동적인 문학작품을 쓰는 작가는 글로 자신의 생각을 표현하는 예술가라고 볼 수 있어요.

◉ 책상 앞에만 앉아 있으면 안 돼요

작가는 글을 쓰는 분야에서 전문가로 인정받은 사람들을 말해요. 보통은 재미와 감동을 주는 문학작품을 쓰는 사람이라고 할 수 있죠. 작가라는 말은 사실 너무 범위가 넓어요. 작가에는 소설가, 수필가, 아동문학가, 시나리오 작가, 희곡 작가, 평론가 등의 직업들이 다 포함되니까요.

물론 이 영역에는 시인도 포함되지요. 하지만 사람들은 산문을 잘 쓰는 다른 작가와 달리 시를 잘 쓰는 사람들에게는 대개 시인이라는 이름을 붙여 따로 대접한답니다.

작가 중에는 다른 직업을 겸하는 사람들이 많아요. 작가이자 교수, 작가이자 의사, 작가이자 배우 등등……, 자신의 분야에서 겪은 경험이나 생각을 다른 사람들에게 전하고 싶을 때 책을 내고 작가가 되는 거죠. 오로지 글을 써서 자신의 전문성을 살리면서 생계도 해결하는 사람들은 전업 작가라고 부른답니다.

작가가 책상 앞에만 앉아서 글을 쓰는 사람이라고 생각해서는 안 돼요. 글의 소재를 개발하고 상세한 묘사를 하기 위해 많은 사람들을 만나고, 직접 현장을 찾아가 보고, 숨어 있는 자료를 찾는 발품이 필요해요. 많은 작가들이 여행을 즐기는 것도 그래서래요.

수필가와 평론가가 되는 법

수필은 일기를 조금 더 전문적이고 아름답게 심화시킨 글이랍니다. 그러니 일기를 안 쓰는 학생이 있다면 오늘부터 일기를 쓰도록 해 보세요.

어떤 책의 독후감을 쓸 때는 그 책과 작가에 대한 자료가 있다면 다 찾아보는 습관을 들이세요. 책을 읽고 느끼는 독자로서의 감성과 그 책에 대한 지식을 정확한 판단력을 가지고 잘 결합해서 쓴 글이 바로 평론이니까요. 독후감만 열심히 써도 여러분은 평론가가 될 수 있답니다.

한 줄도 못 쓰는 날도 있어요

한 작품을 쓰는 데 시간이 오래 걸리는 만큼 글을 완성했을 때의 성취감은 굉장히 커요. 하지만 취미로 글을 쓰는 것이 아니라면 출판사가 정한 마감을 맞추어야 하는데 글이 뜻대로 풀리지 않을 때 스트레스를 많이 받게 되지요.

신춘문예 당선은 모든 작가의 로망이에요

대학의 문예창작학과나 국어국문학과에 입학하면 많은 정보를 얻을 수 있고 글 쓰는 연습을 할 수 있어 유리하지요. 그러나 다양한 분야에서의 경험과 지식이 오히려 깊이 있고 성숙한 글을 쓰는 자양분이 될 수 있으니 학과는 크게 상관이 없다고 생각해요.

작가로 데뷔하는 가장 고전적인 방법은 신춘문예에 당선되는 것이지요. 해마다 일간지에서는 시, 소설, 희곡, 아동문학, 문학평론 등 각 분야의 신인에게 상을 줌으로써 등단하는 길을 열어 두고 있어요.

또, 문학전문 잡지사나 출판사에서 주는 신인문학상이 있어요. 선배작가들의 추천을 통해 문학잡지에 작품을 발표할 수도 있답니다. 요새는 인터넷소설 사이트에서 회원들끼리 글을 쓰고 서로 평을 올리면서 연습하기도 하지요.

작가를 꿈꾼다면 필요해요

문장력과 표현력 기본적으로 우리 문법을 정확하게 알아 올바르고 아름다운 문장을 쓸 수 있어야 해요.

창의력 좋은 글은 기발한 생각에서 갑자기 나오는 것이 아니에요. 오랫동안 쌓인 인생의 경험과 깊은 지식, 사람과 사물 그리고 세상에 대한 통찰력에서 나온답니다.

끊임없는 글쓰기 연습 자신이 경험한 모든 것을 글로 나타내 보는 습관이 필요해요.

독서 선배 작가들의 작품들 그리고 사람이 역사를 만들어 오는 동안에 축적해 온 많은 지식과 경험을 전하는 책들을 가능한 한 많이 접하는 게 좋아요.

소설가 김훈

『칼의 노래』, 『남한산성』의 작가 김훈은 원래 기자였는데 '문학동네'라는 출판사에서 『빗살무늬 토기의 추억』이라는 장편소설을 내면서 한국의 대표작가로서 첫발을 내딛었지요. 하지만 이런 멋진 소설이 어느 날 뚝딱 만들어지는 것은 아니랍니다.

김훈은 기자생활을 하면서 계속 글을 쓰고 독서 산문집 『내가 읽은 책과 세상』(1989), 『자전거여행』(2000) 등의 책을 내서 좋은 평가를 받은 저자였어요. 이렇게 좋은 글을 쓰고 일단 책을 출판하고 나서 작가로 인정받는 경우도 있어요.

사서 Librarian

도서관의 자료를 관리하는 사람

 사서는 도서관에서 책을 잘 관리하여 사람들이 편리하게 이용할 수 있도록 도와줘요. 도서관에 가면 숫자와 알파벳으로 된 기호를 보고 책을 쉽게 찾을 수 있잖아요. 이는 모두 수많은 책을 분류하여 정리해 주는 사서 덕분이랍니다.

● 책을 사랑하는 사람의 천국, 도서관

어린이 여러분, 도서관에서 원하는 책을 찾지 못했을 때 친절한 사서의 도움을 받은 적이 있나요? 그 많은 책들 중에서 어떻게 원하는 책을 단번에 찾을 수 있는지 정말 신기해요. 책꽂이에 꽂힌 책들은 체계적으로 잘 정리된 자료라고 할 수 있어요.

사서는 도서관에서 하는 일 대부분을 맡고 있는 사람이에요. 맡은 일에 따라서 조금씩 차이가 있지만 대체로 도서관의 자료를 잘 관리하고 사람들이 편리하게 이용할 수 있도록 도와줘요.

우선 도서관에서 필요한 책을 구입하여 수집하고, 책이 들어오면 이것을 잘 정리하고 목록으로 만들어요. 그리고 사람들에게 책을 빌려 주고 돌려받는 일도 중요하지요. 쉬운 일처럼 보이지만 책은 너무나 종류가 많아서 제대로 분류하는 일은 절대 만만치 않아요. 그래서 반드시 전문지식이 있어야 하고 컴퓨터도 능숙하게 다룰 줄 알아야 해요.

요즘 도서관은 책을 사랑하는 지역 주민들의 문화센터로 거듭나고 있어요. 사서는 독서지도 프로그램과 시민을 위한 강좌, 북 콘서트 같은 각종 교육문화 활동을 기획하고 진행하는 일도 한답니다.

현존하는 세계 최대 도서관은?

바로 워싱턴의 미국 의회도서관이에요. 1851년 대화재에서도 살아남은 이 도서관은 서가 길이가 1,046km에 장서는 1억 4,200만 권, 사서는 4,000명이나 된대요.
독립선언서 초안, 구텐베르크 성경, 스트라디바리우스 바이올린 2개까지 희귀한 물품도 보관하고 있죠. 매일 평균 1만 점 이상의 자료가 추가된다고 해요.

🟣 주말이나 휴일에 더 바빠요

조용히 혼자 책 읽는 것을 좋아하는 사람은 다양한 나이대의 사람들을 항상 친절하게 대하는 것이 쉽지만은 않을 거예요. 도서관은 늦은 시간까지 열리고 주말이나 휴일에도 일해야 할 때가 많답니다.

🟠 사서 자격증이 꼭 필요해요

사서가 되기 위해서는 기본적으로 사서 자격증이 필요해요. 사서에는 1·2급 정사서가 있고 준사서가 있어요. 대학에서 문헌정보학 또는 도서관학을 전공한 사람은 2급 정사서 자격증을 얻어 각 기관 도서관 및 자료실에 취직할 수 있답니다. 1급 정사서는 사서 관련 학과에서 박사학위를 따거나, 2급 정사서 중에서 경력이 6~9년 이상인 사람만 될 수 있어요.
준사서는 다른 학과를 졸업하고 사서교육원(1년)을 거치거나, 2년제 대학의 문헌정보학과를 졸업한 사람이 얻는 자격이에요. 공공도서관의 사서는 공무원 시험에 합격해야 하고, 중고등학교의 사서교사는 사서 자격증과 교사 자격증을 함께 가지고 있어야 한답니다.

🟡 사서를 꿈꾼다면 필요해요

책에 대한 사랑 호기심이 많고 뭔가를 수집하는 것을 좋아하는 사람이 유리해요. 도서관에 자주 가서 모든 책들과 친해지세요.
정리 습관 평소 정리정돈을 잘하는 꼼꼼한 사람이라면 더욱 좋겠죠.
컴퓨터 실력 모든 도서관 자료는 전산화되어 있어요.

> **문헌정보학과의 다양한 진로**
>
> 문헌정보학과는 사서가 되는 길 말고도 전공을 살려서 기록연구직이나 아키비스트(보존 기록을 보관하는 기관에서 일하거나 계속 기록할 필요가 있는 문헌의 기록을 관리·감독하는 사람)가 될 수 있어요.
> 직접 전자책을 출판하거나 출판사에 취업하여 출판기획 및 제작, 편집 업무도 할 수 있겠죠?
> 정보를 전문적으로 다루는 정보서비스 전문가 같은 직업을 가질 수도 있고, 많은 책을 분류하고 접하기 때문에 독서지도사, 독서치료사로 일할 수도 있어요.

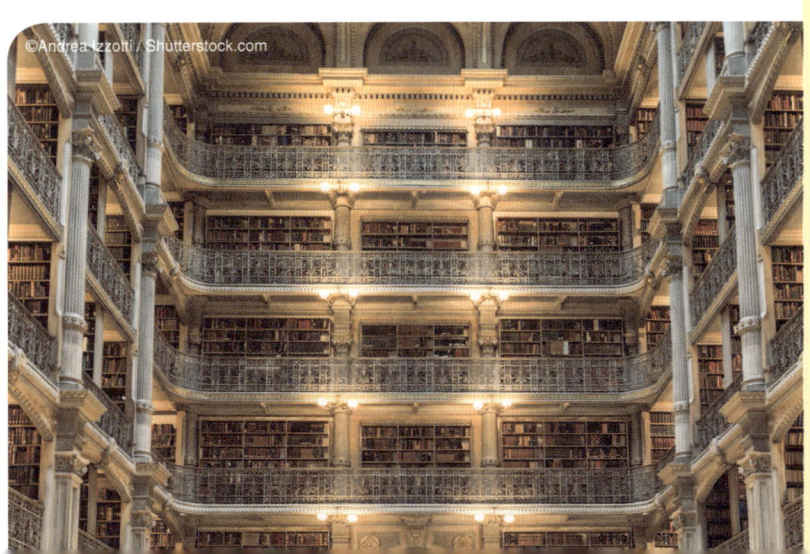

편집 기획자 Book editor

책을 기획하고 만드는 사람

편집 기획자는 어떤 책을 만들지 기획하고 책의 전체 제작 과정을 지휘해요. 한 권의 책이 나오기까지 많은 전문가들의 손길이 필요하죠. 오랫동안 꾸준히 사랑받는 책을 탄생시키는 것은 모든 편집 기획자의 꿈이랍니다.

● 편집자의 업무가 기획까지 확장된 거예요

여러분은 매일 학교에 갈 때 교과서를 가지고 가지요? 학교에서는 독후감을 숙제로 내 주고 '독서왕'을 뽑기도 하지요. 이 모든 활동은 다 책과 관계가 있어요. 책을 내는 것은 출판사이고 출판사에는 대표와 편집 기획자, 북 디자이너 등 여러 직원이 있어요.
책을 만드는 기술을 가진 모든 사람과 재료가 다 준비되어 있다고 하더라도 원고가 없으면 책을 낼 수가 없어요. 책에 담아 낼 내용이 없으니까요. 그래서 우선 편집 기획자는 잘 팔릴 만한 좋은 책을 기획하고 어떤 내용을 담을지 방향을 설정해요. 대상 독자가 누구인지, 다른 책과 어떻게 차별화할 것인지가 중요하지요.
그다음 저자를 누구로 할 것인지, 그림과 디자인·판형은 어떻게 할 것인지를 정하여 작가와 일러스트레이터, 디자이너 등에게 일을 의뢰해요.
원고 교정과 본문 편집, 표지까지 완성되면 인쇄소에 넘기고 홍보 아이디어를 생각해요. 한마디로 편집 기획자는 책을 기획하고, 그 기획에 맞는 책이 나올 수 있도록 전체 제작 과정을 이끄는 사람이에요.

> **편집자라고도 해요**
>
> 보통 책에서 가장 중요한 것은 내용이 되는 원고예요. 좋은 글을 알아보고 책으로 편집하는 일이 중요하기 때문에 편집 기획자를 넓은 의미에서 '편집자'라고도 불러요.
> 하지만 출판 시장이 커지고 책의 종류가 다양해지면서 출판사에서는 작가가 글을 투고하기를 기다리는 것이 아니라 좋은 책을 기획해서 원고에 대한 아이디어를 제공하고 작가를 섭외하는 일이 늘고 있어요.

◉ 마감과 야근의 압박이 심해요

출판사는 마감 일정 때문에 야근이 잦은 회사에요. 편집에서 실수가 생기면 책을 다시 인쇄하는 일까지 생기기 때문에 꼼꼼함과 책임감이 필요해요. 또한 여럿이 팀을 이루어 일할 때 갈등이 생기지 않도록 리더십을 발휘해야 한답니다.

◉ 출판사에서 일한 경험이 중요해요

대학교에서 국문학 등 인문계열의 전공을 선택하는 게 도움이 되지만 편집 기획자가 되는 데 전공 제한은 없어요. 의학 서적이나 공학 서적 등 전문서적도 많이 나오기 때문이에요.
편집 기획자는 출판편집에 대한 기본적인 지식과 디자인 안목이 있어야 해요. 한국폴리텍대학이나 백제예술대학 등에서 출판편집을 전공하면 도움이 돼요. 한겨레문화센터 등의 문화관련 강의를 하는 곳에서도 교육을 받을 수 있어요.
가장 중요한 것은 출판사에 들어간 뒤 교정부터 시작하여 골고루 경험을 쌓으면서 책의 제작 과정을 배우는 거예요. 실력이 충분히 쌓이면 독립하여 프리랜서로 활동할 수도 있어요.

◉ 편집 기획자를 꿈꾼다면 필요해요

국어에 대한 이해 다른 사람의 글을 손보기 위해서 문법 실력은 물론이고 문장력이 좋아야 해요. 편집 기획자 중에는 직접 작가로 활동하는 사람도 많답니다.
책에 대한 애정 평소에 좋은 책을 많이 읽어서 안목을 키워야 해요.
창의성과 기획력 다양한 분야에 관심을 가지고 최신 경향을 놓치지 않아야 해요. 관심 가는 분야를 연구해서 조예가 깊어진다면 더 좋지요. 외국 도서를 검토하기 위해서는 영어와 일어 등 외국어도 필요해요.
광고마케팅 능력 책을 판다는 것은 돈을 번다는 측면만이 아니라 책을 통해 저자와 독자가 소통할 수 있게 해 준다는 의미가 있어요.

전자책

최근 전자책(e-book)이 뜨고 있어요. 종이 인쇄를 하지 않고 스마트폰이나 태블릿PC 등의 휴대용 단말기를 이용해서 책 파일을 다운로드하는 방식이에요. 책을 만드는 과정과 읽는 방식이 간편해졌다는 것은 어떤 콘텐츠를 담느냐 하는 출판기획 아이디어가 더욱 중요해진다는 뜻이에요.
물론 전자책 값이 종이책보다는 싸다고 해도 아직은 종수가 많지 않고 여전히 비싸다고 느끼는 독자도 있어요. 중고책을 사거나 손으로 종이를 넘기는 아날로그 감성을 선호하는 사람도 많고요. 하지만 전자책 시장이 커질 것은 분명해요.

게임시나리오 작가
Game scenario writer

게임의 이야기를 만드는 사람

게임시나리오 작가는 게임의 배경이 되는 이야기를 지어내요. 우리가 게임에 빠져드는 이유는 멋진 캐릭터와 이야기가 있기 때문이죠. 게임시나리오가 있어야 그것을 바탕으로 프로그램을 짜고 게임 화면도 그릴 수 있답니다.

● 이야기로 게이머들의 마음을 쥐락펴락해요

어린이 여러분들도 '메이플스토리'나 '리니지' 같은 게임을 해 보았을 거예요. 게임 캐릭터가 점수를 따면서 옮겨 가는 공간과 결투를 벌이는 인물들, 점수를 올리는 아이템들이 그냥 만들어진 것이 아니라 일정한 이야기를 가지고 있다는 것은 모두 아시지요? 이렇게 재미있는 배경 이야기를 만들어서 게이머들이 이야기에 몰입하여 주인공이 되고 싶은 마음을 가지도록 해 주는 게 게임시나리오 작가의 역할이에요.

게임시나리오 작가들은 '이런 게임을 만들어 보자'는 게임 기획을 바탕으로 시나리오를 창작해요. 프로그래머들이나 그래픽 디자이너들은 이야기를 바탕으로 게임 화면을 어떻게 만들어야 할지 이해한답니다. 주요한 일은 스토리보드 및 콘티 작성, 캐릭터 설정, 주제 설정, 소재 탐구, 다른 게임과 차별화할 수 있는 전략을 짜는 것이지요.

이 일을 하기 위해서는 다양한 종류의 컴퓨터 게임에 대한 지식이 필요해요. 특히, 게임을 하는 사람들이 원하는 것을 알아내서 게임에 반영하여 흥미롭게 흘러갈 수 있도록 하는 감각이 필요하답니다.

게임 작가의 등용문

게임시나리오 작가가 되는 길은 문학 분야의 작가가 되는 길과 참 비슷해요. 게임시나리오 작가도 NHN게임문학상에 당선되는 것처럼 정식으로 데뷔할 수 있는 길이 있어요.
또는 엔씨소프트처럼 게임을 만드는 회사의 개발 단계에 참여해 시나리오가 채택되면 작가로 인정받고 활동할 수도 있지요.

시시하고 단조로운 이야기는 피해야 해요

게임시나리오는 하나의 게임 안에 여러 세계가 나오고 각각의 이야기들이 꼬리를 물고 펼쳐지기 때문에 생각보다 무척 복잡하고 어려워요. 하나의 게임시나리오를 만들기 위해 여러 명이 함께 작업하는 경우가 많아서 대인관계가 원만하고 대화를 잘 나눌 줄 알아야 해요.

판타지와 SF를 책으로 공부해 봐요

『판타지 사전』은 판타지 세계에서 지켜지는 규칙 110가지를 사전처럼 모아 놓은 책이에요. 판타지 게임에 꼭 필요한 아이템과 배경 지식들까지 잘 정리해 놓았어요.

판타지는 지금 우리가 살고 있는 세상과는 아주 다른 이야기를 들려주는 장르예요. 생생한 이야기를 지어내기 위해서는 판타지 소설의 배경이 되는 나라의 역사, 문화를 잘 알아야 해요. 현실에서 일어나는 일은 아니지만 그 환상 세계에서는 나름대로 언제나 일정하게 지켜지는 판타지 세계만의 규칙이 정리되어 있어야 한답니다.

『SF 사전』은 과학소설을 과학소설답게 쓰도록 도와주기 위해 편찬된 사전이에요. 과학소설은 정보와 원리를 캐는 것이 생명이지요.

게임시나리오 작가를 꿈꾼다면 필요해요

게임에 대한 열정 게임을 좋아하고 게임 이야기를 상상하는 것이 즐겁다면 도전해 볼만 해요.

배경 지식 글을 쓸 때 자연스럽게 우러나는 지식으로 만들기 위해서는 여러 가지 책을 보면서 아주 많이 공부해야 해요.

창의력 새로운 스토리의 아이디어를 얻기 위해 영화, 만화, 책 등을 많이 접하는 것이 중요하지요.

창작 연습 자신만의 창작 노트를 만들어 아이디어를 메모하고 생각을 이야기로 풀어내는 연습도 해 보세요.

SF와 판타지의 차이

SF(Science Fiction)는 공상과학소설이라는 이름으로 불리는 장르소설이에요. 사실 '공상'이라는 뜻은 좀 옳지 않고 차라리 '미래과학'이라는 말이 더 적절할 것 같아요. 그렇다면 SF와 판타지의 차이점은 무엇일까요?

처음으로 부시맨들이 리모컨으로 텔레비전을 켜고 휴대폰으로 집의 보일러를 돌리는 장면을 보았다고 상상해 봐요. 리모컨은 도깨비 방망이, 휴대폰은 마술램프의 '지니'라고 생각하지 않았을까요?

만일 부시맨 작가가 자신들보다 뛰어난 미래 세상을 과학 원리를 기초로 설명하는 소설을 지었다면 그것은 SF예요. 하지만 부시맨들의 주거지 밖에 마법으로 움직이는 세계가 있는 것으로 설정하고 현대인들을 마술사로 그렸다면 그 소설은 판타지예요.

©Twin Design / Shutterstock.com

카피라이터 Copywriter

기발한 광고 문구를 만드는 사람

카피라이터는 기발한 아이디어로 기억에 오래 남는 광고 문구를 만들어요. 잘 만든 광고 문구는 유행을 타서 사람들 입에 오르내리기도 해요. 무엇보다 인상적인 카피는 상품 판매에 큰 도움을 준답니다.

● 사람의 마음을 확 사로잡는 카피

제품을 홍보하려면 광고(CF)를 어떻게 하느냐가 중요해요. 그만큼 방송매체가 발달했기 때문이지요. 카피라이터란 기업이 KBS, MBC, SBS 등의 방송매체 또는 인쇄매체 등에 상품 광고를 할 때에 소비자들이 관심을 가지고 볼 만한 내용으로 광고 문구(카피)를 작성해요. 기본적으로 글을 잘 써야 할 뿐만 아니라 촌철살인적인 말로 깊은 인상을 심어 줄 수 있는 능력이 필요해요.

오래전에 광고를 통해 크게 유행한 말이 있어요. 바로 "산소 같은 여자"라는 카피였어요. 이 광고 속에서 이영애가 선전하던 화장품은 불타나듯 팔려 나갔고 이영애는 "산소 같은" 여자의 상징이 되어 버렸어요.

사람들을 확 휘어잡을 수 있는 좋은 카피는 책상 앞에서 나오지 않아요. 소비자의 심리를 꿰뚫기 위해서는 실제로 다양하게 경험해 봐야 해요. 요새는 카피라이터가 광고를 만드는 전체 과정에 참여하기 때문에 체력이 필요한 발로 뛰는 직업이라고도 할 수 있어요. 해외 광고의 흐름과 유행을 알기 위해서는 영어가 필수예요.

> **촌철살인**
>
> 촌철살인(寸鐵殺人)이란 딱 한 마디밖에 안 되는 칼이 사람을 죽일 수도 있다는 뜻으로 짧막한 말 한마디로 긴 설명이나 선전보다 강렬한 인상을 남기고 영향을 주게 되는 것을 의미하는 사자성어예요.
> 예전에 배우 최진실이 히트시킨 "남자는 여자 하기 나름이에요."라는 전자제품 카피가 대표적이에요. 그 어떤 설명보다 제품의 똑 소리 나는 이미지를 소비자에게 심어 줬지요.

더 새로운 거 뭐 없나요?

내가 만든 카피가 방송을 타면 정말 보람 있겠지만 정해진 시간 안에 새로운 아이디어를 내야 한다는 스트레스가 큰 직업이에요. 독창적인 아이디어가 언제나 샘솟는 사람은 살아남지만 그렇지 못한 사람은 잊히거든요. 대개 팀장을 중심으로 회의하면서 팀 작업을 하기 때문에 사회성도 좋아야 하지요.

글 쓰는 연습이 제일 중요해요

카피라이팅을 전공하는 대학의 학과는 없어요. 이 일을 잘하기 위해서는 글 쓰는 연습을 많이 하는 게 가장 좋아요. 광고홍보학과, 신문방송학과, 문예창작학과 등에서는 어떤 표현이 어떤 효과가 있는지를 많이 연구하기 때문에 도움이 될 거예요.

광고교육원이나 사설 학원에도 카피라이터 교육과정이 개설되어 있어서 누구나 배울 수 있어요. 연습을 하는 틈틈이 공모전에 응모해서 상을 받으면 화려한 경력이 된답니다.

실력만 있으면 일할 곳은 많아요. 규모가 큰 광고회사나 기업체의 광고부서, 기획사, CF 프로덕션 등에서 카피라이터들을 모집하고 있어요. 또, 이벤트 기획사, 방송국, 홈쇼핑회사, 유통업체 등 상품 광고를 많이 하는 곳도 카피라이터가 활약할 수 있는 곳이지요.

카피라이터를 꿈꾼다면 필요해요

창의성 평소 호기심 많고 4차원이라는 소리를 들을 만큼 아이디어가 반짝거리는 사람이 유리해요.
참신한 안목 당연하다고 생각하지 말고 사물을 보는 눈을 참신하게 가지려고 노력해 보세요.
글쓰기 연습 자신만의 생각을 간략하고 인상적으로 표현하는 연습을 자주 하세요.

카피라이터 교육과정 엿보기

한국방송광고공사에서 운영하는 광고연구원의 카피라이터 교육과정은 이론, 실습, 팀워크로 나뉘어 있어요.

우선 이론 수업은 소비자 심리와 행동론, 광고마케팅 전략, 브랜드 전략, 기초 카피라이팅, 크리에이티브(창의적) 발상법, 광고 디자인의 이해 등으로 이루어져 있어요.

실습에는 매체별 광고 제작실습, 아이디어 썸네일(간단한 그림) 실습, 브랜드 네이밍(이름 짓기) 제작실습, 크리에이티브 프레젠테이션(발표), 카피라이팅 사례연구가 있어요.

마지막으로 팀워크에는 팀별로 과제 제작 및 발표, 공모전 출전 등이 있어요.

동시통역사
Simultaneous interpreter

서로 다른 언어의
소통을 도와주는 사람

동시통역사는 국제회의 등에서 서로 다른 언어를 사용하는 사람들의 다리 역할을 해 줘요. 귀로 한 나라의 말을 듣는 동시에 입으로 다른 나라의 말로 옮겨 주는 일이지요. 외국어도 잘해야 하지만 우리말 표현도 중요하답니다.

● 동시통역은 통역 중에서도 가장 힘들어요

네이버 번역기나 구글 번역기는 여러 언어를 서로 번역해 주는 시스템이에요. 원하는 문장을 입력하고 번역을 확인해 보세요. 아마도 우리말 단어를 하나하나 해당 언어로 모아 놓은 듯이 번역해 놓아서 문장으로 이해할 수 없다는 사실을 깨닫게 될 거예요. 서로 다른 언어를 쓰는 사람들을 오해 없이 소통하게 해 줄 수 있는 것은 기계가 아니고 아직은 사람이에요.

통역이 필요한 분야는 가장 큰 기준으로 국제회의통역사·수행통역사·통역가이드 등으로 나뉘어요. 이 중에서 국제회의통역사는 국제회의, 세미나 등에서 활동하는 전문 통역사예요. 보통 '동시통역사'라고 부르곤 하지요.

이 사람들은 헤드셋을 끼고서 통역장비를 갖춘 부스에서 발표자의 말을 바로바로 통역해 준답니다. 청중은 이어폰으로 그 내용을 들을 수 있어요. 대개 동시통역은 두 사람이 한 조를 이루고 일해요. 고도의 집중력을 필요로 하기 때문에 쉽게 피곤해져서 평균 20분마다 교대해요. 전쟁이나 테러가 발생했을 때 실시간으로 해외 뉴스의 목소리를 전달하는 것도 동시통역사예요.

통역사와 번역가

통역사가 말로써 한 언어를 다른 언어로 바꿔 전달해 주는 사람이라면 번역가는 글로써 이런 역할을 해요.
우리가 외국 영화나 외국 소설을 재밌게 보고 읽을 수 있는 것은 다 번역가 덕분이랍니다. 번역가는 전문서적이나 보고서, 영상물, 문학작품 등을 우리말에서 외국어로 또는 외국어에서 우리말로 번역해요.

엄청난 집중력과 기억력이 필요해요

연설자의 말을 놓치면 안 되기 때문에 많이 긴장하게 되지요. 어떻게 통역해야 할지 말문이 막힐 때도 침착하게 순발력을 발휘해야 한답니다. 배경지식이 없이는 제대로 통역할 수 없기 때문에 전문용어를 미리 익혀 두고 늘 생생한 현장 자료를 찾아야 해요. 힘들고 어려운 일인 만큼 자부심도 크고 보수는 그 어느 직장보다도 많대요.

입학도 졸업도 까다로운 통역대학원

4년제 대학을 졸업하고 통역번역대학원에 진학하는 것이 일반적이에요. 한국외국어대학교, 부산외국어대학교, 이화여자대학교 등에서 통·번역대학원 과정을 개설하고 있어요.
통역대학원에서는 대개 영어·중국어·프랑스어·일본어 등 1개 이상 외국어를 선택해 공부하고요, 동시통역·순차통역 등 다양한 통역 방법과 정치·경제 등 전문지식을 배우게 돼요. 입학하기도 힘들지만 그보다 훨씬 어려운 졸업시험이 며칠에 걸쳐 치러진다고 해요.
통역사는 자신이 공부하는 언어와 그 나라의 문화를 잘 아는 것도 중요하지만 의료, 금융, 정치 등 자신만의 전문 분야가 있을 때 경쟁력이 있어요. 정부, 대기업이나 방송사에 소속되는 경우도 있고 프리랜서로 일하는 경우가 많아요.

다양한 통역기술

동시통역 이외에도 순차통역, 위스퍼링 통역 등 다양한 종류의 통역기술이 있어요. 순차 통역은 발표자가 하는 말을 교대로 청중에게 통역하는 걸 말해요. 이때 통역사는 행사에 걸맞은 옷을 입어야 해요. 청중 앞에 발표자와 똑같이 서서 일해야 하니까요.
위스퍼링 통역은 통역이 필요한 사람 곁에서 귓속말로 하는 통역이에요. 이 방식은 국가 간 정상회담처럼 행사 참여자가 적거나 일부에게만 통역이 필요할 때 쓰는 통역기술이에요.

동시통역사를 꿈꾼다면 필요해요

유창한 외국어 유학을 하거나 외국에서 살다 오면 문화를 이해하는 데 유리하겠지만, 우리나라에서 외국어를 열심히 공부해도 가능해요. 사전을 항상 가까이하고 외국어로 된 책 읽기부터 도전해 보세요.
우리말 표현력과 지식 아무리 외국어가 유창하다고 해도 결국은 우리말로 표현하는 능력이 없으면 아무런 소용이 없답니다. 다양한 독서와 신문 읽기를 꾸준히 실천하세요.
사교성 언어는 문화를 담는 그릇이에요. 열린 마음으로 외국 사람들과 교제하면 통역할 때 유리해요.

촬영기사
Cameraman

카메라로 영상을
촬영하는 전문가

 촬영기사는 카메라를 조작해서 영상을 전문적으로 찍어요. 방송국에서는 보통 '카메라맨'이라고 부르죠. 촬영기사들은 한 대 혹은 여러 대의 카메라를 다양하게 움직여서 방송 장면을 더 생생하고 더 예술적으로 만들어 줘요.

◯ 전문가가 찍으면 역시 달라요

우리가 찍은 비디오를 텔레비전 방송과 비교해 보면 뭔가 불안정하고 어색한 느낌이 들지요. 사람의 얼굴만 나오게 찍든가 아니면 배경만 멋있게 찍어서 그래요. 하지만 드라마나 다큐멘터리 장면에는 목적에 따라 사람과 배경이 조화롭게 담겨 있어요.

영상을 가장 멋지고 예술적으로 찍는 기술을 가진 사람들이 촬영기사예요. 촬영기사들이 일하는 곳은 방송국이나 각종 촬영장이지요. 방송 연출가와 상의해서 어떤 모습을 촬영할지 결정하고 카메라의 움직임을 정해요. 카메라를 지지대·레일·크레인에 고정하기도 하고, 직접 어깨에 메고 찍기도 해요. 때로는 여러 대의 카메라를 사용해서 더욱 실감나게 영상을 촬영한답니다.

우리가 안방에서 깊은 바다 속이나 일 년 내내 눈이 녹지 않는 히말라야의 꽁꽁 언 빙하를 볼 수 있는 것은 특수 장비를 이용해 목숨 걸고 항공촬영, 수중촬영을 해 준 촬영기사들 덕분이에요. 촬영에는 알맞은 조명과 음향이 필요해요. 영상장비, 조명장비, 음향장비, 편집장비 등 방송장비를 다루는 사람을 방송장비 기술자라고 해요. 여기서는 두 전문가를 함께 살펴볼게요.

방송 연출가

프로듀서(PD)라고도 해요. 방송 프로그램을 기획부터 제작까지 전 과정을 총지휘하는 사람이에요.

드라마, 예능, 교양, 라디오 등으로 분야는 다양하지만, 촬영·조명·음향·편집 등 전 제작스태프를 이끌고 모든 일을 최종적으로 결정한다는 점에서 영화감독과 비슷해요. 실제로 영상미가 뛰어난 작품을 연출한 드라마PD는 영화감독으로 진출하기도 한답니다.

🔵 북극에도 가고, 아마존에도 가요

촬영기사 및 방송장비 기술자의 근무시간은 방송의 제작 일정에 따라 불규칙할 때가 많아요. 휴일에 녹화가 있을 수도 있고 촉박한 방송일자를 맞추기 위해 야간이나 주말에 일해야 할 때도 많아요. 거리가 멀거나 환경이 열악한 곳에서 야외 촬영을 할 때도 있지요. 특히 촬영기사의 경우 8~12kg 정도 되는 카메라를 항상 가지고 다녀야 하므로 체력적으로 힘들어요.

🟠 장비를 다루는 실력이 가장 중요해요

제대로 촬영하려면 아름다움을 판단할 수 있는 기본 소양이 있어야 해요. 따라서 영상물 제작 전반에 대한 지식도 필요하고, 방송에 필요한 각종 장비를 다루는 기술 역시 필요하지요. 전문대학의 영상 및 방송기술 관련 학과에서는 촬영, 편집, 음향 등 제작 전반에 대한 이론과 실기를 공부할 수 있어요. 또 프로그램 제작 실습도 하지요. 전공이 아니어도 사설 학원에서 필요한 기술을 배울 수 있으니까 걱정할 필요는 없어요.
이렇게 능력을 키운 후 방송국에서 공개채용을 할 때 응시하면 돼요. 촬영기사는 대개 카메라 분야로 가고, 방송장비 기술자들은 방송 기술자(방송엔지니어) 분야로 입사하게 된답니다. 방송영상산업의 발전으로 취직할 곳은 아주 많은 편이에요. 실력만 있다면 프리랜서가 될 수도 있어요.

🟡 촬영기사를 꿈꾼다면 필요해요

예술적인 감각 방송이나 영화 등 영상물을 좋아하고 미적인 감각이 있어야 해요.
대인관계 여러 사람이 팀을 이루어서 프로그램을 제작하니까 사람들과 잘 어울릴 줄 알아야 해요.
순발력과 창의력 방송 환경은 변화가 빠르고 촬영 현장에서는 돌발 상황이 많기 때문이에요.

방송장비 기술자의 전망

최근 지상파 방송사와 케이블 채널에서 다양한 프로그램이 쏟아지고 있는데요, 규모가 작은 제작사보다는 방송국에서 일하면 월급이 더 많고 안정적인 편이랍니다. 또한, 요즘은 방송뿐만 아니라 영화, 연극, 뮤지컬, 오페라 등의 공연이 활발하게 이루어지기 때문에 영상, 음향, 조명 등과 관련된 장비 기술자 일자리는 점점 증가하고 있어요.
방송기술은 발전 속도가 빠르고 점점 사람을 대체하는 기계가 발명되고 있어요. 하지만 여전히 전문가는 필요할 테니까 새로운 기술을 꾸준히 공부하면서 실력을 쌓아 경쟁력을 갖추는 것이 중요해요.

• 못 다 한 이야기 3 •

마음을 움직이는 스토리의 힘!

게 팔렸대요. 도대체 누가 이 사과를 샀을까요? 바로 절대로 떨어지고 싶지 않은 대입 수험생과 학부모들이었어요! 이것이 아오모리의 '합격사과'가 유명해진 과정이랍니다.

평범한 사과를 특별한 사과로 바꾸어 준 이야기의 마법이 느껴지나요? 여러분 한 사람 한 사람도 스토리(이야기)를 가질 수 있어요. 특히 자기소개서를 쓰거나 면접에서 자신을 알려야 할 때일수록 딱딱하게 사실만 나열하는 것이 아니라 '깨알 같은' 스토리를 살린다면 좋은 인상을 줄 수 있답니다.

그렇다고 해서 거짓 사연을 그럴듯하게 꾸미라는 게 아니에요. 진실한 이야기만이 깊은 울림이 있지요. 사람이 살다보면 반드시 어려운 일을 겪기 마련인데 그것을 이겨내고 극복한 이야기는 다른 사람들에게 감동과 희망을 주거든요.

절대 떨어지지 않는 사과 이야기

홋카이도 아래 있는 아오모리 현은 일본 최대의 사과 생산지로 유명한 지역이에요. 그런데 1991년 가을에 태풍이 몰아쳐서 수확을 앞둔 사과의 90%가 땅에 떨어지고 말았어요. 땅에 떨어진 사과를 보며 농부들은 큰 시름에 잠겼지요.

그런데 마을 이장은 낙담만 하고 있지 않았어요. 다른 사람들이 모두 떨어진 사과만 보고 있을 때 그는 떨어지지 않은 10%의 사과를 보고 번뜩이는 아이디어를 내놓았어요.

이런 긍정의 힘이 통했을까요? 마을 사람들은 힘을 합쳐 상자로 팔던 사과를 낱개로 포장하기 시작했어요. 그리고 '19호 태풍이 초속 40m/s로 불었을 때도 떨어지지 않은 사과'라는 내용을 인쇄해서 포장 안에 넣었대요.

이 사과는 보통 사과 값의 10배였는데 30만 개가 넘

시인의 눈으로 세상을 보자!

스토리가 꼭 어려움을 극복한 내용일 필요는 없어요. 남들과 조금은 다른 시각으로 현상을 바라보는 사람도 공감을 주는 스토리를 만들 수 있어요. 아주 개인적인 감성을 표현하지만 다른 사람들의 마음을 움직이는 것이 바로 시의 힘이죠.

프랑스에서 한 맹인이 "저는 태어날 때부터 장님입니다."라고 쓰인 팻말을 목에 걸고서 구걸하고 있었대요. 사람들 대부분은 그 곁을 무심히 지나가기만 할 뿐이었어요. 그런데 마침 그 곁을 지나가던 어떤 사람이 그 팻말을 뒤집어서 다른 말을 써 주고 갔다고 해요.

나중에 그 사람이 다시 맹인에게 갔을 때 맹인이 감격해 하며 그 글귀를 물었어요. 도대체 뭐라고 적어 주었기에 사람들이 바구니에 동전을 많이 던지는지 궁금했던 거지요. 그 사람은 웃으면서 이렇게 대답했다고 해요.

"별 것 아니에요. '이제 곧 봄이 오건만 저는 봄을 볼 수 없답니다.'라고 썼지요."

그 맹인 거지의 팻말을 본 사람들은 그 어느 때보다 맹인의 처지를 공감하고 딱하게 여긴 거예요. 이것이 바로 이야기의 힘, 시의 힘이랍니다.

우리가 시를 어렵게 생각하지만 우리 모두는 시인의 감성을 갖고 있어요. 단지 그것을 잘 활용하지 않을 뿐이에요. 무미건조한 말로는 사람의 마음을 움직일 수 없어요. 우리가 어떤 시각으로 세상을 보느냐에 따라 우리의 말과 행동이 결정되지요.

그러면 똑같은 상황에서도 결과는 얼마든지 달라질 수 있어요. 그런 사람이 바로 우리의 삶을 더 다채롭게 해 주는 창의성 넘치는 인재랍니다.

# Chapter 4
100 Jobs of the Future

「강남스타일」의 말춤을 아세요? 싸이의 흥겨운 뮤직비디오는 세계에서 가장 많은 유튜브 조회 수를 기록했지요. 이 노래는 중독성 있는 음악과 특유의 말춤이 결합되어서 크게 히트를 친 거예요. 이렇게 대중음악, 특히 댄스뮤직에서는 곡의 느낌에 어울리는 안무가 무척 중요해요. 안무가라고 하면 주로 아이돌 가수들이 박자에 딱딱 맞춰 격렬하게 추는 춤을 기획하고 동작을 만들어 지도하는 사람만 생각하기 쉬어요. 하지만 엄밀히 말하자면 안무에도 고전무용, 현대무용, 발레, 재즈댄스 등의 분야가 있어요. 안무는 뮤지컬에서도 필수적인데요, 노래가 흐르는 곳에는 흥을 돋우기 위해 반드시 춤이 따른다고 생각하면 돼요. 안무가는 한 사람을 지도하기도 하지만 대개는 뮤지컬처럼 많은 사람들의 군무를 디자인하고 기획합니다. 따라서 참여하는 모든 사람들을 가르치고 통제해야 해요. 직접 무대에 올라 춤을 추기도 하고, 연출가와 협력하여 무대 공연을 지휘하기도 한답니다.

작곡가
Composer

다양한 음악의 악보를 만드는 사람

작곡가는 클래식, 동요, 대중가요 등 음악의 악보를 만들어서 우리가 음악을 귀로 들을 수 있게 해 줘요. 음악은 우리의 삶을 가득 채우고 있어요. 작곡가는 자신의 생각을 음악으로 표현하는 예술가예요.

● 귓가에 맴도는 그 노래를 만든 사람

우리는 아침에 알람 멜로디로 깨어나요. 시장이나 백화점에 가면 팝송이나 대중가요가 흘러나오고, 레스토랑이나 호텔에서는 클래식 음악이 은은히 깔리지요. 텔레비전을 틀면 아이돌 가수들이 신나게 춤을 추면서 노래를 불러요. 잘 생각해 보면 우리는 늘 음악이 있는 곳에서 살고 있어요.

이런 음악은 어디에서 나올까요? 우리의 마음이 아플 때는 위로해 주고, 기쁠 때는 신나게 춤추며 부를 수 있는 노래, 피아노를 치고 싶을 때 찾게 되는 아름다운 피아노곡의 악보를 만드는 사람이 바로 작곡가랍니다. 작곡가는 자신의 생각을 악보에 표현하여 창작하는 일 말고도 원래 있는 악보를 변형해서 다른 분위기로 편곡하는 일도 해요. 예를 들어, 댄스 뮤직을 발라드 음악으로 편곡하거나 합창곡을 기악곡으로 바꾸는 거죠.

작곡가 중에는 클래식을 작곡하는 사람도 있고 대중음악을 작곡하는 사람도 있어요. 클래식 작곡가는 다양한 악기를 이용해 악보를 손으로 그리지만 대중음악 작곡가는 컴퓨터 프로그램을 주로 사용해요. 컴퓨터와 키보드로 음을 구성해 아름다운 멜로디를 붙이고 이것을 다양하게 편곡해 본 뒤 가장 좋은 노래로 완성해요.

컴퓨터 작곡 프로그램

요즘은 음악의 기본 지식을 공부하지 않고도 작곡할 수 있어요. 대개 흥얼흥얼 콧노래로 주제 음을 생각한 다음 피날레, 큐베이스 등의 컴퓨터 작곡 프로그램으로 입력해요. 그러면 음표를 연결해서 곡을 만들어 주지요. 이렇게 만든 악보를 모듈이라고 부르는 가상악기와 연결해 들어 보면 실제 연주할 때 들을 수 있는 악기 소리로 그대로 재생해 준답니다.

🟢 예술혼을 기꺼이 편안한 생활과 바꿀 준비가 되어 있나요?

클래식 작곡가의 경우 콩쿠르에서 상을 받으면 빨리 성공할 수 있어요. 하지만 교수가 되거나 레슨 강사가 되는 길 외에 클래식 작곡을 해서 생계를 해결하는 것은 쉽지 않아요. 대중음악 작곡가의 경우도 가요제에서 상을 받거나 히트작이 나오기 전에는 힘들 수 있어요.

하지만 경제적인 성공이 꼭 예술적으로 높은 경지를 뜻하는 것은 아니에요. 베토벤도 그랬지만 쇼팽이나 차이코프스키 등의 위대한 작곡가들도 삶이 행복했다고 말하기는 어려워요.

🟠 작곡가는 어떻게 될 수 있나요?

클래식은 대학의 작곡과에 진학해야 제대로 된 작곡의 기반을 다질 수 있어요. 하지만 피아노과, 성악과 등에서도 작곡에 필요한 화성학과 대위법(화음), 시창 및 청음(정확한 음정), 서양음악사, 악기론, 관현악론 등의 기본 이론을 배운답니다.

대중음악은 실용음악과에서 최신 음악 기기를 사용하는 법을 익히고 이론의 기초를 닦는 것이 좋아요. 실용음악을 공부할 수 있는 대학 중 4년제로는 국민대학교, 상명대학교, 동덕여자대학교 등이 있고, 2년제 전문대학으로는 서울예술대학교가 가장 유명해요. 요즘은 방송, 가요, 광고, 영화음악, 게임음악 등 작곡이 필요한 분야가 늘어나 이론과 실기를 가르치는 실용음악 학원도 많이 생겼어요.

🟢 작곡가를 꿈꾼다면 필요해요

음악에 대한 열정 기타나 피아노를 다룰 줄 알고 악보를 그릴 줄만 안다면 간단한 작곡은 지금부터라도 할 수 있어요.

음악적인 감각과 창의성 좋은 음악을 많이 들어 봐야 좋은 멜로디를 구성할 수 있답니다.

음대로 가는 길

수도권 대학의 작곡과에 가려면 웬만한 음대 피아노과에 합격할 수 있을 정도로 피아노를 잘 쳐야 해요. 연주의 기본은 늘 피아노에 맞추고 있으니까요. 제대로 수업을 듣기 위해서는 화성학과 시창(악보 보고 노래 부르기)·청음(연주해 주는 음 듣고 적기)을 반드시 공부해야 해요. 이외에 기본적인 작곡을 할 줄 알아야 하죠.

이 모든 과정을 학교에서 준비하기 위해서는 서울예고나 계원예고 등의 예술고등학교에 진학해야 합니다. 그래서 중학교 때부터 입시 준비에 매진해야 한답니다. 음대에 가기 위해서는 레슨비나 이런저런 이유로 돈이 많이 들어 경제적인 뒷받침도 중요하기 때문에 신중하게 선택해야 해요.

• 루트비히 판 베토벤

지휘자
Conductor

오케스트라를
지휘하는 사람

지휘자는 오케스트라나 합창단을 지도하고 지휘해요. 나라로 따지면 국가 원수와 같고 집안으로 따지면 가장과 같은 역할이에요. 지휘자가 사라지는 순간 오케스트라가 있는 곳은 값비싼 소음 연주장으로 바뀌고 만답니다.

○ 오케스트라에서 지휘자란 무엇일까요?

음악을 들어 보세요. 지휘자가 내는 소리는 무엇일까요? 어떤 사람은 파리 오케스트라가 연주한 곡 중에서 우리나라 출신 마에스트로(거장)인 정명훈이 지휘하는 음반만 골라 사기도 하지요.
바이올린은 바이올리니스트가 연주하고 피아노는 피아니스트가 연주하는데 온갖 악기가 모인 관현악단에서 정명훈이 내는 소리는 하나도 없잖아요? 이 말을 거꾸로 잘 생각해 보도록 해요. 만일 정명훈이 없다면 어떤 소리가 날까요?
오케스트라가 모여서 연습하는 곳에 가 보면 모두 훌륭한 연주자들인데도 마치 소음처럼 들려요. 그런데 마에스트로가 지휘봉으로 한번 휙 젓고 주의를 집중시키면 연주자들은 지휘자의 지휘봉 끝을 바라보지요.
이렇게 관현악단을 지휘하고 화음을 연출하며 합창단(코러스)을 이끄는 사람이 지휘자예요. 음표가 박자를 알려 준다고 해서 그대로 연주하면 생명이 없는 음악이 되지요. 지휘자는 곡을 나름대로 해석하고, 자신이 이끄는 연주자들의 재능을 고려해서 음색과 화음, 리듬, 빠르기 등의 음악 효과를 독창적이면서도 아름답게 재창조해 낼 수 있도록 연주자들을 연습시키고 지휘한답니다.

지휘자의 공연 준비

오케스트라 지휘자는 공연에 앞서 관악기, 현악기 및 타악기 등, 단원들의 연주를 심사하여 기악 연주자를 선정하고, 계획된 공연의 콘셉트와 연주자들의 재능 및 능력에 알맞은 연주곡을 선정해요.
각 악기의 화음이 균형과 조화를 가장 훌륭하게 이루는 구도를 생각해내서 연주자들을 적절히 배치하는 것도 지휘자예요. 때로는 악보를 편곡하기도 한답니다.

모든 악기의 연주를 파악하고 있어야 해요

지휘자는 이 악기도, 저 악기도 모두 모두 파악해야 해요. 어떤 악기가 언제 어디서 제 역할을 다 해야 소리가 조화를 이루어 음악이 되는지 오케스트라 안에서 가장 잘 아는 사람이에요. 아무것도 연주하지 않는 것처럼 보였던 지휘자가 사실은 모든 악기의 연주를 다 꿰뚫고 있어야 하는 거랍니다.

지휘자 과정에 입학하는 것이 우선이에요

독학해서는 작곡을 효율적으로 공부하지 못하듯이 지휘자 과정도 대학에서 배우는 것이 가장 쉽고 빠른 길이에요. 우리나라에서 지휘자를 양성하고 있는 대학교는 한국예술종합학교, 서울대학교, 한양대학교 3곳밖에 없어요.
다른 음악대학의 경우 대학원 지휘자 과정이 개설되어 있답니다. 한예종의 경우 지휘과가 독립된 형태로 존재해요. 서울대는 작곡과 안에 포함된 형태이고 한양대는 관현악과 안에 소속되어 있어요.
요즘은 문화생활이 일반화되면서 조금 규모가 큰 회사나 단체, 혹은 교회나 성당 등에서도 자체적으로 오케스트라를 보유하고 있어요. 오케스트라나 합창단을 지휘하기 위해 점점 지휘자도 많이 필요해지고 있어요.

지휘자를 꿈꾼다면 필요해요

음악적 재능 오케스트라 단원이 연주하는 악기라면 어떤 것이든 다 이해하고 판단할 수 있는 음악적 소양을 쌓아야 해요.
포용력과 리더십 오케스트라를 조화롭게 이끌기 위해서는 리더십이 필수예요.

지휘자가 되기 위한 교육

작곡가의 의도를 알 수 있는 기본 지식인 음악 분석, 음악에 근간이 되는 화성학과 이론, 시창·청음 및 총보독법, 건반화성 등등을 배워야 해요.
총보(score) 독법이란 바이올린, 비올라에서부터 티파니까지 오케스트라의 모든 악기의 악보를 피아노곡으로 편곡해 놓은 악보를 읽고 연주할 줄 아는 연습이에요.
일반적으로 성악에서는 소프라노·알토·테너·베이스 등의 음역 순으로, 관현악에서는 목관악기·금관악기·타악기·현악기 순으로 위에서부터 아래로 적어 내려간답니다. 지휘를 하기 위해서는 모든 악기의 악보를 외고 있어야 가장 아름다운 조화를 이끌어낼 수 있어요.

©Martin Good/Shutterstock.com

연주자 Player

악기를 아름답게 연주하는 사람

연주자는 보통 솔로로 악기를 연주하거나 오케스트라에서 단원으로 활동해요. 작곡가가 만든 음악을 해석하고 악기를 이용해 표현하는 거죠. 청중의 뜨거운 갈채를 받는 연주자는 무대 뒤에서 많은 땀을 흘린답니다.

◉ 훈련이 고될수록 무대에서의 희열도 커요

연주자는 한마디로 악기를 연주하는 사람이에요. 악기 연주자의 종류는 세상에 있는 악기 수만큼 되겠죠. 바이올린 연주자는 바이올리니스트, 피아노연주자는 피아니스트, 팀파니연주자는 퍼커셔니스트(타악기 주자)……. 연주자는 때로는 독주자로 때로는 오케스트라 및 다양한 악단의 단원으로 악기를 연주한답니다.

피아노나 바이올린 등의 무반주 독주곡이나 바흐의 무반주첼로 음곡을 제외한다면 다른 악기의 도움이 전혀 없이 연주하는 연주자는 드물어요.

따라서 음악과 악보를 연구하고 바람직한 효과를 내기 위해 함께 연주하는 다른 악기들의 악보도 함께 연구해야 해요. 연주자들은 어떻게 연주하는 것이 가장 좋을지 지휘자 및 다른 연주자들과 토론하고 연주 방법을 조율한답니다.

오케스트라가 언제나 대중 앞에서만 연주를 하는 것은 아니에요. 음반 제작을 위해서는 녹음에 참여해야 해요. 연주자는 늘 악기를 조율해서 최고의 소리를 내도록 관리해야 하고, 자신의 연주에 맞게 악보를 직접 편곡하기도 한답니다.

클래식계의 한류 열풍

20년 전만 해도 한국인이 세계 음악 콩쿠르에서 입상하는 일은 극히 드물었어요.

그러나 지난 16년간, 차이콥스키 음악 대회, 마리아 칼라스 그랑프리 등 유럽의 세계적인 음악 경연 대회에서 378명의 한국인이 결승에 진출했고 그중 70여 명이 최종 우승의 영예를 거머쥐었다고 해요.

한국 음악가들의 열정과 예술가 정신, 부모님들의 헌신적인 지원에 세계인들이 감탄하고 있대요.

◉ 스포트라이트를 받는 것은 어려운 일이에요

기악을 전공한 사람 중에 유명한 연주자가 되거나 오케스트라의 단원이 되는 비율이 높지는 않아요. 안정된 수입을 위해 피아노, 바이올린 등 악기 강사로 활동하는 경우도 많답니다. 대신 가수들의 노래나 다른 기악의 연주에 반주자가 될 수도 있고 발레, 오페라 등의 공연에서 배경음악을 담당하기도 하는 등 연주자가 할 일은 다양해요.

◉ 어릴 때부터 개인 레슨으로 기초를 닦아요

연주자가 꿈인 사람들은 대개 유치원이나 초등학교 때부터 개인 레슨을 받아요. 예술중학교나 예술고등학교에 진학하기 때문이지요. 하지만 일반 인문계 고등학교 학생들도 개인적으로 레슨을 받으면 음대 기악과에 지원할 수 있어요. 국악기 전공도 마찬가지예요.

대학에서 다른 학과로 진학한 후에 음대로 편입하는 방법도 있어요. 복수 전공이나 학과를 바꾸는 전과 제도도 있고요. 이것도 어렵다면 콘서바토리(평생교육원식의 음악원)에 입학해서 전문가 과정을 밟을 수 있어요.

'영재교육진흥법'이 실시된 후로는 지역마다 일반계 중학교나 고등학교 몇 곳을 선정해 음악 영재를 무료로 교육하고 있어요. 학교장의 추천을 받아 신청하면 되니 적극적으로 활용해 보세요.

연주자로 데뷔하는 방법

클래식 연주자로 데뷔하는 길은 여러 가지가 있어요. 대학을 졸업한 뒤 바로 관중들에게 높은 인지도를 얻고 앨범을 발매하는 경우는 거의 드물어요. 해외에서 학업과 경험을 쌓는 경우가 많아요. 국내에서 학사 혹은 석사학위까지 마치고 외국으로 유학을 다녀와서 귀국 독주회를 여는 것도 하나의 데뷔 방법이지요.

유명한 연주자는 클래식계에서 높이 인정하는 쇼팽콩쿠르(피아노) 같은 국제 연주대회에서 입상하거나 이름 있는 오케스트라와 공연하면서 데뷔를 한답니다. 물론 국내에도 유명한 중앙 콩쿠르, 동아 콩쿠르가 있으며 입상하면 데뷔할 수 있지요.

©Papuchalka / Shutterstock.com

◉ 연주자를 꿈꾼다면 필요해요

음악적 재능 우리나라의 음악교육 시스템은 재능이 뛰어난 어린 영재를 일찍 발굴해 철저한 교육을 통해 키워내는 방식이에요.

끈기, 체력, 집중력 혹독한 훈련과 많은 연습량을 견딜 수 있어야 해요.

배려심 함께 연주하는 사람들과 조화를 이룰 수 있어야 해요.

영화감독 Movie director

영화 제작을 총지휘하는 사람

영화감독은 시나리오 검토부터 영화 완성까지 제작과정을 총지휘해서 한 편의 영화를 만들어요. 영화가 끝나고 엔딩 크레딧이 올라갈 때 수많은 이름들이 나오지요? 영화감독은 그중에서도 리더 역할을 하는 사람이랍니다.

○ 연출은 모든 것을 총괄해서 조화시키는 일

영화 한 편을 만들기 위해서는 다양한 분야의 인력이 필요해요. 시나리오 작가, 배우, 촬영감독, 음악감독, 조명감독, 미술감독, 무술감독 등등……. 이 모든 식구에게 급여를 주고 영화를 찍을 자금을 끌어오는 것은 보통 제작자가 하지만 감독이 담당하는 경우도 많아요.

감독이 영화의 주제와 성격을 정하고 시나리오 작가에게 설명하면 작가는 그 설명에 따라 대본을 완성하지요. 시나리오가 완성되면 자금 지원을 받아요. 영화감독은 시나리오를 분석하여 스태프를 구성하고 배역에 맞는 배우를 섭외(캐스팅)하지요.

다음으로는 야외촬영(로케이션)을 하게 될 장소를 답사하고 어떤 세트를 쓸 것인지 디자인해요. 세트까지 마련되면 드디어 언제 촬영할지, 몇 달 동안 몇 번이나 할지 결정한답니다. 촬영 전에는 콘티(촬영 장면을 간략하게 그린 그림)를 작성하고 촬영 현장에서는 배우들에게 연기 지도를 해요.

모든 촬영이 끝났다고 해도 감독의 일이 끝난 것은 아니에요. 상영시간(러닝타임)과 작품성을 고려해서 편집해야 하거든요. 음악과 특수효과를 더하는 등 마무리가 아주 중요하답니다.

영화에 대한 이해를 돕는 책들

영화산업이 커지면서 영화 기획자라는 직업이 따로 생기기도 했지만 이창동, 봉준호 감독처럼 자신이 만들고 싶은 영화의 시나리오까지 혼자 다 쓰는 감독들도 많아요.
따라서 『시나리오 어떻게 쓸 것인가』(로버트 맥기), 『영화제작 마스터북』(박지훈), 『한국 영화제작 매뉴얼』(안영진·조진아·박태준), 『영화의 이해』(루이스 자네티) 등을 참고하면 좋아요.

영화 흥행으로 모든 노력을 보상받아요

촬영 현장에는 수십 명의 스태프와 배우들이 있고 영화 한 편이 나오기까지 짧게는 몇 달, 길게는 1년이 넘게 걸려요. 많은 사람들이 함께 일하는 만큼 일정을 조정하고 갈등을 조율하는 데 힘이 든답니다. 아무리 좋은 시나리오가 있어도 투자자를 만나지 못하면 시작조차 못할 수도 있고, 영화를 완성한 다음에는 흥행에 대한 부담이 커요.

영화 제작 현장에서 경험을 쌓으면 도움이 돼요

영화감독이 되기 위해 예전에는 대개 영화사들이 많았던 충무로 현장에서 스태프로 일해 가면서 도제식으로 배웠어요. 원로 영화인들을 보면 하명중 감독은 한국외국어대학교 독어학과를 나왔고, 임권택 감독은 중학교 중퇴가 학력의 전부로 전문적인 실무를 일하면서 배웠다고 해요.
이 분들의 고군분투로 우리 영화도 많은 사랑을 받게 되었지요. 지금은 많은 대학들이 전문 교육과정을 설치해서 영화 실무뿐만 아니라 이론과 철학까지도 가르치고 있어요.
영화계에서 가장 명문으로 치는 대학은 한양대학교, 중앙대학교, 동국대학교, 한국예술종합학교 등이랍니다. 대학이나 영화 아카데미에서 기초 지식을 배우고 나면 조감독으로 수년간 연출 수업을 받은 뒤 감독으로 데뷔하는 것이 보편적이에요.

영화감독을 꿈꾼다면 필요해요

영상 감각과 창의력 영상미를 표현하는 감각과 창의력을 기르려면 걸작들을 많이 보고 직접 단편 영화를 만들어 보는 게 좋아요.

리더십과 열정 전체 제작과정을 이끌 수 있는 리더십과 포기하지 않는 열정이 필요해요.

독서와 글쓰기 공감을 불러일으키는 참신한 시나리오는 좋은 영화의 출발점이에요. 예술·문화·과학 등 다방면에 걸친 독서를 많이 하고, 일기든 독후감이든 글을 꾸준히 써 보세요.

세계가 인정하는 우리 영화

우리나라는 가난했던 시절부터 세계의 영화 관계자들에게 어느 정도 알려진, 영화를 잘 만드는 나라였어요. 1956년 베를린 영화제에 최초로 이병일 감독의 「시집가는 날」이 출품된 이후, 1961년에는 강대진 감독의 「마부」가 수상을 했지요. 또, 1980년대에는 이두용 감독의 「여인 잔혹사」, 하명중 감독의 「땡볕」, 임권택 감독의 「길소뜸」 등이 국제 영화제에서 상을 받았어요.
지금은 해마다 김기덕·이창동·홍상수 등의 감독들이 세계 여러 영화제에서 주요 상을 수상하고, 박찬욱·봉준호·김지운 감독은 할리우드에도 진출하는 등 우리 영화의 위상은 날로 높아지고 있답니다.

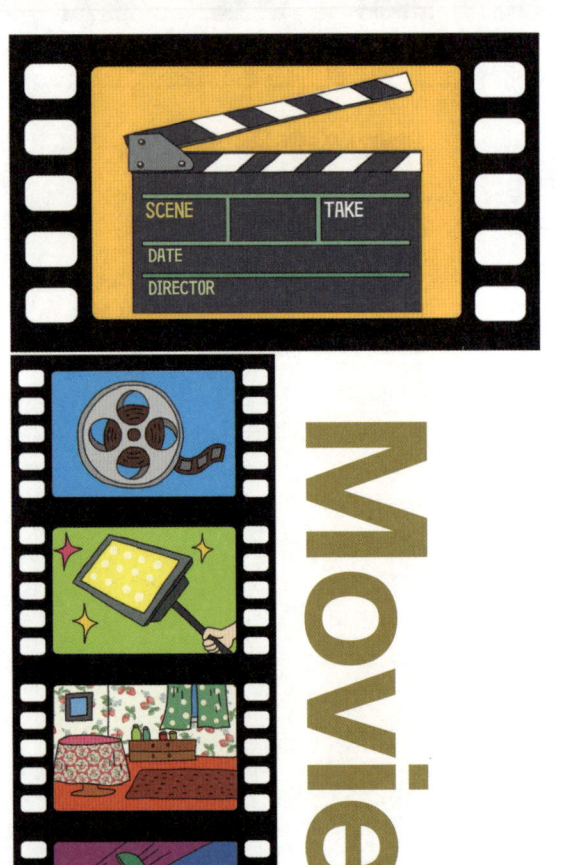

촬영감독은 전문가로서 조언하고 영화감독을 보좌할 수 있답니다. 따라서 카메라를 자유자재로 다루어야 하고 촬영 소품이나 배우들의 의상과 분장까지 세밀하게 영화감독과 상의하는 역할을 한답니다.

🎵 음악감독

영화에서 서서히 내용이 전개되고 드디어 위기가 왔을 때 갑자기 텔레비전이나 DVD플레이어의 스피커가 망가져서 아무런 소리가 없다고 가정해 보세요. 도저히 영화를 볼 기분이 안 날 거예요. 마찬가지로 소리가 나오더라도 배우들의 대화와 소음 외에 긴박한 음악이 없다면 영화가 지루하고 시시하다고 느낄 거예요.

「해리포터」 시리즈의 꿈꾸는 듯한 분위기는 영화음악감독 존 윌리엄스의 음악 덕에 훨씬 더 생생하게 살아난답니다. 비브라 폰 등 금속이 재료인 타악기의 맑고 환상적인 소리는 마치 배경이 되는 호그와트의 겨울 날, 눈 결정이 춤추는 것 같은 분위기를 연출하지요. 이런 소리의 마술을 작곡해내고 연출하는 것이 음악감독이랍니다. 사람들은 눈앞에 보이는 것에만 정신을 빼앗겨서 대개 음악감독이 누군지도 모르고 지나가지만 음악이 없다면 영화는 정말 무미건조해진답니다.

🎬 영화 관련 직업

완성도가 높은 영화를 만들기 위해서는 촬영, 조명, 음향, 편집, 미술, 음악, 무술 등 각 분야의 전문가들이 필요해요. 미적인 감각과 창의력은 물론 풍부한 현장 경험이 필요한 일이기 때문에 보통 조수 생활을 10년 넘게 한다고 해요.

🎥 촬영감독

무비 카메라로 모든 장면을 필름에 담으며 화면을 총책임 지는 사람이에요. 초점을 잘 맞추고 배경화면과 등장인물들이 어떻게 하면 가장 아름답고 조화롭게 보일지, 어떻게 촬영해야 관객이 쉽게 상황과 주제를 이해할 수 있을지 늘 고민하지요. 물론 이 의도는 영화감독의 생각이 주가 되지만 화면에 대해 잘 아는

💡 조명감독

촬영을 위한 빛을 만들어내는 사람이에요. 영화에서 조명은 배우의 감정, 장면의 분위기를 좌우하는 중요한 역할을 해요. 조명감독은 조명 장비를 설치하고 관리하면서 빛과 그림자, 색감을 조율하는 작업을 책임져요. 조명으로 영화는 따뜻한 느낌이 들 수도 있고, 으스스한 느낌이 들 수도 있어요.

🔆 미술감독

영화 화면에 보이는 모든 미술적 요소를 디자인하고 책임지는 사람이에요. 시나리오를 잘 이해하고 상황에 맞게 영화 장면을 그림으로 그리듯이 예술적으로 연출하는 거예요. 로테이션 장소와 촬영장 세트에 대한 아이디어를 내고, 갖가지 장식과 의상 및 소품들의 디자인, 색상, 배치 하나하나까지 챙긴답니다. 특히 현대가 아닌 다른 시대가 배경인 영화에서는 시대의 고증도 중요해요.

🔆 무술감독

영화에 나오는 무술 장면을 연출해요. 싸움 장면이나 사고 장면은 잘못하면 부상이 생기기 쉬워요. 맞는 사람, 때리는 사람 역할을 정하고, 멋있는 장면이 되도록 꼼꼼하게 동선을 세운 다음 촬영에 들어가요. 배우가 직접 하기 위험한 연기는 훈련받은 무술 연기자들이나 스턴트맨이 대신한답니다.

영화감독이 되는 4가지 방법

1. 연극영화과에 입학하는 방법

각 대학은 교과과정은 거의 같지만 조금씩 다른 이름으로 전공을 부르고 있어요. 서울호서전문대학처럼 영화연출학과를 둔 대학교도 있지만 연극영화과라는 이름으로 부르는 학교도 있어요. 연극영화과는 연극과와 영화과로 나뉘는데, 영화감독이 되고 싶다면 영화과로 진학한 후 영화연출을 전공하면 돼요. 이외에 미디어영상학과, 방송영상학과라고도 불리지요. 대학에서 배우면 좋은 이유는 교수들과 선후배가 영화계 인맥이 되어 서로 밀고 끌고 할 수 있다는 거예요.

2. 영화 아카데미에서 배우는 방법

영화 아카데미는 여러 군데 있는데 한국영화아카데미, 영화인교육센터, 청어람아카데미, 영상작가전문교육원, 서울필름스쿨 등이 비교적 유명해요. 「괴물」을 만든 봉준호 감독이 영화 아카데미 출신이랍니다.

3. 단편영화를 제작해 데뷔하는 방법

영화제작 동호회나 대학의 영화제작 동아리 등에서 짤막한 독립영화로 포트폴리오를 만들어 상을 받으면 독립영화 제작비를 지원받을 수 있는 기회가 생겨요. 이 독립영화가 또 상을 받는다면 영화제작 실력을 인정받아 기업이나 개인에게 제작비를 투자 받게 되지요. 그러면 상업영화 감독으로 데뷔할 수 있어요. 「늑대소년」의 조성희 감독이 단편영화 제작으로 실력을 인정받은 경우예요.

4. 시나리오 작가로 데뷔한 후 영화를 공부하는 법

요즘은 시나리오 작가 출신의 감독들도 나타나고 있어요. 우선 시나리오를 잘 써서 영화감독들에게 인정을 받으면 영화제작팀과 함께 작업하면서 영화를 배우고 데뷔할 수 있는 길이 열린다고 해요. 「연가시」를 만든 박정우 감독이 그런 예예요.

안무가 Choreographer

다양한 춤 동작을 만드는 사람

안무가는 발레, 뮤지컬, 댄스뮤직 등 다양한 공연에 맞는 춤 동작을 만들고 무용수들을 가르쳐요. 안무가는 다양한 무용수들의 능력을 조화롭게 이끌어 가는 지휘자예요. 말 대신 몸으로 표현하는 예술가라고 할 수 있지요.

● 그 독특한 춤 동작은 누가 만들었을까?

「강남스타일」의 말춤을 아세요? 싸이의 흥겨운 뮤직비디오는 세계에서 가장 많은 유튜브 조회 수를 기록했지요. 이 노래는 중독성 있는 음악과 특유의 말춤이 결합되어서 크게 히트를 친 거예요. 이렇게 대중음악, 특히 댄스뮤직에서는 곡의 느낌에 어울리는 안무가 무척 중요해요.

안무가라고 하면 주로 아이돌 가수들이 박자에 딱딱 맞춰 격렬하게 추는 춤을 기획하고 동작을 만들어 지도하는 사람만 생각하기 쉬워요.

하지만 엄밀히 말하자면 안무에도 고전무용, 현대무용, 발레, 재즈 댄스 등의 분야가 있어요. 안무는 뮤지컬에서도 필수적인데요, 노래가 흐르는 곳에는 흥을 돋우기 위해 반드시 춤이 따른다고 생각하면 돼요.

안무가는 한 사람을 지도하기도 하지만 대개는 뮤지컬처럼 많은 사람들의 군무를 디자인하고 기획합니다. 따라서 참여하는 모든 사람들을 가르치고 통제해야 해요. 직접 무대에 올라 춤을 추기도 하고, 연출가와 협력하여 무대 공연을 지휘하기도 한답니다.

> **김연아의 안무**
>
> 피겨 스케이팅에서도 안무의 기획과 구성이 절대적인 부분을 차지하고 있어요. 김연아 선수의 동작이 아름다워 보이는 것은 뛰어난 스케이팅 기술만이 아니라 안무의 아름다움이 프로그램에 잘 어우러져 있기 때문이에요. 김연아의 안무는 그녀와 오랫동안 함께해 온 데이비드 윌슨의 작품이랍니다. 몸이 유연하기로 유명한 김연아 선수는 한때 발레를 배웠다고 하죠.

공연 전체를 볼 줄 아는 안목이 필요해요

안무가로 성공하려면 음악을 선택하는 안목은 물론 공연 전체를 이해하는 능력이 있어야 해요. 안무 동작이 독창성을 유지하면서도 관중의 공감을 얻으려면 뼈를 깎는 노력이 필요하답니다. 프리랜서로 일하는 안무가는 인지도와 실력에 따라 수입이 천차만별이에요. 몸을 움직여야 하는 직업의 특성상 은퇴 나이가 빠른 편이래요.

무용가를 거쳐 안무가가 되는 것이 정석

무용이나 댄스 관련 학과에 진학하는 것이 좋겠지만 사설 학원에서도 교육받을 수 있어요. 현대무용을 전공하더라도 모든 무용의 기초가 되는 고전무용은 반드시 배워야 해요.
예를 들어, 미국의 무용수 이사도라 던컨(1878~1927)은 딱딱한 발레 형식을 깨서 '현대무용의 어머니'라고 불리지만 그녀의 탄탄한 기본기는 발레로 쌓은 거였어요.
이렇듯 모든 안무가는 기본적으로 다양한 장르의 춤을 알고 있어야 독창적인 동작을 만들 수가 있답니다. 그래서 안무가는 대부분 무용가 출신이에요. 춤에 재능이 있고 오랫동안 꾸준히 연습해 왔다는 뜻이니까요.

안무가를 꿈꾼다면 필요해요

춤 실력과 카리스마 무용수들을 잘 지도하려면 춤 실력은 기본이고 리더십까지 갖추어야 해요.
상상력과 창의성 춤을 잘 춘다는 것은 단순히 아이돌 가수의 춤 동작을 똑같이 따라한다는 의미가 아니에요. 자신만의 동작으로 생각을 표현할 수 있어야 해요.
예술가적인 감성 몸으로 다양한 이야기를 표현하는 예술가로서 음악과 미술 분야에도 관심을 가지세요.

안무가 되기 작전

1. **무용학과에 진학**: 초·중·고 때 미리 레슨을 받아 두어야 실기시험을 준비할 수 있어요.
2. **콩쿠르에서 입상**: 각종 콩쿠르에서 수상하면 좋은 경력이 된답니다. 입시를 위해서는 한양대, 동덕여대 등 무용학과를 둔 대학에서 실시하는 콩쿠르에서 입상하면 유리하지요.
3. **무용가로 활동**: 국립현대무용단이나 서울시립무용단, 각 시·군의 무용단 등에 단원으로 입단하면 현장 경험을 하고 인맥도 쌓을 수 있답니다.
4. **안무가로 변신**: 직접 안무를 기획하고 싶어지는 때가 찾아오면 다른 회사나 무용단에 취직할 수도 있고, 스스로 무용단을 창단할 수도 있어요. 프리랜서 안무가로 활동하기도 한답니다.

©Igor Bulgarin / Shutterstock.com

운동선수 Athlete

스포츠 경기에 출전하는 사람

운동선수는 자신이 출전하는 종목에 필요한 기술과 규칙을 익혀 시합에 참가해요. 월드컵 경기에서 국가대표 선수의 슛 하나에 온 국민이 울고 웃지요. 운동선수는 짜릿한 승리의 순간을 위해 매 순간 힘든 훈련을 견딘답니다.

◉ 내 자신과 소속팀의 명예를 걸고 최선을 다해요

운동선수는 축구, 야구, 테니스, 골프 등 각종 운동경기에서 선수로 활약하는 사람들이에요. 운동을 직업으로 삼는 프로가 있고, 취미로 하되 전문가 못지않게 실력을 갖춘 아마추어가 있어요. 운동선수는 대개 실업팀(회사나 단체가 운영하는 세미프로팀)이나 프로팀(스포츠구단)에 속해 있어요. 좋은 성적과 기록을 내기 위해 체력훈련과 기술훈련을 열심히 해요.

또 한 가지 중요한 훈련은 부상예방훈련이지요. 운동을 하는 그라운드는 넓고 안전해 보이지만 선수들에게는 정글이나 다름없이 위험한 곳이랍니다. 곳곳에서 상대편 선수들과 몸싸움이 일어나기도 하고 예기치 않은 부상을 당할 수도 있어요. 팀에서는 더 좋은 기록을 내거나 승리하기 위해 전략과 기술을 개발하고 과학적으로 선수를 관리해요. 그래서 보통 감독과 코치는 물론 전속 영양사, 물리치료사까지도 함께하지요.

프로 선수 생활은 힘든 만큼 연봉이 높아요. 실력에 따라서 적게는 몇 천만 원에서 수억 원을 받기도 해요. 세계적인 축구스타 리오넬 메시의 경우 연봉이 3,300만 유로(약 457억 원)에 달한대요.

스포츠 관련 직업

운동선수는 현역을 떠나면 감독, 코치, 심판, 스포츠 해설자에 도전하기도 해요. 최근에는 스포츠 시장이 커지면서 다양한 직업들이 생겨나고 있답니다. 스포츠 팀의 운영자, 스포츠 에이전트, 물리치료사, 스포츠 캐스터, 스포츠 전문기자, 생활체육 지도자, 스포츠 센터 트레이너 등은 스포츠 마니아가 도전해 볼 만한 직업이에요.

🔵 프로 선수의 생활은 살벌한 생존경쟁

아침에 일어나서 자기 전까지 경기의 도구가 되는 몸을 단련하고 기술과 규칙 등을 연습하노라면 다른 일을 할 시간이 거의 없어요. 경기를 앞두고는 체중이나 컨디션 조절 때문에 먹고 싶은 것이 있어도 참고, 집을 떠나 합숙훈련을 해야 하죠. 때로는 부상이나 패배로 인한 슬럼프가 찾아올 수도 있어요. 비인기 종목의 선수이거나 인기 종목이라도 스타 선수가 아닌 경우 운동만으로는 생계를 꾸리기가 어려워요.

🔶 목표를 정하고 착실하게 훈련해야 해요

각종 운동경기에서 두각을 나타내면 스카우트 제의를 받아요. 만일 전문가의 눈에 띄어 일찌감치 스카우트되지 않더라도 실망하면 안 돼요. 프리미어리그에 진출한 박지성 선수도 히딩크 감독이 발탁하기 전까지는 성실하지만 두각을 나타내지 못하던 선수였으니까요.

운동을 계속 하겠다는 의지와 집념이 있다면 좌절하지 말고 중·고등학교 운동부에 지원해서 선수 양성 코스를 밟으면 돼요. 고등학교를 졸업하면 체육특기생으로 대학에 진학할지 실업팀으로 들어갈지 한 번 더 결정할 시간이 있답니다. 고등학교나 대학교를 졸업한 가능성 있는 선수는 실업팀이나 프로팀과 연봉 계약을 맺고 선수 생활을 시작할 수 있어요.

🟡 운동선수를 꿈꾼다면 필요해요

체력과 영리함 기본적으로 운동에 재능이 있고 체력이 강해야 해요. 여기에 더해 성공한 운동선수들은 경기의 흐름을 읽는 영리한 머리를 갖고 있답니다.

승부근성과 정신력 자신과의 싸움에서 이기기 위해서는 운동 자체를 즐길 줄 아는 긍정적인 마인드, 치열한 승부근성, 인내심도 꼭 필요하죠.

협동심 팀플레이를 펼치려면 희생정신도 있어야 해요.

피겨 여왕 김연아

'퀸연아'라고 불리는 김연아 선수가 후원자를 만난 것은 국제대회에서 두각을 나타낸 후였어요. 그 전에는 국내에 피겨스케이팅을 즐기는 인구가 없어서 연습할 빙상장조차 변변히 없는 탓에 혼자 외로운 싸움을 계속했지요. 일본 정부의 후원을 받으며 공주처럼 부유한 환경에서 운동하던 아사다 마오가 당시에는 스타였어요.

김연아 선수는 역경에 무릎 꿇지 않고 특유의 뚝심으로 차근차근 마오 선수를 뒤쫓다가 결국 앞질렀어요. 마침내 2009년 세계 선수권 우승에 이어 2010년 밴쿠버 동계올림픽에서 최고점으로 금메달을 목에 걸었을 때 김연아 선수는 뜨거운 눈물을 흘렸답니다.

판소리 가수 Pansori singer

우리 전통음악 판소리를 부르는 가수

판소리 가수는 노래로 이야기를 들려주는 판소리를 하는 사람이에요. 음악과 문학, 연극적인 매력이 두루 만나는 판소리는 2003년 유네스코 세계무형문화유산에 지정된 자랑스러운 전통 음악이랍니다.

 노래로 사람들을 울리고 웃겨요

"여보아라 큰자식아 건넌 마을 건너가서 너희 백부님을 모셔 오너라/경사를 보아도 우리 형제 보자 이런 경사가 또 있나/여보시오 여러분들, 나의 한 말 들어보소 부자라고 자세(藉勢)를 말고 가난 타고 한을 마소/엊그제까지 박흥보가 문전걸식을 일삼더니/오늘날 부자가 되었으니 이런 경사가 어디가 있느냐 얼씨구 절씨구 좋을씨구/불쌍하고 가련한 사람들아 박흥보를 찾아오소!"

가사를 보면 알겠지요? 흥부가 박을 타다가 박에서 돈이 끊임없이 나오는 것을 보고 신이 나서 노래하는 장면이에요. 요즘은 뮤지컬과 오페라가 유행이지만 일제강점기까지만 해도 사람들을 울리고 웃기는 노래로는 판소리가 으뜸이었죠.

판소리는 우리 고유의 전통음악이에요. 원래는 돗자리가 펼쳐진 마당에서 광대가 북 반주에 맞춰 긴 이야기를 몸짓을 섞어가며 노래했다고 해요. 지역별로 흩어져 있던 소리들을 신재효가 12마당으로 정리했어요. 안타깝게도 신재효가 정리한 판소리 12마당 가운데 「심청가」, 「춘향가」, 「수궁가」, 「흥보가」, 「적벽가」, 이렇게 다섯 마당만 전해진답니다.

신재효(1812~1884)

전라북도 고창 출신으로 조선 후기 판소리의 이론가이자 후원자예요. 신분 상승을 피하면서도 한시가 아닌 판소리를 즐겼다고 해요. 그는 넉넉한 재력을 이용하여 소리꾼을 모아 생활을 돌보아 주면서 판소리를 가르쳤대요. 이때 진채선 등의 여자 광대를 길러내서 여자도 판소리를 할 수 있게 해 주었어요.
소리꾼의 네 가지 조건으로 인물(외모)·사설(입담)·득음(가창력)·너름새(연기력)를 꼽았답니다.

◉ 판소리가 촌스럽고 지루할 거란 편견을 버려요

국립극장에서는 2011년부터 세계적 연출가들에게 우리 판소리 다섯 마당의 연출을 의뢰해 새로운 시각의 공연으로 재탄생시키고 있어요. 한국 판소리의 세계화를 위해 장르 이름도 창극이 아닌 '판소리 오페라'로 바꿨대요. 「토끼와 별주부전」으로 잘 알려진 「수궁가」의 경우 화려한 무대에서 개성 강한 캐릭터 가면을 쓴 명창들이 노래하거나 연기해서 정말 재미있대요.

◉ 명창에게 사사하는 것이 가장 좋아요

음악대학 국악과 성악전공에서 판소리를 배울 수 있어요. 예전에는 이화여자대학교에만 국악과가 있었는데, 차차 우리 전통음악의 중요성이 부각되어서 다른 대학에서도 국악과를 개설했지요. 중앙대학교는 아예 단과대학으로 국악대학을 두고 있어요.

하지만 손꼽히는 명창을 찾아가 개인적으로 사사하는 전통적인 방법이 가장 효과적이에요. 사사(師事)는 개인 레슨이라고 할 수 있어요. 대학은 이론적으로는 확실하게 가르치는 장점이 있지만, 한 교수가 여러 학생을 정해진 시간만큼만 가르친다는 제약이 있지요. 아쉽게도 남이 감히 따라올 수 없는 경지에 이른 분들은 대학 강단에서 요구하는 교수 자격을 갖춘 경우가 그리 많지가 않아요.

배움을 마치면 국립국악원 등에 들어가 단원으로 활동하면서 국내외로 공연을 다니거나, 독립하여 활동하면서 학생들을 가르치기도 해요.

◉ 판소리 가수를 꿈꾼다면 필요해요

가창력과 열정 노래를 잘해야 하지만 무엇보다 우리 전통음악인 판소리를 지극히 사랑해야 돼요.
재치 있는 입담과 연기력 긴 이야기를 실감 나고 흥미진진하게 들려주어야 하니까요.

자랑스러운 판소리 명창 임방울

역사적으로 많은 명창들이 있었지만 그 중에서도 일제강점기에 활동했던 임방울(본명 임승근)이 가장 유명해요. 임방울이 노래하면 주위에서 새들까지 모여들어 노래를 들었다고 해요.

임방울은 1905년 전라도 광주에서 태어났고 25세에 전국명창대회에서 「춘향가」 중 "쑥대머리"를 불러 상을 받았어요. 그런데 "쑥대머리"를 녹음한 레코드가 일본과 만주에서 무려 120만 장이나 팔렸다고 해요. 인구가 훨씬 적고 가난했던 그 시대를 생각해 보면 지금의 한류 스타 못지않은 인기를 얻었어요. 1961년에 임방울이 세상을 떠났을 때는 한국 최초의 국악인장이 거행되었고 상여행렬이 2킬로미터에 이르렀다고 하네요.

가수 Singer

멋진 노래와 춤을 보여 주는 사람

가수는 아름다운 목소리로 노래를 불러서 감동을 줘요. 최근에는 빼어난 외모에 노래와 춤, 연기까지 잘하는 만능 엔터테이너가 늘고 있어요. 음악적인 재능과 넘치는 끼, 피나는 노력으로 대중의 사랑을 받는 연예인이랍니다.

노래로 사람들의 마음을 감동시켜요

가수는 우리의 마음을 대신 노래하지요. 괜스레 울적할 때면 내 마음 상태를 보여 주는 발라드 노래를 부르며 위로를 받기도 하고, 신이 날 때는 댄스곡을 부르면서 기쁨을 마음대로 발산하기도 해요. 노래가 없다면, 그리고 그 노래를 내 대신 아름다운 목소리로 불러 주는 가수가 없다면 우리의 일상은 얼마나 각박할까요?
노래에도 여러 가지 종류가 있기 마련이지만 우리가 대개 '가수'라고 할 때는 대중가요를 부르는 사람을 가리켜요. 옛날에 가수라는 직업은 노래만 잘하면 인기를 얻을 수 있었어요. 그런데 요즘 가수들은 춤까지 잘 추어야 성공하는 것으로 인식되고 있어요. 많은 사람들이 전보다도 더 흥겨운 노래를 원하기 때문이에요. 가수는 음반을 녹음해서 발표하거나 디지털 음원을 발표하고, 방송과 콘서트 무대 등에서 노래와 춤을 공연해요.
노래 실력은 기본이고 악보를 읽을 줄 알고 간단한 악기를 다루는 것도 필요해요. 요즘에는 직접 작사와 작곡을 하는 뮤지션도 늘고 있어요. 가수로 성공한 뒤에는 드라마, 영화, 뮤지컬 연기에 도전하거나 방송 MC, 라디오 DJ로 진출하기도 한답니다.

사이버 가수

한때 3D 컴퓨터 그래픽을 이용해서 사이버 가수 아담이 만들어졌던 적이 있었어요. 이때 실제 아담의 목소리를 냈던 것은 제로(박성철)라는 이름으로 활동했던 가수였어요.
잘생긴 아담이 멋진 목소리로 활동을 하면 엄청난 이익이 날 거라는 예상과는 달리 별다른 인기를 끌지 못했답니다.
이 일을 통해 사람들은 노래는 귀로만 듣는 것이 아니라 가수와의 교감을 통해 온몸으로 받아들인다는 사실을 깨달았어요.

화려한 스타의 뒷모습은 쓸쓸하기도 해요

막연히 돈 잘 벌고 화려해 보여서 가수가 되고 싶다면 지금 당장 그 꿈을 접는 것이 좋아요. 가수가 되려고 열심히 노력하는 수많은 사람 중에서 극히 일부만 정식 가수가 되니까요. 오랜 기다림 끝에 힘들게 데뷔했더라도 유명한 스타가 되는 일은 전교 1등을 하는 것보다도 어렵답니다. 스타 연예인이 흔히 겪는 스트레스는 인기가 떨어지는 것, 사생활이 보호받지 못하는 것, 인터넷상의 나쁜 소문일 거예요.

연예기획사의 연습생을 거쳐 데뷔하기도 해요

인기 있는 아이돌 그룹은 어떻게 가수가 되었을까요? 최근에는 「수퍼스타K」나 「위대한 탄생」, 「K팝스타」 같은 오디션을 통해서 실력 있는 사람이 데뷔하는 길이 생겼지요. 하지만 아직도 많은 가수 지망생들은 연예기획사에 들어가 혹독한 훈련 과정을 거쳐야 해요.

물론 기획사에도 그냥 들어가는 것은 아니에요. 자신이 노래를 부르고 춤을 추는 모습이 담긴 비디오를 보내거나 직접 회사를 찾아가 오디션을 보고 통과해야 하죠.

재능이 있다고 인정되면 회사에서는 이 사람을 위해 지원을 시작해요. 레슨비를 받지 않고 노래와 춤, 연기, 외국어 등을 지도하지요. 많은 아이돌 그룹은 합숙생활을 거쳐 밤낮없이 연습한 뒤 음반을 발표하고 데뷔해요.

가수를 꿈꾼다면 필요해요

재능과 적성 가수를 희망하는 어린이들이 정말 많아요. '내가 정말 좋아하는 일인가', '적성에 맞는 일인가' 깊이 생각해 보세요. 그만큼 힘든 과정이 필요하답니다.

열정과 끼 노래, 춤, 피아노나 기타 같은 악기를 열심히 연습해서 실력을 쌓으세요. 자신감이 생기면 방송국 오디션에 응모하거나 연예기획사에 자신이 노래하는 모습을 담은 영상을 만들어 지원해 보세요.

> ### 케이팝과 싸이
>
> 요즘은 세계적으로 케이팝(K-Pop)이 큰 인기를 끌고 있어요. 처음에는 예쁘고 잘생긴 아이돌 그룹을 중심으로 전략적으로 일본과 동남아시아에 진출해서 인기몰이를 했어요. 하지만 이제는 유튜브 열풍을 타고 한류가 유럽과 남미에까지 확산되고 있답니다.
>
> 최근에는 아이돌과는 거리가 먼 싸이의 「강남스타일」이 전 세계적으로 폭발적인 인기를 끌어서 화제가 되었어요. 해외에 진출하려고 한 것이 아닌데 유튜브를 통해 뮤직비디오가 입소문으로 전 세계에 알려진 거예요. 한국이 어디 있는지도 모르던 외국인들이 강남이 어디인지 궁금해 하는 걸 보면 한류의 위력을 실감하게 돼요.

©Antonio Scorza / Shutterstock.com

개그맨
Comedian

재미있는 말과 몸짓으로 웃음을 주는 사람

 개그맨은 재치 있는 말과 익살스러운 행동으로 웃음을 줘요. 개그맨을 보면서 웃다 보면 스트레스가 풀리고 고민도 잊게 돼요. 웃음을 만병통치약이라고 하잖아요. 개그맨은 찌푸린 얼굴도 활짝 펴 주는 멋진 직업이에요.

◉ 입만 열었다 하면 빵빵 터뜨리는 웃음!

개그(gag)는 장난·농담·익살이라는 뜻이에요. 개그맨은 거기에 사람을 뜻하는 'man'이라는 단어를 더한 거예요. 하지만 이런 말은 한국에서만 쓰고 외국에서는 희극배우, 즉 코미디언(comedian)이라고 해요.

개그맨은 주로 「개그콘서트」 같은 코미디프로그램이나 「무한도전」 같은 예능프로그램에서 활약해요. 하지만 요즘엔 개그로 콘서트 공연을 하기도 하고, 라디오 진행을 하거나 연기자가 되기도 해요.

「개그콘서트」에는 코너가 많아요. 코너를 맡은 개그맨들은 방송이 없는 날에도 여럿이 모여 아이디어 회의를 하고 시나리오와 대본을 만든 다음 긴 대사를 외워요. 그리고 자연스러워질 때까지 함께 연습해요. 무대에서는 즉흥연기와 순발력도 필요하답니다.

개그맨에게 가장 중요한 건 창의력이에요. 항상 새로운 아이디어를 연구하고 캐릭터를 개발해야 해요. 우리는 개그맨 이름보다 '갸루상' 같은 캐릭터와 유행어를 기억하잖아요. 대중의 공감을 얻기 위해서는 다양한 정보를 수집하고 분석하는 일이 필수예요.

개그우먼 박지선

박지선은 고려대학교 사범대 교육학과를 다니면서 교사임용고시를 준비하던 중에 친구들의 격려로 공채시험을 보게 되었대요. 주로 추녀나 오지랖 넓은 여자, 주책없는 엄마 역할을 하지요. 그런데 얼마나 천연덕스럽고 자연스럽게 연기하는지 박지선이 '못쉥겼다'는 사실을 잊을 지경이에요.
이렇게 다른 분야에 있다가 넘치는 끼를 주체하지 못하고 개그맨 시험을 보는 사람도 많아요.

◎ 재미 없는 코너는 편집 당해요

방송으로는 몇 분 나오는 짧은 코너라도 개그맨들은 일주일을 준비한답니다. 항상 새로운 아이디어를 내고 다른 코너와 경쟁해야 한다는 부담이 있어요. 가수, 영화배우와 마찬가지로 인기를 얻기 전까지는 수입이 적은 편이고, 항상 내가 주인공이 되고 싶지만 때로는 다른 사람을 빛내 주는 역할을 해야 할 때도 있어요.

◎ 개그맨 공개채용시험에 합격해야 해요

대부분 방송사 개그맨 공개채용시험을 통해 데뷔해요. 기본기를 쌓기 위해 대학의 관련 있는 학과에서 전공하면 좋지만, 사설 연기학원을 다니거나 혼자 연습해서 합격하는 사람도 있답니다.

대학에서는 개그맨이 되기 위해서 필요한 자질을 배워요. 예를 들어 서울예술직업전문학교 개그MC학과에서는 개그 연기를 기초에서부터 심화과정까지 가르쳐요. 대사 없이 표정과 행동만으로 연기를 하는 팬터마임, 주어진 장면을 연기하는 장면설정연기법 등이 주요 과목이에요. 대사를 어떤 소리로 해야 할지 가르쳐 주는 연기발성기초와 발성법심화 과목도 있어요. 더 날렵하고 강한 신체로 몸을 만들기 위해 재즈댄스, 무용도 배운답니다.

◎ 개그맨을 꿈꾼다면 필요해요

끼와 열정 남 앞에 서서 웃기는 것이 즐겁고, "개그맨 해 봐라."라는 얘기를 자주 듣는다면 도전해 보세요.

색다른 시각 평소 재치가 넘치는 사람의 특징은 남들과 조금은 다른 시각으로 사물을 본다는 거예요. 그런 사람은 똑같은 경험을 얘기해도 주변 사람들이 배꼽을 잡게 만들지요.

관찰력 사람들을 웃기려면 주변에서 벌어지는 일이나 다양한 사람들을 잘 관찰하고, 책을 많이 읽어서 사람들의 생각과 관심을 알아야 해요.

개그맨 공개채용시험

방송사 공채시험에 합격한 사람은 연수 과정을 거쳐서 공채 코미디 연기자 자격이 주어진답니다. 1차 시험에서는 자유연기를 보는데 자기소개나, 취미, 특기, 코미디와 관련된 문제에 관해서 응모한 사람의 의견 등을 묻는다고 해요. 이때 재치 있고 창의적인 대답을 준비하면 눈에 띄겠죠?

2차에서는 스스로 준비한 자유연기를 펼치게 돼요. 대개 3분 정도의 짧은 분량이므로 주어진 시간 안에 자신의 장점을 모두 보여 주고 강한 인상을 심어줘야 해요. 시험이 끝나면 면접을 보는데, 이때는 너무 튀려고 하기보다 재미있고 독창적이지만 아주 성실한 사람이라는 인상을 심어 주는 게 유리해요.

성우
Voice actor

개성 있는 목소리로
연기하는 사람

성우는 애니메이션이나 외국 영화 등에서 목소리 연기를 통해 감정을 전달해요. 악당의 기괴한 웃음소리, 어린아이의 울음소리까지 못하는 것이 없어요. 성우는 실감 나는 연기로 캐릭터의 매력을 한껏 돋보이게 해 준답니다.

● 애니메이션 주인공의 목소리는 누가 연기할까요?

여러분은 애니메이션을 좋아하나요? 마치 살아 있는 듯이 움직이는 아름다운 화면 속의 경치와 생생한 캐릭터들……. 하지만 사실 애니메이션이란 것은 정지해 있는 그림이나 물건들을 조금씩 움직임이 있는 다른 모양으로 그리거나 물건을 옮긴 사진을 찍어서 1초에 24개 정도의 그림이 지나가도록 돌리는 데 불과해요. 우리 눈에 잔상이 남는 현상을 이용한 마술일 뿐이지요.

그런데도 캐릭터가 살아 있는 것처럼 느껴지는 것은 생생한 그들의 목소리 때문이에요. 목소리를 낼 수 없는 애니메이션 주인공들을 위해서 대사를 연기하듯이 대신 읽어 주는 사람이 성우예요.

또, 텔레비전에서 방영하는 외국 영화도 영어나 불어 등의 외국말로는 내용을 이해하기 힘들기 때문에 성우들이 우리말로 대사를 녹음한답니다. 이렇게 배우의 입 모양과 화면 장면을 맞추는 과정을 더빙이라고 해요. 그 밖에도 라디오, 광고, 방송 내레이션, 지하철 안내방송 등 성우가 활동하는 분야는 정말 많아요.

> **우리말로 만들어진 우리 영화도 더빙을 한다고요?**
>
> 요즘은 배우의 목소리가 그대로 방영되지만 옛날에는 사투리를 심하게 쓴다든지 특히 목소리가 나쁜 배우들인 경우 반드시 성우의 목소리로 바꿔서 영화를 완성했어요.
> 목소리가 아주 멋있고 고운 성우들이 대신 대사를 녹음해서 배우들의 연기에 맞추곤 했었죠. 그래서 할아버지, 할머니들께서 젊으시던 시절에 남자 주인공의 목소리는 이창환, 여자 주인공의 목소리는 고은정이라는 분이 거의 맡으셨어요.

외모보다 목소리를 잘 관리해야 해요

성우는 방송인으로서의 열정과 끼가 필요한 직업이에요. 자신이 맡은 배역이나 캐릭터가 크게 알려지면 스타 성우가 될 수 있지만 그때까지 많은 실패를 견디는 인내심이 필요하지요. 「짱구는 못 말려」라는 애니메이션에서 천연덕스러운 꼬마 짱구 목소리를 10년 넘게 내던 사람이 60대 할머니 박영남 선생님이라는 것을 아세요? 성우는 배우들이 외모를 가꾸는 것처럼 목소리를 잘 관리해야 해요.

성우 시험의 경쟁률은 어마어마해요

성우는 대학을 꼭 나올 필요가 없어요. 만일 연극영화과를 다녔다거나 신문방송학과 등에서 아나운서 수업을 쌓았다면 훨씬 유리하기는 하겠지요. 대개 시험을 보기 전에는 학원에 다닌다고 해요.
KBS, MBC, SBS 등의 방송국, EBS, 만화 전문 케이블 방송 투니버스 등에서 치르는 성우 시험은 경쟁률이 어마어마하대요. 철저하게 준비하는 의미에서 성우 시험 대비 학원, 방송사 아카데미 등에 등록해 보세요.

성우를 꿈꾼다면 필요해요

아름답고 개성 있는 목소리 가장 중요한 것은 목소리가 맑고 아름다워야 한다는 거예요. 그러면서도 자신만의 개성이 있어야 한답니다.
화술과 연기력 성우들이 목소리를 녹음하는 것을 보면 마치 연극배우처럼 연기해요. 그래야 대사를 하는 캐릭터의 감정에 푹 빠질 수 있으니까요.
정확한 발음과 표준어 내용을 잘 전달하기 위해서 꼭 필요해요. 한국어능력시험 등을 함께 준비하는 게 좋겠어요.

더빙 스타

극장용 애니메이션에서는 전문 성우가 목소리를 연기하는 일이 점점 적어지고 있어요. 「모모와 다락방의 수상한 요괴들」, 「아이스 에이지」, 「빌리와 용감한 녀석들」 등은 개그맨이 더빙했어요. 아무래도 가족 관객들한테 홍보 효과가 좋기 때문이겠죠?
홍보 하면 아이돌을 빼놓을 수 없어요. 「새미의 어드벤쳐」 1, 2탄은 설리, 대성, 아이유, 이기광 등 인기 아이돌이 대거 참여했답니다. 유명 배우가 나서는 경우도 있어요. 히트작 「마당을 나온 암탉」에는 문소리, 최민식, 유승호 등이 목소리 연기로 참여해서 화제가 됐지요.
하지만 정확한 발음과 억양, 호흡까지 모든 걸 표현해야 하는 전문성이 떨어진다는 지적과 함께 내용 몰입에 방해가 된다는 불만도 있어요.

큐레이터 Curator

미술관의 전시회를 기획하고 관리하는 사람

큐레이터는 박물관이나 미술관에서 다양한 전시회를 기획하고, 작품 하나하나가 완벽한 조화를 이루어 최고로 아름답게 보이도록 관리해요. 학예연구사(학예사)라고도 불리며 전시 작품에 역사와 예술을 입히는 사람이에요.

● 미술관과 박물관의 꽃이자 숨은 일꾼

큐레이터는 전시회를 총괄하는 사람이라고 알려져 있지만 그것보다 훨씬 해야 할 일이 많아요. 작품의 가치를 제대로 평가할 줄 하는 안목이 있어야 하지요. 훌륭한 화가나 조각가, 설치예술가 등을 섭외하고, 그 작품의 예술적 효과가 최대로 높아지도록 전시 전체를 기획해야 해요. 그러려면 예술에 대한 지식은 물론 전시회와 관련된 여러 사람들을 설득하는 능력도 필요해요.

원래 큐레이터의 역할은 박물관이나 미술관 등의 관리자로서 소장품을 수집하고 보존하는 사람이었어요. 작품이 진짜인지 아닌지, 보관 상태는 어떤지를 판단하고 전시장의 조건을 고려하려면 과학과 기술에 대한 지식도 필요하지요.

외국어를 잘해야 하는 것은 필수 조건이에요. 해외에서 전시품을 빌려 오거나, 외국 작가와 일할 기회가 많기 때문이에요. 모든 것을 스스로 기획하고 판단해야 하므로 해외 자료를 자주 공부하게 돼요. 영어를 잘하는 것은 기본이고, 프랑스어·중국어·일본어 등 예술 분야에서 앞서가는 나라들의 언어를 한두 개 더 알아 두면 유리하겠지요.

청소년 명예학예사

서울역사박물관에서는 2012년에 '중학생 인턴제'를 처음 운영했어요. 1단계는 박물관 문화학교(박물관에 대한 체험과 이론적 소양 양성), 2단계는 박물관 자원봉사(관람객을 대상으로 한 전시설명 자원봉사)였답니다.
총 8주 과정을 이수한 교육생들에게는 청소년 명예학예사 자격증을 발급했대요. 여러분도 가까운 박물관의 프로그램을 잘 살펴보세요.

전시회의 모든 부분에 손길이 닿아요

유물이나 작품의 예술적·역사적 가치를 판단하는 눈과 그 배경을 이해하는 지식이 있어야 하므로 끊임없이 공부해야 해요. 새로운 유물 및 유적을 발굴하거나 좋은 작가를 섭외하기 위해 때때로 지방이나 다른 나라로 출장을 가야 한답니다. 전시회가 결정되면 거의 모든 부분에 큐레이터의 손길이 미쳐야 하기 때문에 체력적으로 힘들 수도 있어요.

전공과 경력을 모두 중시해요

동덕여자대학교 큐레이터학과, 홍익대학교 예술학과 등은 큐레이터를 양성하는 학과예요. 하지만 대학교 또는 대학원에서 고고학, 사학, 미술사학, 예술학, 민속학, 인류학 등을 전공했다면 일단은 좋은 조건이에요.

공부를 많이 해야 하기 때문에 석사 이상의 학력을 요구하기도 해요. 큐레이터가 된 사람 중에는 동양화·서양화·조각·도예 등 미술 실기를 전공한 사람도 많아요.

학예사 자격증이 있긴 한데요, 실제로는 대학 다닐 때 공부한 전공과 현장 경력을 더 중요하게 여겨요. 따라서 큐레이터가 되려면 인턴이 되거나 자원봉사, 계약직으로 근무하는 등의 실제 경험을 쌓아 두는 게 좋아요.

큐레이터를 꿈꾼다면 필요해요

열정과 끈기 미술관과 박물관에 가는 것이 특별히 행복하다면 도전해 보세요. 집중력, 섬세함, 끈기가 필요한 일이에요.

안목과 교양 지금부터 많은 작품을 보면서 안목을 키우고, 독서를 통해 폭넓은 교양을 쌓아야 해요. 여기에서 새로운 전시를 기획하는 아이디어도 생긴답니다.

리더십과 외국어 다른 사람을 설득하는 리더십과 외국어는 필수예요.

〈이 직업과는 달라요!〉
인테리어 디자이너

건물 내부를 종합적으로 아름답게 디자인하는 사람들을 인테리어 디자이너라고 해요. 이 사람들도 멋진 수납장, 가구 등을 잘 배열해서 가능한 한 사용자들이 즐겁고 편안하도록 아름다우면서도 실용적인 실내구조를 만들어 줘요.

모든 공간에는 다 이런 디자인이 필요한데, 특히 박물관이나 미술관처럼 전문지식을 필요로 하는 곳에서는 큐레이터들이 전시를 지시해요. 이 전시는 단지 보기 좋은 것뿐만 아니라 작가의 예술세계를 관객들에게 효과적으로 보여 주어야 하니까요.

©Tupungato / Shutterstock.com

캘리그래피스트 Calligraphist

아름다운 손 글씨를 디자인하는 사람

 캘리그래피스트는 책 표지나 영화 제목 등을 손 글씨로 아름답게 디자인해 줘요. 우리나라에서는 붓을 사용하는 서예에 독창적인 디자인을 입히는 글씨 예술이 많아요. 캘리그래피는 세상에 단 하나뿐인 서체를 창조한답니다.

◉ 개성 있고 독특한 손 글씨를 뽐내요

우리는 매일 컴퓨터로 문서를 작성해요. 그런데 그 문서에 쓰이는 글자들의 모양이 다 다르지요? 바탕체, 굴림체, 목각파임체, 필기체, 휴먼명조체, 고딕체 등등……. 필요에 따라 우리는 가장 보기 좋고 내용에 잘 어울리는 글자체를 찾아 사용하게 되지요.
그런데 가끔은 틀에 박히고 너무 딱딱한 느낌이 들어요. 좀 더 자연스럽고 고유한 멋을 살리는 글씨는 없을까? 아하! 사람이 직접 손으로 글씨를 쓴다면 천편일률적인 모양이 나오지는 않겠지요? 책 표지를 멋지게 꾸미고 싶은 마음이 있지만 컴퓨터에 있는 서체만으로는 만족하지 못할 때가 있어요. 이럴 때는 글씨체가 멋진 사람이나 캘리그래피스트에게 부탁하면 해결할 수 있어요. 책 표지 글씨나 드라마, 영화의 타이틀, 제품 포장지 글씨 등을 손으로 디자인해 주는 직업이 캘리그래피스트랍니다.
지금 캘리그래피가 환영받는 이유는 손 글씨로 따뜻한 감성을 살려 주고, 이 세상에 단 하나밖에 없는 개성 있고 독특한 서체이기 때문일 거예요.

캘리그래피

캘리그래피(calligraphy)는 '아름다운 서체'라는 뜻으로, 보통 서예라고 번역되기도 해요. 하지만 붓이나 연필, 볼펜뿐 아니라 나뭇가지, 스펀지 등 창작적인 도구를 사용하여 자유롭게 그린 그림문자라는 점에서 회화하고도 통하죠.
국립국어원은 캘리그래피의 다듬은 말로 '멋글씨'를 발표했어요.

캘리그래피도 저작권으로 보호받아요

아직까지는 국내에서 완전히 정착되지 않은 직업이라 일한 대가가 후하다고 볼 수 없어요. 최근에는 저작권법이 강화되어서 남이 개발한 글씨체를 사용하려면 저작권료를 내야 해요. 손 글씨를 쓰는 일이 직업인 캘리그래피스트한테는 좋은 일이에요. 자신이 개발한 글씨체를 사용하는 업체가 생길 때마다 수입이 늘어날 테니까요.

서예나 미술을 배운 사람이 유리해요

캘리그래피는 원래 붓이나 천을 이용해서 종이나 천에 글씨 쓰는 일이랍니다. 글씨로 예술의 경지에 이른다는 것을 생각할 때 동양의 서예와 비슷한 면이 있어요. 따라서 서예를 하는 사람들이 이 분야에서 많이 일하고 있어요. 중요한 것은 서예에 자신만의 디자인을 입힐 줄 알아야 한다는 거예요. 그래서 미술을 전공한 사람들도 많이 도전하지요.
요즘은 디자인학원이나 컴퓨터학원, 문화센터에서 캘리그래피 강좌가 많이 열리고, 캘리그래피 전문학원도 생겨나고 있답니다. 현재 활동 중인 캘리그래피스트들은 순수 예술과 상업 캘리그래피를 둘 다 하는 경우가 대부분이에요. 전시회를 열거나 강사로 활동하기도 해요.

캘리그래피스트를 꿈꾼다면 필요해요

미적 감각과 손재주 글귀에 대한 이해를 바탕으로 자신만의 생각과 철학을 글씨로 표현하는 상당히 예술적인 작업이에요.
서예와 디자인 서예를 배워 두면 아주 좋아요. 미술 시간에는 구성이나 디자인을 열심히 공부해서 기초를 닦으세요.
독창성과 꾸준한 연습 창작자로서의 독창성을 키우는 것과 꾸준한 연습이 중요해요. 여러분도 기초를 배운다면 전문가는 아니라도 자신만의 개성 있는 손 글씨를 쓸 수 있어요.

스티브 잡스(1955~2011)

애플사의 스티브 잡스는 기술에 인문학을 접목한 창조적인 사람으로 유명해요. 잡스는 스탠포드대학교를 중퇴하고 캠퍼스를 거닐다가 화려한 서체의 포스터 한 장을 발견했어요. 결국 그것에 이끌려 캘리그래피 강의를 듣게 되었죠.
10년 후, 잡스는 애플사에서 매킨토시 컴퓨터의 서체(폰트)에 그때 배운 캘리그래피 기술을 활용해서 큰 호응을 얻었어요. 그뿐만 아니라 세계적으로 히트를 친 아이폰과 아이패드의 간결하고 세련된 디자인도 캘리그래피에서 영감을 얻었다고 해요.

화가 Painter

그림으로 예술을 표현하는 사람

 화가는 그림으로 자신의 예술적 세계를 표현해요. 미술대학을 나오지 않았어도 그림 그리는 것을 좋아해서 포기하지 않고 직업으로 삼고 있다면 화가라고 할 수 있어요. 좋은 그림은 감동을 주고 우리의 삶을 더욱 아름답게 해 준답니다.

● 빈 공간을 아기자기하게 변신시키는 마법사

세종문화회관이나 예술의 전당 같은 큰 건물에 들어갔을 때 너무 커서 휑하니 빈 느낌이 든 적이 있나요? 앞으로 이런 건물에 가까이 갈 때는 주의 깊게 주위를 둘러보세요. 건물 주위에는 멋진 조각이 있고 내부 벽에는 건물과 꼭 어울릴 만한 커다란 그림들이 걸려 있어 아무리 큰 홀이라도 썰렁하지 않답니다.

그 크고 웅장한 벽이 따뜻하게 느껴지는 것은 다름 아닌 그림의 힘이지요. 이렇게 우리에게 감동과 포근함을 주기도 하는 그림을 그리는 사람이 화가랍니다.

화가들도 다른 직업처럼 전문 분야가 다양해요. 크게는 서양화가와 동양화가가 있고, 동양화가 중에는 우리 민화만을 그리는 민화가도 있답니다. 그림은 재료에 따라 그림의 느낌이 달라져요. 대개 화가들은 연습생 시절에 다양한 안료를 시험하면서 그림을 그려요. 그 후에는 주로 자기가 가장 좋아하는 재료로 그림을 그리게 되지요.

서양화가들은 유화나 수채화, 파스텔화 등을 그린답니다. 동양화에는 사군자처럼 주로 먹을 써서 그리는 수묵화도 있고 돌가루나 회분이 재료인 채색화도 있어요.

구상화가와 추상화가

화가가 되려면 우선 사물의 모양을 정확하게 그리는 연습이 필요해요. 이런 그림을 그리는 사람들을 구상화가라고 부르지요.
어떤 화가들은 기본기인 구상화의 기술을 모두 연마한 다음 자기만의 독특한 정신세계를 그리기도 해요. 이런 화가들을 추상화가라고 불러요.

🟢 그림을 계속 그리겠다는 열정으로 꾸준히 연습해요

그림을 그리는 것은 수천 년 동안 축적된 기술을 배워야 하기 때문에 맹렬한 수련이 필요해요. 자신만의 예술 세계를 추구하면서 그림이 팔리든 팔리지 않든 창작 활동에 매진하는 것은 때론 고독하고 힘든 자기와의 싸움이랍니다. 수입이 일정하지 않아서 미술교사, 미술학원 강사 등 다른 일과 겸하는 경우가 많아요.

🟢 실기시험을 안 보는 미대도 있다고요?

대개는 기본기를 쌓기 위해 미술대학에 진학해요. 입시 경쟁이 치열하기 때문에 보통 학원에 먼저 다니지요. 물론 독학으로 서울대학교나 홍익대학교처럼 전통 있는 대학교에 가는 사람들도 드물게 있어요. 그러나 비싼 입시 미술학원에 다녔던 사람과 그렇지 않은 사람의 격차는 갈수록 심해지고 있어요. 그래서 최근 홍익대에서는 실기시험을 폐지하고 미술활동 보고서를 제출하게 한다고 해요.

화가가 되는 또 다른 방법이 있어요. 각 대학교에는 미술대학이 아니라도 미술동호회가 있는데 여기서 화가 선생님들을 아주 경제적인 비용으로 모셔 놓고 지도를 받을 수 있어요. 가장 중요한 것은 이런저런 공모전에서 상을 받거나 전시회를 열면 화가로 데뷔할 수 있다는 거예요.

🟢 화가를 꿈꾼다면 필요해요

독창성과 미술 실력 미술대학을 안 나와도 상관없어요. 황은수 화백은 혼자 열심히 그림을 그려서 전시회를 연 화가들의 그림이 오히려 더 독창적이고 관람객에게 감동을 주는 예도 많다고 했어요.

열정과 연습 어릴 적부터 화가가 되겠다고 결심한 사람은 혼자 힘으로 그림을 마음껏 그리면 돼요. 수채화 그리기, 데생하기 등 등 그림의 기본 기술에 대해 설명한 책이 많이 나와 있어요.

꿈을 간직하면 여러분도 화가

황은수는 연세대학교 영문학과를 졸업하고 강원대학교에서 석사학위를 딴, 인문계 출신 서양화가예요. 황은수 화백의 그림에는 꿈, 기쁨과 슬픔 그리고 사랑 등이 꽃, 강렬한 선과 색상 등으로 표현되어 있어요.

중학교 영어 선생님인 황 화백은 집으로 돌아가는 순간, 화가로 변신하지요. 미래에는 지금보다 과학이 더 발달하겠죠? 과학의 발전은 우리에게 더 많은 시간을 누리게 해 줄 것이므로 미래에는 한 사람이 하나 이상의 분야에서 전문가가 될 수 있어요.

영어 선생님이자 화가인 황은수 화백은 여러분에게 미래의 화가 모습을 살짝 보여 준다고 하겠어요. 꿈을 버리지 않고 고이 간직하면 여러분도 화가가 될 수 있답니다.

• 화가 황은수의 「평화로운 우주」

만화가 Cartoonist

재밌고 유익한 만화를 그리는 사람

만화가는 이야기를 그림과 대화로 표현한 만화로 재미와 감동을 줘요. 여러분은 시간 가는 줄 모르고 만화에 빠져 들었던 경험이 있을 거예요. 만화는 개성 있는 그림, 탄탄한 줄거리, 생생한 캐릭터가 만난 예술이랍니다.

● 만화가는 그림만 잘 그리는 사람이 아니에요

개성이 뚜렷한 그림을 그린다는 점에서 만화가와 화가는 비슷해요. 하지만 만화가가 그리는 그림은 보통 테두리가 있고 잡지에 연재되거나 단행본 책으로 출판되지요. 종이책으로 만화를 그리는 사람을 출판만화가라고 불러요.

무엇보다도 만화의 특징은 그림과 대화로 이야기의 상황을 직접 보여 준다는 데 있어요. 그래서 좋은 만화는 그림만 잘 그린다고 되는 것이 아니에요. 흥미진진한 이야기와 매력적인 캐릭터를 만드는 능력이 있어야 해요. 독창적인 아이디어가 점점 중요해지고 있기 때문에 스토리 작가를 따로 두는 경우도 있지요.

만화에는 순정만화, 코믹만화, 무협만화, SF만화 등 다양한 장르가 있어요. 종이가 아닌 화면으로 보여 주는 만화영화는 애니메이션이라고 해요. 만화가가 보여 주는 그림은 애니메이션의 정지 화면을 생각하면 쉬워요. 정지되어 있기는 하지만 동작이 전제된 그림이라는 거예요. 그래서 앞모습, 뒷모습, 팔을 젓거나 넘어지거나 모든 장면에 움직임을 전제로 한 각도와 비율 등을 생각해서 그려야 해요.

이제는 만화도 컴퓨터로 그려요

과거에는 연필로 배경과 인물의 밑그림을 그리는 데생 작업을 하고 다시 펜으로 그림을 그리고 먹칠, 채색, 글씨 작업을 했어요. 한 장면을 그리기 위해서는 많은 손길이 필요했죠.
요즘은 이런 과정을 수작업이 아닌 컴퓨터로 처리하는 만화가가 점차 늘고 있어요. 따라서 만화를 그리는 데 필요한 컴퓨터 프로그램을 다룰 수 있어야 하지요.

🔵 만화가가 빵모자를 쓰는 이유를 생각해 봤나요?

그림을 세심하게 오랫동안 그리려면 눈이 아프기도 하고 체력도 필요해요. 개성 넘치고 재미있는 스토리를 창작하는 것은 머리털이 빠질 만큼 스트레스가 쌓이는 일이죠. 인기 만화가가 아니라면 수입이 안정적이지 않답니다.

🔵 문하생부터 대학에서까지 다양하게 배울 수 있어요

만화가가 되기 위한 자격은 없어요. 누구든 그림을 잘 그려서 재미있는 스토리를 가진 만화책을 낸다면 만화가로 불린답니다. 애니메이션 고등학교, 전문대학이나 대학의 만화 관련 학과, 사설 학원에서 만화가가 되기 위한 공부를 할 수 있어요. 유명 만화가의 문하생(견습생)으로 들어가 실무 위주의 훈련을 받은 사람들도 아직은 많아요. 독학으로 만화 전문잡지에 응모하거나 신인 만화공모전을 통해 데뷔하는 방법도 있답니다. 우리나라 대학에서는 거의 유일하게 상명대학교에 출판만화학과가 있어서 전문가를 활발히 배출하고 있어요.

🔵 만화가를 꿈꾼다면 필요해요

꼼꼼한 관찰력과 미술 실력 완성도 높은 그림을 그리기 위해서예요.
이야기를 만드는 능력 줄거리가 재미없다면 누가 읽겠어요.
구성력 시나리오 작가처럼 대화를 자연스럽고 흥미 있게 엮어 가는 능력이 필요해요.

성공하는 만화가는 여러 분야에 걸쳐 공부해요

그림이 아무리 예쁘더라도 내용이 시시하거나 읽어도 얻는 게 없다면 독자들에게서 외면당하기 쉬워요.

재미있고 유익하기도 한 만화를 만들기 위해서 만화가는 풍부한 상상력과 감수성, 창의력, 문장력, 묘사력, 기획력 등을 갖추어야 해요. 예술과 역사, 신학, 심리학 등 학문적인 영역도 골고루 공부해 두는 게 좋겠어요.

너무 필요한 게 많은가요? 하지만 좋아서 하는 일은 누가 시키지 않아도 자기 자신이 부족한 부분을 스스로 채우게 되어 있어요. 바꾸어 말하면 만화가가 되겠다는 열망 없이 섣불리 선택한다면 평생 직업으로 삼기에는 힘겹다는 뜻이에요.

• 인기 만화가 허영만의 작품들

Cartoon

만화 관련 직업

◉ 웹투니스트

웹투니스트는 인터넷 만화인 웹툰을 그려요. 이 만화는 여러 장르의 성격을 모두 갖추었다는 점이 특이해요. 출판만화처럼 평면 밑그림을 준비해야 하고 말풍선으로 대화를 처리하지만 어떤 부분에는 애니메이션까지 결합시켜요. 그래서 출판만화와 애니메이션의 장점을 모두 살리고 있어요. 인터넷만 접속하면 편하게 볼 수 있고 무료로 볼 수 있는 웹툰도 많기 때문에 네티즌들의 폭발적인 사랑을 받고 있답니다.

• 만화, 웹툰 밑그림 작업 과정 •
손샘 일러스트(http://blog.daum.net/iaans/7825129)
와콤블로그(http://www.wacomkoreablog.com/category/People)

◉ 일러스트레이터

일러스트레이터는 그림책이나 동화 원고 등을 보고 삽화(일러스트)를 그려서 내용을 더 선명하고 확실하게 이해시키는 화가예요. 그림책이나 동화책에 아름다운 삽화가 빠지면 정말 시시해요. 문학작품을 읽고 나름대로 해석해, 눈에 선하게 보이도록 연구해서 그림을 그리는 사람들이에요. 따라서 전체적인 내용을 하나의 그림으로 표현할 수 있는 분석력이 있어야 하지요. 문학작품뿐만 아니라 다른 책이나 잡지, 광고에도 일러스트레이터가 나름대로 해석한 그림을 그려 넣으면 훨씬 풍요롭고 이해하기 쉽게 느껴져요. 일러스트레이터들은 다양한 영역에서 활동하고 있답니다. 화가이면서 일러스트 작가도 있고, 만화가가 원래 직업이지만 잡지나 단행본에 그림을 그리는 사람도 있어요. 또 애니메이션이나 출판만화를 전공했지만 자신들의 화풍과 어울리는 장르의 글에 삽화를 그려 주는 일을 겸하는 사람도 있답니다.

◉ 애니메이터

애니메이트(animate)란 '생기를 불어넣다', '생명이 없는 것에 생명을 불어넣다'라는 뜻이에요. 애니메이터란 그런 일을 하는 사람이죠. 그렇다면 돌멩이랑 나무도 생물로 만들 수 있다는 뜻일까요? 만일 그렇다면 사람이 아니고 신이네요. 맞아요. 그림 입장에서 보면 애니메이터가 신이나 다름없어요. 선에 불과한 것을 살아 움직이게 하고 몸과 목소리까지 가지게 하니까요.

애니메이션에는 여러 기법이 있어요. 가장 고전적인 것은 움직임을 1초에 24회 정도의 정지 화면으로 구성해서 한꺼번에 보여 주는 거예요. 그러면 우리 눈에 전 그림의 잔상이 남아 있기 때문에 정지 화면들의 움직임이 이어지는 것처럼 보여요. 그러면 그림들이 사람처럼 움직인다고 생각되죠. 애니메이터는 이렇게 움직임을 구성하는 여러 정지 화면을 필름으로 찍어 연결시켜서 활동사진, 즉 영화로 만드는 사람들이에요.

출판만화가와 같은 점이 있다면 독창적인 캐릭터를 창조해서 흥미로운 이야기를 엮어 나간다는 데 있어요. 애니메이션의 경우 최소한 1초에 24프레임을 만들어 움직이는 느낌을 주어야 해요. 만화에서는 한 동작으로 나타나는 것도 24개의 밑그림을 그려야 한다는 어려움이 있어요. 그래서 예술적 작가주의를 고집하는 애니메이션 감독들은 한 편의 밑그림을 만드는 데만 몇 년씩 걸리기도 해요. 그런데 요즘은 모든 것이 체계적으로 분업화되는 시대라 많은 사람들이 협력해서 빨리 끝낼 수 있어요.

벡터 형식으로 애니메이션을 만들면 움직임을 하나하나 밑그림으로 그리지 않아도 돼요. 벡터 형식이란 평면그림에 방향성을 주는 방법이에요. 밑그림을 그려 놓은 뒤 동작이 있을 때 그 그림들이 어떤 점으로 어떻게 움직이는지 컴퓨터로 정확하게 계산해서 만들기 때문에 힘이 덜 들죠.

하지만 하나하나 그림을 그리는 경우에는 우선 원본 그림을 애니메이터가 그려 놓아요. 그리고 나서 고용된 작업자들이 움직임을 계산한 밑그림을 그대로 그리는 작업을 한답니다. 이것을 동화(動畵)라고 하는데, 애니메이션 학원이나 대학 등의 전문교육기관에서 만드는 방법을 가르친답니다. 요즘은 애니메이터와 출판만화가가 완전히 분리되지 않는 경향이 있어요.

만화를 원작으로 한 영화

예전에는 소설이 영화로 되는 일이 잦았는데 요즘은 웹툰이나 출판만화가 영화화되는 경향이 있어요. 배우 이병헌을 한류 스타로 만든 영화 「지·아이·조」도 원래 인기 있는 출판만화였답니다. 그 만화에는 스톰 셰도우라는 매력 있는 악당이 나오는데, 이병헌이 바로 스톰 셰도우의 역할이에요. 이병헌은 뛰어난 무술실력으로 액션을 소화해내 만화 속의 스톰 셰도우보다 훨씬 더 큰 인기를 끌었답니다. 원작자가 이병헌을 위해서 스톰 셰도우가 나오는 장면을 만화보다 더 늘리고 역할을 강화하기까지 했대요. 또 강풀의 웹툰 「사랑합니다」도 영화로 제작되어 관람객들에게 큰 감동을 주었어요. 이렇게 만화와 영화는 서로서로 시너지 효과를 준답니다.

©Anton_Ivanov / Shutterstock.com

©Anton_Ivanov / Shutterstock.com

©Scott Cornell / Shutterstock.com

사진작가 Photographer

멋지고 아름다운 사진을 찍는 사람

 사진작가는 카메라를 이용해 인물, 자연, 광고 사진 등을 전문적으로 찍어요. 똑같은 인물도 찍는 사람에 따라서 느낌이 확 달라져요. 사진으로 자신의 생각과 의도를 표현하는 예술가라고 볼 수 있어요.

● 사진을 찍는다고 다 사진작가는 아니에요

디지털 카메라가 발달한 요즘은 셔터만 누르면 누구나 사진을 찍을 수 있어요. 그런데 우리가 찍는 사진은 우리에게는 값으로 헤아릴 수 없는 가치를 지니지만 다른 사람들에게는 그렇지 않아요. 만일 예술가들이 사진을 찍어서 전시한다면 어떨까요? 그 사진 한 장은 바로 그 예술가의 혼이 담긴 작품이 되는 거예요. 사진작가의 이름이 얼마나 유명한가에 따라 엄청난 가격이 매겨질 수도 있어요.

카메라의 노출속도(조리개로 들어간 빛에 필름이 쏘이는 시간), 빛의 양과 각도, 피사체(찍히는 물체)의 각도와 구도를 특별히 뛰어난 예술감각으로 잘 계산해서 찍을 수 있는 능력, 그것을 잘 현상·인화하거나 편집하는 능력을 가진 사람만이 사진작가라는 이름을 가질 자격이 있답니다.

디지털 카메라 사용이 늘고 있지만 여전히 많은 사진작가들은 아날로그 카메라를 선호해요. 섬세하게 수동 카메라를 조작했을 때 디지털보다 더 생생하게 순간을 포착할 수 있어서예요.

다양한 사진 분야

순수하게 예술사진을 찍는 사진작가도 있지만 그 밖에 다양한 분야가 있어요. 결혼이나 돌잔치 행사에서 사진을 찍는 사진작가는 보통 스튜디오가 딸린 사진관을 운영하지요.
언론사에서 일하며 보도사진을 찍는 사진기자와, 아름다운 풍경이나 동식물을 찍는 생태 사진작가도 있어요. 패션 잡지, 영화 포스터 등에 쓰이는 광고사진은 특히 전망이 밝은 분야예요.

결정적인 순간을 포착해야 해요

종군 사진기자는 전쟁이 터진 현장에까지 출동하여 사진을 찍기도 하고, 생태 사진작가는 동물이 나타날 때까지 엄청난 끈기로 결정적인 순간을 기다렸다가 찍기도 해요. 사진에 담긴 것은 순간이지만 그 순간을 포착하기 위해서 때로는 위험을 무릅써야 하고 많은 시간과 노력을 들여야 해요. 좋은 사진 한 장을 얻기 위해 몇 백 컷을 찍는 것이 예사랍니다.

> **사진작가가 말하는 사진**
>
> "우리가 스쳐 보내는 수많은 사물들, 풍경, 인물, 장소를 작가는 자신만의 독특한 눈으로 재해석할 수 있어야 한다. 즉 대상물이 지니는 히스토리(역사)를 작가의 눈으로 읽어내는 것, 숨겨져 있는 사물의 히스토리를 발견하는 것이 바로 사진예술이다." **- 구본창**
>
> "사진은 95%의 기술과 5%의 영혼으로 만들어진다." **- 김중만**

유명한 사진작가의 조수로 훈련 받기도 해요

사진을 대학에서 전공하는 방법이 지름길이겠지요. 그러나 다양한 사진 공모전에서 재능을 인정받아 상을 받으면 대학에서 사진학을 전공하지 않아도 문제없어요. 실제로 많은 사진작가들이 미술대학이나 다른 학과 출신이랍니다.

사진이 좋아서 혼자서 취미로 사진을 찍거나 동호회 활동을 열심히 하다가 본격적으로 사진작가가 되기로 결심한 사람들도 있어요. 사설 학원이나 문화센터 같은 데서 사진학에 관한 강좌를 들어도 도움이 되지요.

사진작가들은 대학을 졸업한 뒤 대부분 유명한 사진작가의 조수로 들어가서 집중적으로 훈련하는 기간을 거쳐요. 사진작가의 손발이 되어 다양한 기술을 익히고 인맥을 쌓은 다음 스스로 사진작가가 되어 활동을 시작하지요. 사진작가가 된 뒤에도 끊임없이 사진 촬영 방법과 기술을 연마해야 해요.

사진작가를 꿈꾼다면 필요해요

사진에 대한 열정 카메라를 만지고 사진에 무엇을 담을까 생각하는 일이 행복한 어린이는 도전해 보세요.

미적 감각과 독창성 자신만의 느낌을 살릴 줄 알아야 해요. 좋은 사진은 미적인 감각을 바탕으로 보고 들은 식견이 넓어야 찍을 수 있어요.

공예가 Craftsman

손이나 도구로 물건을 아름답게 꾸미는 사람

공예가는 점토, 나무, 종이 등을 가지고 손이나 도구를 이용해서 물건을 만들고 아름답게 꾸미는 일을 해요. 엄마가 만들어 주신 예쁜 십자수도 공예품이에요. 공예가는 이런 공예품을 전문적으로 만드는 사람이죠.

● 공예가는 반지를 찾아 흙을 휘젓는 마고할미 같아요

종이 찰흙이나 찰흙을 주무르고 만져서 그릇이나 인형을 만들어 본 적 있나요? 질박하고 단순한 소재인 흙을 치대고 만지고 붙일 때마다 내 손 안에서는 새로운 세상이 창조된답니다. 둥그렇고 갈색이 도는 찰흙 덩어리, 혹은 하얀 고령토 반죽이 때로는 아기자기하고 편리한 물건으로, 때로는 아름다운 장식품으로 거듭나지요.

옛날 옛적 제주도 바닷가에서 잃어버린 가락지를 찾으려고 마고할미가 흙을 이리저리 휘젓는 동안 산도 생기고 강도 생기고 했다지요? 공예가는 마고할미처럼 손으로 흙을 빚어 도자기도 만들고 장신구도 만드는 전문적인 재주를 가진 사람이에요.

공예의 종류는 재료에 따라서 도자기공예, 목공예, 석공예, 종이공예, 섬유공예 등으로 정말 다양해요. 금속이나 보석공예는 만들 때 익혀야 하는 기술이 달라서 따로 취급하지요.

옛날에는 돗자리, 밥상, 그릇 등 생활용품을 장인들이 직접 만들었어요. 지금은 공장에서 물건들이 쏟아져 나오지만 예술적인 혼이 담긴 전통공예는 여전히 가치가 있어요.

전통공예

전통적으로 계승한 공예를 말해요. 나전칠기(윤이 나는 자개조각), 모시·삼베 제품, 유기(놋쇠), 죽공예(대나무), 한지공예 등은 정말 유명하지요.
나라에서는 기술과 예술성이 아주 뛰어난 사람을 '무형 문화재'로 지정해서 보호하고 있어요. 요새는 현대적인 디자인과 결합하려는 시도도 활발하답니다.

직업으로 삼으려면 예술성이 필요해요

유명한 공예가가 되기 위해서는 장인 밑에서 도제식 교육을 받거나 외국에서 작품 기법을 배워오는 등 많은 시간을 투자해야 해요. 창조력과 예술성을 발휘하는 직업이니까 정신적인 만족은 크지만 큰돈을 벌지 못하는 공예가도 많아요. 도구를 사용하다 보면 다칠 수도 있으니 주의해야 한답니다.

공방을 차리면 후배도 가르치고, 공예품도 팔 수 있어요

어떤 예술이든 디자인을 하고 미적인 감각을 살리려면 기본적으로 미술에 대한 이해가 있어야 해요. 금속공예가, 섬유예술가 같은 공예가들 중 많은 사람들이 미술대학에서 회화를 전공하거나 개인적으로라도 미술을 배웠다는 사실이 이를 증명하지요. 우리나라의 많은 대학교에는 대부분 미술대학이 있고, 여기에 공예 관련 학과를 개설한 곳이 많아요.

예술가로서 인정받기 위해 가장 중요한 것은 첫째, 대학 같은 기관에서 기량을 닦는 것이고, 둘째, 한지공예·칠보공예·도자기공예 등의 분야에서 공모전에 참가해 상을 받고 정식으로 데뷔를 하는 거예요.

생활용품을 만드는 공예가는 공예학원이나 문화센터에서 배우거나 독학을 해도 가능해요. 하지만 대부분 공방의 조수로 들어가서 견습을 통해 기술을 전수받는 경우가 많대요. 어느 정도 기술을 익힌 뒤에는 직접 공방을 차려서 후배도 기르고 직접 만든 공예품을 팔 수 있지요. 문화센터 등에서 강사로도 많이 활동한답니다.

닥종이 작가 김영희

홍익대학교에서 회화와 조각을 전공한 화가 김영희는 독일인 남편을 따라 1981년에 독일 뮌헨으로 이민을 갔어요. 거기에서 가장 한국적인 소재인 닥종이를 만나게 되었지요. 닥종이를 풀물에 개어 마치 고령토나 찰흙처럼 소조로 인형을 만든 다음, 이 위에 한지로 옷을 입히고 가장 한국적인 색을 입혔어요.

닥종이로 빚은 인형들은 마치 한지에 그림을 그린 듯 따뜻한 느낌이었어요. 통통한 뺨에 쌍꺼풀 없는 눈으로 연을 날리는 개구쟁이들, 초가집에 올라앉은 둥근 박 등 한국적인 소재와 풍습을 재현한 작품들은 유럽에서 한지 열풍을 일으키는 주인공이 되었어요. 이렇게 공예는 창의성을 필요로 해요.

공예가를 꿈꾼다면 필요해요

손재주와 독창성 만들기와 공작을 할 때는 시간 가는 줄 모르고 빠져 드는 사람, 자기만의 독특한 감각이 있는 사람이라면 좋아요.

미적 감각 공예품과 예술품을 자주 감상하고 우리 가족의 생활을 아름답게 할 공예품을 직접 만들어 보세요.

네온아트 전문가
Neon art specialist

네온으로 광고나
예술작품을 만드는 사람

네온아트 전문가는 네온사인을 디자인하고 만들어요. 눈에 잘 띄면서도 주변과 조화를 이루는 네온사인은 도시의 밤 풍경을 더욱 아름답게 해 준답니다. 네온아트는 장인이 손으로 빚어내는 빛의 예술이라고 할 수 있어요.

◉ 밤을 아름답게 밝히는 네온의 조각가

우리는 하루의 반은 햇빛 속에서, 하루의 반은 어둠 속에서 살고 있어요. 밤이 되면 물건들이 보이지 않아요. 그럴 때 우리는 불을 켜지요. 불을 켜면 밤에도 책을 읽을 수 있고 무엇이든 하고 싶은 대로 할 수 있답니다. 사업을 하는 사람들은 오히려 밤에 더 활발하게 일하기도 하지요.

캄캄한 밤에도 자신이 하는 일이나 회사에 대해서 알리는 방법은 없을까요? 물론 있지요. 어둠 속의 불빛은 무엇보다도 선명하게 보여요. 이렇게 야간에 광고를 하기 위해서 사용하는 네온사인을 디자인하고 만드는 사람이 바로 네온아트 전문가예요.

아무리 세상이 발전해도 아직 네온아트는 수공업에 속한다고 해요. 만드는 사람의 독창적인 아이디어를 살리는 것이다 보니 기계를 사용하는 데 한계가 있을 수밖에 없지요. 대량으로 생산하는 것이 아니라 그때그때 주문받아 제작하니까요. 네온을 아름답게 만들기 위해서는 네온을 다루는 기술뿐만 아니라 색채나 디자인 등을 볼 줄 아는 심미안이 있어야 해요.

네온사인과 에너지 절약

우리나라는 냉난방기 때문에 더운 여름과 추운 겨울에 에너지가 모자라요. 그럴 때는 정부에서 에너지 사용 제한 조치를 내려요. 이 조치를 시행하면 모든 가게들은 네온사인을 전력사용 피크 시간대인 오후 5~7시에 사용할 수 없고, 문을 열어 놓고 냉난방을 해서도 안 된대요. 이를 어기면 벌금을 내야 해요.

● 깨지지 않게 조심조심 다루는 기술이 우선이에요

형광등이나 네온은 얇은 유리로 만들어져 깨지기가 쉬워요. 모양을 구부리거나 만들기 위해 유리를 가열할 때 깨지지 않게 하는 섬세한 기술을 습득하는 게 가장 중요한 일이에요. 특출한 디자인도 유리를 다루는 기술에서 시작된답니다.

● 직접 현장에서 배워야 해요

네온아트 전문가만을 길러내는 교육기관이 있는 것은 아니에요. 보통 화가나 조각가는 미술대학에서 기본 능력과 자질을 갈고 닦은 후에 자신에게 맞는 독특한 표현 도구를 찾아요. 닥종이 화가 김영희도 그런 예라고 볼 수 있어요.
네온아트를 하는 예술가가 되기 위해서는 데생 능력이라든가 물감과 안료를 사용하는 방법 등 기본기를 미술대학교나 학원, 독학을 통해 공부하는 것이 좋아요. 그다음 네온과 형광등이라는 재료를 다루는 방법을 익혀야겠죠.
네온사인을 제작하는 광고인이 되기 위해서는 네온을 제작하는 회사에 들어가서 기술을 익히거나 장인을 찾아가 직접 하나하나 배워야 한답니다.

● 네온아트 전문가를 꿈꾼다면 필요해요

디자인 감각과 손재주 미술과 네온 불빛이 좋은 사람, 손놀림이 섬세한 사람은 도전해 보세요.
창의성과 표현력 상업적이면서도 예술적인 작업이니만큼 남의 시선을 끌 수 있어야 해요.

예술로서의 네온아트

네온아트는 상업적인 목적뿐만이 아니라 화가나 조각가들의 자기표현 수단으로도 많이 쓰여요. 조각의 일종으로 처음 네온아트가 등장한 나라는 미국이에요. 1950년경에 나타났는데 네온사인과 형광등을 이용해서 작품을 제작하는 거죠. 그때까지 주로 간판 같은 데 넣어 사용하던 네온관의 형태를 변형시키고 다양한 색채 조명을 추가해서 추상적인 아름다움을 만들어냈답니다. 재료가 특이하고 다루기 어려운 만큼 키네틱아트(조각이 움직이거나 움직이는 조각들을 결합), 팝아트(만화나 상업 광고를 활용)에 많이 이용되었어요.

©Tinnaporn Sathapornnanont / shutterstock.com

• 못 다 한 이야기 4 •

화려한 스타를 꿈꾸는 어린이에게

나도 스타가 되고 싶어요!

초등학생과 중학생의 희망 직업 순위를 조사해 보면 운동선수와 연예인이 교사, 의사와 함께 항상 첫 손가락에 꼽히고 있어요. 방송사 오디션 프로그램이 진행될 때마다 전국 각지에서 수십만 명씩 몰리죠. 연예인이 대중에게 즐거움을 주는 좋은 직업인 것은 맞지만 어린이들 대부분이 스타를 꿈꾼다는 것은 어른으로서 조금 안타깝기도 해요.

한편으로는 이해도 간답니다. 국내외 스타급 운동선수와 톱 연예인들 이야기가 매일매일 매스컴을 장식하고 있으니까요. 모 야구선수의 이적 몸값은 얼마이고, 모 축구선수의 연봉은 얼마이며, 모 연예인은 얼마짜리 강남 빌딩이 있고, 모 연예인은 공항에서 얼마짜리 명품 백을 들었다 등등.

화려한 겉모습도 그렇거니와 대중에게 인기까지 높으니 여러분에게는 선망의 대상이 될 수밖에 없지요. 일단 성공하고 나면 어린 나이에 돈을 많이 벌 수 있고 특례입학이 가능해서 그 어려운 대학입시 문제도 함께 해결되니까요.

연예기획사의 하루

하지만 여러분이 꼭 기억해야 할 것이 있어요. 많은 아이돌 그룹은 합숙생활을 거쳐 밤낮없이 연습한 결과 오늘의 스타가 된 거예요. 한 예로 가수가 된 사람이 자신의 블로그에 올린 하루 일정을 소개할게요.

> ▶ 오전 10시~오후 5시: 안무연습
> ▶ 오후 5시~6시: 점심 및 이동
> ▶ 오후 6시~새벽 2시 혹은 4시: 노래연습
> * 다른 스케줄이 있는 날에는 그 스케줄을 모두 마치고 회사로 돌아와 연습

어때요? 참 힘들겠죠? 자유시간이란 잠깐씩 밥 먹는 시간과 새벽 4시부터 오전 10시까지인데 이때에는 잠을 자야 하니까 결국 자유시간이 거의 없는 셈이에요. 때로는 밤을 새기도 하구요. 세상에 쉬운 일이란 없어요. 누가 억지로 이런 일을 시킨다면 살고 싶지 않을 정도로 고된 하루가 될 거예요.

매우 가난한 소년이었던 조권이라는 가수도 이런 살인적인 일정을 소화하면서 열심히 연습해서 성공한 예에요. 어떤 연습생들은 끝내 데뷔를 못 하는 경우도 있어요. 조권에게도 2008년 데뷔할 때까지 연습생으로 지낸 약 8년의 세월은 정말 뼈를 깎는 고통과 초조함이 깃든 시간이었을 거예요.

스타를 목적으로 두지 마세요

어린 나이에 스타가 된 사람들은 어른이 되어서 잃어버린 것이 많다고 얘기해요. 남들은 자연스럽게 누리는 평범한 행복을 포기하고 살았으니까요. 일찍 빛을 보았다가 인기가 사라지면 그 고통을 이기기는 너무 어렵죠. 유명하다는 이유로 사람들이 색안경을 끼고 바라보고 늘 구설수에 시달리는 일은 얼마나 힘들겠어요?

배부른 소리라고요? 하지만 그건 분명해요. 돈 많이 버는 스타를 꿈꾸기보다 오래가는 명배우 혹은 음악인이 되고자 노력하는 사람만이 나중에 인생의 보람과 행복을 느낄 수 있을 거예요. 또, 우리는 그런 생각을 가진 연예인에게 더 마음을 주고 싶어진답니다. 그러니 여러분도 음악이든 연기든 운동이든 그 일 자체를 정말로 사랑하고 숱한 어려움을 이길 자신이 있을 때 도전하세요.

Star

 # Chapter 5

100 Jobs of the Future

  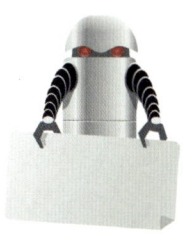 

패션/미용/요리

우리 속담에 "중이 제 머리 못 깎는다."라는 말이 있어요. 아무리 솜씨가 좋아도 자기 머리를 다른 사람 머리처럼 손쉽게 매만지기는 어려워요. 그래서 우린 늘 남의 도움을 필요로 하지요. 머리카락은 우리 신체의 일부이지만 옷만큼이나 장소와 유행에 영향을 받아요. 미용사들은 어떻게 하면 때와 장소에 맞춰 가장 아름다운 머리 모양을 만들 수 있을지 고민하고 연구해요. 고객이 원하는 스타일을 참고하긴 하지만 고객의 얼굴형과 머릿결과 상태, 체형에 맞춰 어울리는 스타일을 찾아 주기 때문에 '헤어 스타일리스트', '헤어 디자이너'라고도 불려요. 컷, 파마, 염색 등으로 스타일을 만드는 것 못지않게 중요한 게 건강하게 머릿결을 관리하도록 도움을 주는 거예요. 미용실에서는 메이크업을 해 주기도 해요. 대개는 스스로 화장을 하지만 결혼식을 한다든가 텔레비전에 나간다든가 할 때는 특별히 눈에 띄고 예쁘게 보여야 할 테니 이런 날은 미용사들의 도움을 받는 게 좋겠어요. 규모가 큰 미용실에 가면 피부 미용을 담당하는 피부관리사나 손톱을 아름답게 꾸며 주는 네일 아티스트들도 있어요.

모델 Model

상품을 알리고 돋보이게 해주는 사람

모델은 광고나 패션쇼, 행사장에서 홍보하는 제품을 돋보이게 해 줘요. 모델이 아이스크림을 맛있게 먹으면 우리도 먹고 싶어지잖아요. 또 패션쇼에서 옷을 입고 멋지게 걷는 패션모델을 보면 그 옷의 아름다움을 느끼게 돼요.

◉ 모델이 입고 있어서 옷이 더 멋져 보여요

우리 몸은 어디선가 구입한 음식으로 힘을 얻고, 옷으로 따뜻하고 안전하게 보호하며, 자동차와 같은 문명의 기계를 이용해서 쉽게 이동해요. 따라서 우린 매 순간 선택해야 해요. 무얼 먹을까? 무얼 입을까? 어떤 차를 사서 타는 게 좋을까? 눈앞에 전시된 음식, 물건들이 어떨까 확인해 보려면 다른 사람이 먹거나 사용하는 모습을 직접 보는 게 가장 좋겠지요?

모델에는 다양한 분야가 있지만 공통점은 하나예요. 자신보다는 제품이 돋보이도록 해야 한다는 것! 샴푸 광고의 빛나는 머릿결, 구두 광고의 날씬한 다리처럼 전문적인 모델도 있지만 대개 광고 모델은 연예인처럼 유명한 사람들이에요. 내레이터모델은 기업이 여는 행사에서 아름다운 목소리로 신제품을 안내하는 도우미랍니다.

하지만 보통 '모델'이라고 할 때는 패션모델을 먼저 떠올리게 되지요. 멋지게 옷을 입고 패션쇼, 인터넷 쇼핑몰, 잡지, 광고 등에 등장하여 옷의 아름다움을 알리는 모델이에요. 여기서는 주로 특수한 훈련이 필요한 패션모델에 대해 알아볼게요.

모델의 신체조건

패션모델은 옷을 가장 근사하게 보이게 하는 신체조건을 가지고 있어야 해요. 키가 크고(170cm 이상) 몸매가 날씬하고 균형 잡혀 있어야 하죠. 그러기 위해서는 우선 칼슘이 많은 우유를 많이 마시는 게 좋아요. 그리고 성장호르몬이 분비되는 밤 10시부터 새벽 2시까지는 가능하면 잠을 푹 자도록 하세요.

철저한 자기 관리가 필수예요

균형 잡힌 몸매를 가꾸기 위해 항상 운동하고 식사를 조절해야 하지요. 패션쇼는 많은 연습이 필요하고 광고는 촬영 시간이 길기 때문에 많은 체력과 인내력이 필요해요. 일이 규칙적이지 않기 때문에 생활도 불규칙해질 수 있고 능력에 따라 수입이 많이 차이가 나요.

모델 에이전시에서 소속되어 활동해요

서울종합예술학교, 동덕여자대학교 등의 4년제 대학이나 전문대학의 모델학과, 사설 모델 아카데미에서 워킹·표정·포즈·시선 처리 등 기본적인 모델 수업을 받을 수 있어요.
보통 연기, 워킹, 화장하는 법, 무대분장, 패션 코디네이션, 댄스 등을 배워요. 패션쇼에서 강렬한 표정으로 마치 춤을 추듯이 걷는 모델들을 본 적이 있지요? 그 외에 사진이나 의상 사회심리처럼 어떻게 하면 많은 사람이 좋아하는 스타일을 보여 줄 수 있을까를 연구하는 과목도 배우죠.
그다음은 모델 에이전시(모델과 일을 연결해 주는 회사)의 오디션에 응시해서 들어가야 해요. '슈퍼모델' 선발대회 같은 모델 대회에 출전하여 데뷔하는 경우도 있어요.

모델을 꿈꾼다면 필요해요

꾸준한 운동 스트레칭을 하면 근육이 수축과 이완을 반복하면서 성장점을 자극하기 때문에 키가 큰답니다. 요가도 키가 크고 몸의 균형을 잡는 데 도움이 돼요.
끼와 열정 카메라와 대중 앞에 설 수 있는 자신감과 끼가 필요해요. 평소에 바른 자세와 걸음걸이를 갖는 것도 중요하지요.

세계적인 모델 혜박

혜박의 한국 이름은 박혜림(28세)이에요. 178cm의 키에 48kg의 신체조건을 가진 혜박은 세계 모델 랭킹 16위에까지 오른 톱모델이에요. 세계적인 디자이너 존 갈리아노는 자신의 패션쇼에 혜박을 꼭 모델로 쓴대요. 혜박은 날씬한 팔뚝과 몸매를 유지하기 위해서 아령 운동과 발레 필라테스를 한다고 해요.
혜박은 동양인 최초로 안나수이, 마크제이콥스, 프라다 컬렉션처럼 유명한 패션쇼로 데뷔했어요. 대개 동양인 모델들은 패션쇼에 서거나 화보집을 찍는 일 모두를 잘하기가 힘든데, 혜박은 이 두 가지 모두 뛰어난 실력을 발휘한다는 평가를 받고 있어요.

©Ovidiu Hrubaru / Shutterstock.com

메이크업 전문가 Makeup artist

아름답게 화장을 해 주는 사람

메이크업 전문가는 결혼하는 신부, 연예인처럼 주로 남들 앞에 서는 사람들을 아름답게 화장해 줘요. 요새는 일반 사람들도 맞선, 면접, 졸업식 등 특별한 날에 더 예쁘게 보이기 위해 메이크업 전문가의 도움을 받아요.

● 신부화장을 받은 이모가 배우처럼 예뻐 보여요

여러분, 영어시간에 혹시 메이크업이라는 단어를 배운 적 있나요? 메이크(make)는 만든다는 뜻이에요. 업(up)은 방향이 '위로' 향하는 것이죠. '위로 향하게 하다'라는 뜻을 가진 우리말에는 '향상시키다'라는 단어가 있어요. 얼굴을 향상시키는 일은 화장이 될 거예요. 그래서 메이크업 전문가란 전문적으로 화장을 해 주는 사람을 말해요.

우리 어머니나 언니들이 외출할 때 하는 화장은 피부색을 좋아 보이게 하는 정도에 지나지 않아요. 화장 전문가들은 작은 눈은 크게, 낮은 코는 오뚝하게, 잡티가 많은 얼굴은 뽀얗게 보이도록 화장해 주는 전문가들이에요.

결혼식 때 새신부가 빼어나게 아름다워 보이는 것이나 텔레비전에서 연예인들이 보통 사람보다 월등하게 예뻐 보이는 것은 모두 메이크업 전문가들에게 화장 서비스를 받았기 때문이랍니다. 메이크업 전문가는 유행에 맞는 새로운 화장법을 끊임없이 연구해서 고객의 헤어스타일이나 의상은 물론 장소 분위기나 이미지에 어울리게 화장해 줘요.

한국메이크업협회

세계적인 패션쇼나 영화제의 레드카펫 행사에서는 유명 스타들이 경쟁하듯 아름다운 의상과 화장으로 꾸미고 참석하곤 해요. 세계 유행의 흐름을 읽고 한국이 그것을 주도해 나가기 위해서는 아름다움을 전문적으로 연구해서 현장에 적용할 사람이 필요해요. 한국메이크업협회는 메이크업 전문가들을 양성하고 시험을 치러서 자체적으로 메이크업 자격증도 준대요.

까다로운 고객을 만날 수도 있어요

메이크업이 마음에 들지 않는다고 항의하는 고객을 만나기도 한답니다. 어느 정도 경력을 쌓을 때까지는 수입이 아주 적고 새벽이나 밤늦게 일해야 하는 경우도 많아요. 장시간 일하려면 체력도 필요해요.

현장에서 보조로 차근차근 일을 배워요

미용 고등학교나 대학의 미용 관련 학과가 있고, 방송 아카데미와 사설 학원처럼 학교는 아니지만 집중적으로 전문가를 양성하는 곳도 있어요. 졸업 후 방송사나 예식장, 미용실 등 현장에 나가서는 몇 년간 보조로 일하며 실력을 쌓아야 해요.
메이크업 전문가가 가장 필요한 곳은 방송국이에요. 또 화장품 회사에서 제조연구원으로 일할 수도 있고 마케팅(판매)을 할 수도 있어요. 공부를 계속해서 자신이 졸업한 대학에서 교수가 되거나 미용 관련 학원 강사 같은 직업을 가질 수도 있답니다.
그 밖에도 메이크업을 전문적으로 배우고 가질 수 있는 직업은 미용사, 피부관리사, 네일 아티스트, 두피관리사, 발 관리사, 특수 분장사, 스타일리스트 등등으로 많이 있어요.

메이크업 관련 과목

메이크업은 연한 피부에 화학적 방법에 따라 인공적으로 만들어진 화장품을 바르는 일이기 때문에 반드시 위생에 신경을 써야 해요. 그래서 각 학교에서는 메이크업 역사, 기초이론과 매너/골격의 이해, 공중보건학, 소독법과 전염병학, 모발과학뿐만 아니라 인체생리학까지 가르쳐요.
다음 단계로 아름다움을 창조해 낼 수 있는 힘을 기르기 위해서 미용 색채학, 아트메이크업의 기초, 미용문화사, 피부학, 화장품학, 미용사회심리학, 네일 이론 등을 배운답니다.
메이크업을 비롯해 메이크업을 돋보이게 하는 손톱과 두피, 모발을 관리하는 실습도 해요.

메이크업 전문가를 꿈꾼다면 필요해요

관심과 열정 예쁜 것과 유행에 관심이 많고 '센스 있다'는 말을 듣는다면 유리해요.
미적인 감각 평소 좋은 그림이나 사진을 많이 보고 미술 시간에 색채에 대해 잘 배워 두세요.

스타일리스트
Stylist

의상으로 스타일을
연출하는 사람

스타일리스트는 의상과 소품을 활용해 전체적인 스타일을 아름답게 연출해 줘요. 아무리 비싸고 예쁜 옷들이라도 서로 어울리지 않는다면 멋이 없어요. 스타일은 어떤 상황에서 누가 입는지에 따라서도 달라져야 한답니다.

● 의상 스타일과 무대가 잘 어울려야 해요

스타일리스트는 자신만의 패션 감각으로 옷이나 소품, 액세서리를 이용해 상황과 분위기에 맞게 연출해요. 스타일리스트가 하는 일이 구체적으로 무엇인지 활동 분야 별로 알아보기로 해요.
첫째, 옷을 생산하는 의류기업에서 상품을 기획하고 회사 방침에 따른 패션 디자인의 방향을 소속 디자이너에게 알려 주는 역할을 해요. 결과적으로 디자인 방향이 그 시대와 잘 맞아 많이 팔릴 수 있도록 상품 생산의 방침을 구체적으로 구성한답니다.
둘째, 잡지에서 패션에 할애된 페이지를 담당하는 사람이랍니다.
셋째, 광고·사진 분야에서 의복을 담당하는 사람을 말해요.
넷째, 연극·영화·텔레비전 등에서 의상을 담당하는 사람을 말해요. 연예인은 의상이 많이 필요해서 협찬 받는 경우가 많아요. 특히 가수를 담당하는 스타일리스트는 무대 콘셉트에 맞게 의상을 제작하기도 해요.
다섯째, 패션쇼의 연출자로서 모델이 입는 옷의 스타일을 담당하는 사람이에요.

다양한 스타일리스트

스타일리스트 하면 보통 패션 스타일리스트를 떠올리지만 다른 분야에서도 보기 좋게 스타일을 연출해 주는 일이 필요해요.
대표적인 예로, 사진에 음식이 예쁘게 찍히도록 하는 사람을 푸드 스타일리스트라고 해요. 또한 미용사는 머리 스타일을 만들어 주니까 헤어 스타일리스트라고도 불러요.

은근히 체력이 필요한 일이에요

최신 유행의 흐름은 알아야 하고요, 한발 앞을 내다보는 안목도 길러야 해요. 의상과 소품을 챙기려면 체력도 필요해요. 보통 업무 시간이 규칙적이지 않고, 능력에 따라서 소득 차이가 많이 난답니다.

트렌드를 읽을 줄 알아야 해요

스타일리스트는 아름다움을 창조하는 직업이기 때문에 대학의 스타일리스트과, 의상학과, 패션디자인과, 뷰티예술학부, 미용 관련 학과 등에서 공부할 수 있어요. 주요 과목은 패션디자인론, 서양복식사, 패션소재 연구, 의복과 색채처럼 패션디자인에 관계된 것들이에요.

패션 스타일리스트가 하는 일의 특성상 시장 변화와 시대의 트렌드(유행)도 읽어야 하기 때문에 스타일리스트들은 반드시 판매와 관계되는 연구도 할 필요가 있지요. 학생들에게 이런 능력을 길러 주기 위해서 이들 대학에서는 패션 마케팅, 비주얼 머천다이징(의류 매장의 디스플레이) 등의 과목도 가르친답니다.

스타일리스트를 꿈꾼다면 필요해요

패션에 대한 열정 평소 유행에 민감하고 옷을 잘 조화해서 입는다는 소리를 듣는 사람은 도전해 보세요.

독창성 무난하게 입기보다는 때로는 독창적인 패션 센스가 있어야 한답니다.

미적인 감각 색채를 잘 알고 미적인 감각을 길러야 해요.

〈이런 직업도 있어요!〉
컬러리스트, 코디네이터

컬러리스트는 색채를 전문적으로 다루는 직업으로 '컬러 코디네이터'라고도 해요. 색채 관련 상품을 기획하고 개발해요. 또한, 새로운 색을 만들기도 하고 상품에 가장 어울리는 색도 찾아 준답니다. 주로 섬유나 패션·미용, 건축·환경 분야에서 활동해요.

코디네이터는 연예인을 따라다니면서 의상을 챙겨 주는 사람이에요. 옷을 협찬 받아 오고 다시 되돌려 주는 일도 하지요. 헤어스타일과 메이크업까지 책임지는 스타일리스트와 의견을 주고 받으며 협업하기도 해요.

©Pavel L Photo and Video / Shutterstock.com

미용사
Hairstylist

머리 모양을
예쁘게 꾸며주는 사람

미용사는 머리카락을 자르거나 손질해 주어 예쁜 헤어스타일을 연출해요. 연예인의 머리 모양을 보고 따라해 보고 싶은 적이 있나요? 미용사는 손님한테 꼭 맞는 헤어스타일을 찾아 주는 헤어 디자이너랍니다.

○ 미용실에 가면 예뻐지고 기분이 좋아져요

우리 속담에 "중이 제 머리 못 깎는다."라는 말이 있어요. 아무리 솜씨가 좋아도 자기 머리를 다른 사람 머리처럼 손쉽게 매만지기는 어려워요. 그래서 우린 늘 남의 도움을 필요로 하지요.
머리카락은 우리 신체의 일부이지만 옷만큼이나 장소와 유행에 영향을 받아요. 미용사들은 어떻게 하면 때와 장소에 맞춰 가장 아름다운 머리 모양을 만들 수 있을지 고민하고 연구해요. 고객이 원하는 스타일을 참고하긴 하지만 고객의 얼굴형과 머릿결과 상태, 체형에 맞춰 어울리는 스타일을 찾아 주기 때문에 '헤어 스타일리스트', '헤어 디자이너'라고도 불려요. 컷, 파마, 염색 등으로 스타일을 만드는 것 못지않게 중요한 게 건강하게 머릿결을 관리하도록 도움을 주는 거예요.
미용실에서는 메이크업을 해 주기도 해요. 대개는 스스로 화장을 하지만 결혼식을 한다든가 텔레비전에 나간다든가 할 때는 특별히 눈에 띄고 예쁘게 보여야 할 테니 이런 날은 미용사들의 도움을 받는 게 좋겠어요.
규모가 큰 미용실에 가면 피부 미용을 담당하는 피부관리사나 손톱을 아름답게 꾸며 주는 네일 아티스트들도 있어요.

미용사 자격증

한국기술자격검정원에서 실시하는 자격증 시험이 있어요. 필기 과목은 미용 이론, 공중보건학, 소독학, 피부학, 공중위생법규이고, 실기는 2시간 20분 동안 실제로 머리 모양을 연출하도록 하는 거예요. 컷, 파마, 세팅, 화장 등 미용 작업의 숙련도와 정확성을 평가한답니다.

⬤ 하루 종일 서서 하는 일이니까 힘들어요

미용사는 체력이 많이 필요해요. 까다로운 손님을 설득하는 일도 스트레스가 쌓이는 일이고요. 날카로운 가위, 열이 나는 기구, 독한 염색 및 파마 약품을 다룰 때는 주의해야 한답니다. 보조 업무를 하는 동안에는 보수가 매우 적어요.

⬤ 미용사 자격증은 필수예요

미용사가 되는 데 학력 제한은 없지만 미용사 자격증을 따야 해요. 이와 관련된 대학의 학과에 가거나 평생교육원·문화센터·직업전문학원에서 강좌를 들으면 도움이 된답니다. 정말 중요한 것은 경력인데요, 도제식으로 실제 헤어 디자이너 밑에서 보조 업무를 하면서 몇 년간 기술을 익힌 뒤에 자격증을 따는 사람도 있어요.

자격증을 딴 미용사는 미용실을 개업하거나 대형 미용실 체인점에 취업할 수 있어요. 또한, 미용사는 방송국에서 출연자들의 머리를 만들어 주거나 연예인의 헤어스타일을 담당하기도 해요. 학원이나 대학에서 학생들을 가르치기도 하고요. 어디서 활동하든지 미용사는 유행의 흐름에 맞게 새로운 기술을 끊임없이 익혀야 해요.

비달 사순(1928~2012)

전설적인 헤어 디자이너 비달 사순은 14세 때부터 미용 가위를 잡기 시작했어요. 26세 되던 1954년, 런던에 자신의 첫 미용실을 냈어요. 사순은 밥 헤어컷(일명 바가지머리)이라는 헤어스타일을 창시하고 1960년대 영화 스타들의 헤어스타일을 연달아 유행시키며 대성공을 거뒀어요. 현재 세계 각국에는 '비달 사순 헤어살롱'이 있고, 수많은 헤어 관련 미용 제품이 '비달 사순' 상표를 달고 전 세계에서 팔리고 있어요. 사순이 만든 헤어스타일은 활동적이고 관리하기 쉬워 여성들의 생활과 사고에 혁명적인 변화를 불러왔다는 평가를 받아요.

⬤ 미용사를 꿈꾼다면 필요해요

관심과 열정 머리 모양과 패션에 관심이 많은 사람, 남을 꾸며 주는 일이 행복한 사람은 도전해 보세요.
손재주와 디자인 감각 손놀림이 섬세하고 미적 감각이 있어야 유리해요.

귀금속 가공사
Craftman of precious metal art

귀금속을 예쁘고
쓸모 있게 가공하는 사람

귀금속 가공사는 귀금속을 가공하여 예쁜 액세서리를 만들 수 있게 해 줘요. 귀금속은 금, 은, 백금처럼 귀한 금속을 말한답니다. 결혼할 때 주고받는 금반지는 귀금속 가공사가 디자인에 맞춰서 아름답게 가공한 거예요.

◉ 귀금속을 예술품의 경지로 승화시켜요

반짝이는 노란 금귀고리, 예쁜 보석이 박힌 목걸이, 그리고 교회에서 살 수 있는 은빛 십자가 목걸이 등등. 금이나 은, 백금 등은 은은하고 기품 있어 보이지요. 금실은 세상 어떤 재료보다도 가늘고 길게 뽑을 수 있어서 예로부터 귀한 옷을 짜거나 기계의 재료를 만드는 데 쓰였어요.

그렇지만 금이나 은이 원래부터 예쁘고 필요하면 바로 가져다 쓸 수 있는 건 아니에요. 이것도 귀금속 가공사의 손을 거쳐서 쓸 수 있는 형태로 바꾸어야만 사용할 수 있어요.

목걸이나 귀걸이를 자세히 보세요. 어떤 면은 동글동글, 어떤 면은 깨끗한 각으로 깎여 있지요? 때로는 무늬가 새겨져 있기도 해요. 귀금속 가공사는 이렇게 장신구 등으로 쓰이는 귀금속을 가공하는 일을 한답니다.

신기한 귀금속 가공
이런 금덩이가 귀금속 가공사의 손을 거쳐야만 저렇게 화려하고 예쁜 반지로 변한답니다.

기술과 디자인 감각, 둘 다 중요해요

귀금속을 다루려면 공학적인 기술과 지식이 있어야 해요. 동시에 제품을 만들려면 디자인 감각과 예술적인 것을 판단할 능력이 있어야 하지요. 이것을 동시에 겸비하기가 쉽지 않고 만일 한쪽만 잘할 경우 남들과 함께 작업해야 하므로 혼자 하는 것보다 시간이 많이 걸리고 의견이 갈릴 때 조정하기가 쉽지 않아요.

금속공예를 공부하고 자격증을 따야 해요

대학교에서 금속공예나 금속공예디자인 등을 전공하는 것이 좋아요. 공예 기술뿐만 아니라 디자인, 미술사, 발상과 표현법 등을 연구하게 돼요.

옛날에는 모든 것을 하나하나 손으로 만들고 그리고 했지만 요즘은 컴퓨터로 디자인하고 미리 실제 모습을 확인할 수 있어요. 컴퓨터 시뮬레이션으로 평면 그림을 그리기 위해서는 2D 컴퓨터 실습, 공간에서 입체적으로 확인하려면 3D 컴퓨터 실습 과목을 공부해야 한답니다.

대학을 졸업할 때는 여러 과정을 공부하고 실습하여 자신이 만든 작품으로 포트폴리오를 마련할 수 있어요. 보기도 좋고, 한눈에 실력도 드러낼 수 있겠지요. 그다음은 귀금속가공기능사, 귀금속가공산업기사, 금속공예기능사 등의 자격증을 따서 기술을 인정받아야 한답니다.

귀금속 가공사를 꿈꾼다면 필요해요

손재주 액세서리를 좋아하고 손끝이 야무진 어린이라면 도전할 수 있어요.

디자인 감각 미술을 좋아하고 잘한다면 유리하겠죠. 직접 갖고 싶은 액세서리를 많이 그려 보세요!

금 이야기

영화에 보면 금광 이야기가 많이 나오는데, 우리나라에서도 금이 나올까요? 우리민족은 예로부터 황금과 은을 잘 다루고 좋아했어요. 금도 우리 땅에서 아주 많이 났고요. 20세기 초인 1910년경에는 전 세계 금 생산량의 4%를 생산해서 세계 금 생산 6위 국가였대요. 하지만 당시에 일본이 우리나라 금을 거의 싹쓸이해 가서 지금은 생산량이 아주 적어요. 현재 북한에 매장된 금만 2,000톤이고 세계 6위의 매장량을 자랑하죠. 하지만 일제 강점기에 일본이 금을 마구 캐 간 것처럼 요즘은 중국이 헐값에 캐 가고 있대요.

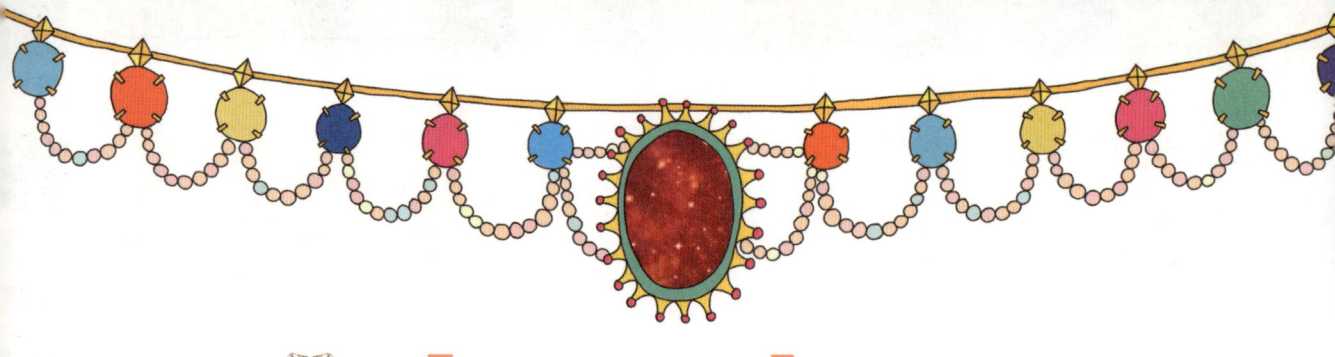

Jewelry

보석·귀금속 관련 직업

● 귀금속 디자이너

귀금속을 어떤 모양으로 만들면 가장 아름다울지 생각해서 밑그림을 그려 주는 사람들이에요. 보통 귀금속 가공을 하기 전에 귀금속 가공사는 귀금속 디자이너와 회의를 한답니다. 그래서 어떤 곳을 어떻게 깎아 내고 주물러서 가장 아름다운 모양을 만들지 함께 결정하지요. 그 후에 가공을 시작할 수 있답니다. 그러니 귀금속 가공사와 귀금속 디자이너는 바늘과 실처럼 함께 일해야 하는 직업이에요. 두 가지를 혼자 다 할 줄 안다면 금상첨화겠죠?

● 보석 디자이너

다이아몬드는 귀금속일까요, 아닐까요? 다이아몬드는 금속이 아니라 돌이랍니다. 다이아몬드나 에메랄드처럼 아름다운 빛깔과 광택이 있는 단단하고 희귀한 돌을 보석이라고 해요. 다이아몬드는 영원한 사랑을 의미하기 때문에 결혼반지 하면 다이아몬드를 떠올릴 정도예요. 진주 역시도 결혼 예물로 많이 찾는 보석이에요. 다이아몬드가 '보석의 왕'이라면 진주는 자체의 색이 가진 고상함 때문에 '보석의 여왕'이라고 할 수 있어요.

가공되지 않은 보석은 처음에는 광산에서 캐낸 돌에 불과해요. 다이아몬드도 원광석을 잘 가공해 놓은 후에야 비로소 우리가 아는 것처럼 반짝반짝 빛나고 아름답게 보이는 거예요. 귀금속을 아름답게 가공하는 것이 귀금속 가공사라면, 보석을 가장 아름답게 가공하는 사람들은 보석 가공사, 보석 디자이너예요. 가공하지 않은 다이아몬드와 전문가의 손을 거쳐 가공된 다이아몬드를 한번 볼까요?

원광석을 잘 가공해 놓은 후에야 비로소 오른쪽 반지에 보이는 것처럼 반짝반짝 빛나고 아름답게 보이지요? 보석 디자이너, 보석 가공사는 원광석인 돌을 보석으로 만드는 연금술사라고도 할 수 있어요.
보석 디자인은 개성 있는 디자인 못지않게 착용감도 중요해요. 맞춤옷을 디자인하듯이 주문한 손님의 특성을 고려해 제작하는 경우도 있지요. 그래서 보석 디자인을 공부하는 사람들은 미국의 뉴욕이나 이탈리아로 유학을 다녀오는 경우가 많아요. 자격증으로는 보석가공기능사가 있어요.

🔵 보석 감정사

보석은 서로 다른 빛깔과 모양만큼이나 가치도 다양해요. 보석 감정사는 보석의 종류에 따라 가치에 영향을 미치는 특성과 결함을 찾아내기 위해 보석의 내부와 외부 구조를 검사하고, 진짜인지 가짜인지 가려내는 전문가예요. 광학기계나 화학용액을 이용해 보석의 물리적, 화학적 특성을 확인하고 색상과 연마 가공도에 따라 등급을 매기는 정밀한 작업이에요.

보석의 가치에는 색상과 아름다움뿐만 아니라 내구성(파손되지 않는 성질), 희소성, 투자성도 포함돼요. 보석 가공사나 보석 디자이너가 기본적인 감정을 할 줄 알면 더 전문적이겠죠?

보석 감정사는 108종의 보석을 감정할 수 있는 국가공인자격증이 있어야 해요. 보석감정기능사 자격증 시험에 합격하고 난 뒤에도 2~3년 정도의 경험을 감정원에서 쌓아야 현장에서 감정사 활동이 가능하답니다.

Chapter 5 패션 / 미용 / 요리

플로리스트
Florist

꽃으로 아름답게
장식하는 전문가

 플로리스트는 꽃이나 식물 등을 선물이나 장식 등 목적에 맞게 꾸미는 일을 해요. 꽃으로 공간을 아름답게 연출하는 일을 우리는 보통 꽃꽂이라고 부르죠. 아름다운 꽃을 더 아름답게 하는 예술가라고 할 수 있어요.

◉ 예쁜 꽃집에서 일하는 사람을 부러워해 본 적 있나요?

플로리스트는 필요한 목적에 딱 맞게 각기 다른 꽃을 생긴 모양과 향기, 색깔이 잘 어우러지도록 예술적으로 아름답게 장식하거나 포장, 배열하는 기술이 있는 전문가를 뜻해요.

예전에는 꽃꽂이 사범 자격증을 따게 되면 여기저기 꽃꽂이를 해 주고 돈을 벌 수 있었어요. 꽃꽂이 장식가를 요즘은 플로리스트 또는 화훼장식 기능사로 많이 불러요.

꽃집을 운영하거나 꽃집에서 일하는 사람도 플로리스트랍니다. 꽃집에 있는 꽃처럼 꽃이 시들지 않도록 알맞은 온도와 습도에 맞춰서 잘 보관하고 가꾸는 것은 기본이죠.

화분 속의 국화를 원하는 디자인대로 자라도록 가꾸고, 특수한 기술로 화려한 양란의 꽃이 활짝 피어나도록 할 수도 있어요. 커다란 화환을 만들기도 하고, 친구들 생일 때 선물하는 리본으로 묶은 꽃다발도 만들지요. 레스토랑, 사무실, 행사장 등의 분위기에 맞게 꽃을 기획해서 장식하기도 해요.

화훼

화(花)라는 것은 꽃을 말하고요, 훼(卉)라는 것은 풀을 뜻하지요. 꽃다발을 잘 보세요. 꽃만이 아니라 꽃 사이사이에 키 큰 풀이나 귀엽고 아름다운 부들의 줄기, 빨간 열매가 조롱조롱 달린 나뭇가지 등 기발한 소재가 하나로 어우러져 있어요.
이 소재들은 모두 꽃을 두드러지게 하는 역할을 해요. 그래서 화훼장식보다는 '꽃꽂이'라는 우리말이 더 좋은 것 같아요.

● 플로리스트는 앞으로 전망이 밝아요

화훼장식이 필요한 곳은 계속 늘어나고 있어요. 화훼장식 소재를 만들고 장식품을 개발하고 판매하는 전문 인력은 더 많이 필요해질 거예요. 꽃가게는 점차 대형화 및 전문화되고 있답니다. 이곳에 취직하거나 스스로 창업할 수도 있고 호텔·은행 등 대형 건물의 인테리어, 실내외 조경, 이벤트 행사 기획 등의 분야에서 일할 수도 있답니다.

● 전문 플로리스트 자격증을 따면 유리해요

요즘은 대학에서도 플로리스트를 길러내고 있어요. 4년제 대학교인 삼육대학교에는 환경원예디자인과가 있고요, 2년제 대학으로는 천안연암대학 화훼장식계열이 있어요. 대학에서 전공으로 하지 않아도 자격증을 따면 플로리스트가 될 수 있어요. 전문 플로리스트 자격증 대비 강좌에 등록하면 가장 확실하게 시험을 준비할 수 있어요.

하지만 혼자 공부하는 것도 가능해요. 쉽고 자세하게 설명하는 책이 많이 나와 있으니까요. 요즘은 동호회에서 같은 회원들끼리 정보를 공유하고 강의도 개설하여 서로 도우면서 자격시험을 치르는 경우도 흔하답니다.

● 플로리스트를 꿈꾼다면 필요해요

디자인과 색채 감각 플로리스트는 꽃을 가지고 하는 예술이라고 볼 수 있어요.
꾸준한 연습 부모님 생신 때나 좋은 날에 직접 꽃다발을 만드는 일에 도전해 보세요.

플로리스트 실기시험

플로리스트 자격시험은 필기와 실기로 나뉘어 치러져요. 실기시험은 꽃의 용도를 과제로 주고 그 작품을 만들 때 필요한 기술을 아는지 평가해요. '신부 부케 만들기'의 문제 기준을 예로 들어 볼게요. "4가지 신부화의 화형에 사용되는 지참 재료가 동일하며, 수험자는 시험 당일 문제지를 통해 해당 화형이 무엇인지를 알 수 있음. 따라서 수험자는 4개의 신부화를 사전에 충분히 연습하고 시험에 임해야 함."
이 문제의 기준을 통해 알 수 있는 것은 신부화(부케)의 기본형에는 4가지가 있다는 사실이에요. 이렇게 용도별로 어떤 형태와 기술, 재료가 필요한지 모두 알고 있어야 한답니다.

요리사 Cook

요리를 개발하고 만드는 사람

요리사는 식당에서 손님을 위해 정성껏 요리를 만들어 대접해 줘요. 계절이 바뀔 때는 신선한 제철 재료로 메뉴를 개발하여 선보이기도 해요. 뛰어난 요리사는 자신만의 맛과 멋을 창조하는 예술가라고 볼 수 있어요.

● 요리를 만들기도 하고 개발하기도 해요

요리사는 조리사라고도 부르지요. 손님이 주문한 음식을 조리해서 전해 주는 직업을 말해요. 우리 어머니들도 요리를 하시고 잔치에 초대한 손님들에게 음식을 대접하지만, 요리사들은 그 대가로 돈을 받는다는 차이가 있지요.

또 다른 차이가 있느냐고요? 물론이에요. 요리 솜씨가 아주 뛰어난 주부도 있지만 대부분은 매끼 가족을 위해 가정식을 준비하는 데 그치지요. 하지만 요리사들은 특별한 요리도 척척 만들 수 있도록 전문적으로 교육받은 사람들이랍니다.

요리사는 손님을 고려하여 메뉴를 정한 다음 신선한 재료를 구입하고 기초 손질을 해요. 주문에 맞춰 다양한 조리 방법으로 요리를 만들어 격식에 맞게 테이블에 올려요. 조리가 끝난 후에는 남은 재료를 손질·보관하며 설거지와 주방 정리도 해야 한답니다. 행사가 있는 곳에 출장 요리사로 갈 때도 있고, 계절에 따라 새로운 메뉴를 개발하여 선보이는 것도 중요해요.

요리사 자격증

대표적인 요리사 자격증인 조리기능사에는 한식, 중식, 일식, 양식, 복어 분야가 있어요. 복어는 생선인데 신경을 마비시키는 독이 들어 있어서 따로 취급해요.

각 분야별로 조리산업기사와 조리기능장이라는 자격증도 있어요. 조리산업기사는 외식산업에서 조리 업무 전반을 담당할 전문가이에요. 조리기능장은 그야말로 최상급 숙련 조리사를 국가에서 인증해 주는 거예요.

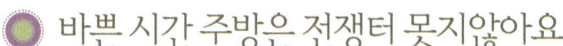

🔴 바쁜 시간 주방은 전쟁터 못지않아요

다른 사람은 느긋하게 식사를 즐기는 시간이 요리사에게는 가장 바쁜 때이죠. 게다가 거의 서서 요리를 하고, 무거운 음식 재료를 많이 날라야 하므로 체력도 강해야 해요. 주방은 불에 데거나 다칠 위험이 있어서 항상 조심해야 한답니다.

🔴 식당 보조에서 차근차근 셰프까지 도전해요

조리과학고등학교나 대학교의 조리 관련 학과를 나오면 도움이 많이 돼요. 프랑스나 이탈리아 요리 등 양식 요리사는 외국의 전통 있는 요리 학교로 유학을 다녀오기도 한답니다. 하지만 요리 학원에서 배우고 조리기능사 시험에 합격해도 요리사가 될 수 있어요.
여전히 대부분의 요리사는 식당 보조부터 시작해요. 설거지나 재료 손질과 같은 잡일을 하다가 경력이 쌓이면 요리사가 되고 마침내 주방장(셰프)까지 될 수 있어요. 주방장은 다른 요리사들을 지도하고 음식이 나가기 전 모든 요리를 점검하는 등 주방 전체를 책임져요.
요리사는 주로 음식점, 레스토랑, 호텔, 백화점의 구내식당, 항공기 기내 식당 등에서 근무해요. 요새는 요리책 작가, 푸드 스타일리스트, 요리 프로그램 진행자 등으로도 활동해요.

🔴 요리사를 꿈꾼다면 필요해요

미각과 손재주 남에게 음식을 만들어 대접하는 것이 기쁜 사람은 요리사가 될 자질이 충분해요. 미각이 예민하고 손끝이 야무져야겠죠?
상상력과 창의력 좋은 요리사란 긍정적이고 상상력이 풍부해서 자신만의 방법으로 새로운 요리를 끊임없이 창조하는 사람이에요.
책임감 맛과 영양, 위생을 꼼꼼히 따지려면 섬세하고 책임감이 강해야 하죠.

> **〈이 직업과는 달라요!〉**
> **제과제빵사**
>
> 빵집에서 파는 빵과 케이크, 쿠키 등을 만드는 장인을 제과제빵사라고 해요. 맛도 있고 모양도 예쁜 과자와 빵을 만들기 위해서는 예술가와 같은 창의성이 있어야 하죠. 제과제빵사가 되기 위해서는 우선 제과기능사와 제빵기능사 자격을 따야 하죠. 학원이나 제과제빵 고등학교, 대학의 호텔조리학과에서 필요한 기술을 배울 수 있어요.
> 특히 디저트로 인기가 좋은 케이크와 서양과자를 전문으로 만드는 사람을 '파티시에'라고 불러요. 초콜릿만을 만들고, 초콜릿을 이용해 예술작품까지 만드는 '쇼콜라티에'도 있어요.

영양사 Nutritionist

균형 잡힌 급식을 관리하는 사람

영양사는 음식과 영양, 우리 몸에 대한 지식을 갖추고 균형 잡힌 식단을 짜 줘요. 약과 음식은 그 근원이 같다는 옛 말이 있어요. 음식을 골고루 잘 먹는 것만으로도 병을 예방하고 건강을 지킬 수 있답니다.

● 우리의 영양과 건강을 지켜 주는 일

영양사는 자신이 맡은 사람들이 건강하게 병 없이 살아갈 수 있도록 급식을 관리하는 사람이에요. 대개 학교나 회사, 병원 등의 단체를 위해 일하지만 때로는 개인을 위해서도 일을 하죠.

영양사는 균형 잡힌 식단을 짜기 위해 어린이, 노인, 환자 등이 하루에 필요한 열량과 단백질, 지방, 무기질, 비타민 등등을 계산해서 그것을 세 끼로 나눠 매끼의 영양분을 계산해요.

그다음 급식을 먹는 사람의 입맛을 고려하여 음식의 종류와 양을 계산해서 식단을 짠답니다. 조리실에서 음식을 만드는 재료가 충분히 신선한지, 상한 것은 아닌지 확인하는 것도 영양사들의 몫이에요.

회사나 단체의 영양사가 되면 조리실에 있는 직원들을 관리하고 이끌기도 해야 해요. 급식 인원수에 따라 재료를 구매하는 일부터 급식 시설의 위생 및 안전 관리, 직원들의 위생 교육, 조리 과정과 배식까지 책임지는 정말 막중하고 할 일이 많은 직업이랍니다.

편식하지 말아요!

음식을 골고루 잘 먹는 것만으로 병 없이 살아갈 수 있어요. 우리 몸은 자체적으로 강력한 면역체계가 있어서 기본적인 영양분이 결핍되지 않는 한 쉽게 병에 걸리지 않아요.
그러다가 균형이 깨져서 병에 걸렸을 때에는 충분한 비타민 C를 공급해 주면 회복이 빨라요.

위생 관리를 철저하게 해야 해요

영양사가 주로 일하는 조리실은 불에 데거나 다칠 수 있는 공간이에요. 게다가 학교나 회사, 병원 등 단체로 식사를 하는 곳에서는 위생 관리가 특히 더 중요해요. 한꺼번에 식중독이라도 생기면 큰일이겠지요. 철저한 위생 관리를 위해 항상 주의를 기울여야 해요.

성인병 환자가 늘어나고 다이어트에 대한 관심이 많아지면서 체중을 조절하는 식이요법과 식습관 개선을 지도할 수 있는 영양사가 더 많이 필요해지고 있어요.

병원의 영양사

병원에서는 주로 소금을 뺀 음식이나 지방이 적게 들어간 음식으로 구성된 특별 식단을 제공하지요. 특히 환자의 신체 상황과 영양 상태에 맞는 맞춤형 영양 관리로 병을 이기도록 도와준답니다.

예를 들어, 폐렴이나 폐병 같은 소모성 질환에 걸리면 닭고기, 돼지고기처럼 열량이 높고 단백질이 풍부한 음식을 처방해요. 기침은 열량을 소모하게 하고 폐를 상하게 하는데, 상한 부위를 재생시키는 건 단백질이기 때문이지요.

인체에 대해서도 잘 알아야 해요

영양사는 전문대학이나 대학교에서 식품학 또는 영양학을 전공해야 해요. 식품·영양과 관련해서 어떤 과목을 들어야 하는지는 식품위생법에서 보건복지부령으로 정하는데, 반드시 들어야 하는 필수 과목으로는 생리학, 생화학, 식품영양학 같은 것들이 있어요.

인체에 대해서도 잘 알아야 한다는 뜻이지요. 대학 과정을 마친 후에는 국가전문자격증 시험을 치러야 해요. 이 시험에 합격하면 영양사 자격이 주어진답니다.

그 후 학교, 병원, 산업체, 사회복지시설, 보육시설, 유치원 등에서 급식 관리 분야를 담당한답니다. 물론 외국에서 영양사 자격증을 따도 인정받을 수 있어요. 학교의 영양 교사가 되려면 대학에서 교직 과목을 공부하고 교원임용시험에 합격해야 해요.

영양사를 꿈꾼다면 필요해요

사명감과 리더십 조리실 사람들을 이끌고 급식을 먹는 사람들의 건강을 책임져야 하는 일이에요. 엄마 같은 따뜻한 마음이 필요해요.

수학 영양소를 고려해서 식단을 짜고 예산에 맞게 재료를 구매하려면 수학을 잘하고 꼼꼼한 성격이라야 해요.

소믈리에
Sommelier

좋은 와인을 추천해 주는 전문가

소믈리에는 손님이 주문한 요리에 잘 어울리는 와인을 골라 줘요. 와인을 소개할 때는 맛과 특징, 와인을 생산한 곳을 설명해 준답니다. 보기에는 비슷해도 원산지나 숙성시킨 기간에 따라 맛이 다르기 때문이에요.

● 맛만 보고도 와인을 다 안다고요?

소믈리에(Sommelier). 발음이 이상하죠? 프랑스 말이라 그래요. 소믈리에는 호텔이나 레스토랑, 바, 와인 전문점에서 요리와 식사 분위기에 가장 잘 어울리는 와인을 고객들에게 추천하는 일을 해요. 때로는 고객마다 취향이 다르기 때문에 개개인에게 가장 적합한 와인이 무엇일까를 판단해서 와인을 골라 권하지요.

와인은 원산지나 숙성 기간에 따라 종류가 다양하고 맛이 차이가 나기 때문에 손님에게 생산지와 종류, 맛을 설명해 주고 선택을 도와주는 거지요. 뛰어난 소믈리에가 되기 위해서는 맛만 보고도 와인을 만드는 포도의 품종, 숙성 방법, 원산지, 수확연도 등을 맞출 수 있도록 끊임없이 실습해야 해요. 이것을 블라인드 테스팅이라고 해요.

소믈리에는 와인에 어울리는 음식과 분위기, 와인을 마시는 대상까지 연구해야 하는 직업이에요. 또한, 세계의 와인시장에서 일어나는 변화를 놓치면 안 돼요. 소믈리에는 치열한 연구를 거쳐서 자신이 일하는 곳에서 사용하기에 좋은 와인의 품목을 정하고 목록을 작성해 두어야 해요. 한마디로 소믈리에는 와인을 보관하고 관리하는 총책임을 진다고 할 수 있어요.

신의 물방울

『신의 물방울』은 우리나라에서 와인 열풍을 일으킨 일본의 와인 만화예요. 2004년에 시작되어 지금도 연재 중인 이 만화는 내용이 방대하여 '와인 교과서'라는 별명이 있답니다.
작가 아기 다다시는 "천(좋은 날씨), 지(비옥한 토양), 인(인간의 노력)의 절묘한 조화"가 있어야 진정한 와인이라고 말하고 있어요.

🔵 후각과 미각을 관리해야 해요

와인은 술이기 때문에 밤늦게까지 손님이 있으면 소믈리에도 늦게까지 일해야 돼요. 외국인을 포함한 다양한 계층의 손님들과 대화할 수 있는 능력도 필요해요.

와인을 잘 감별할 수 있기 위해서는 후각과 미각을 예민하게 지켜야 한대요. 그래서 소믈리에는 독한 술과 진한 커피, 담배 등을 멀리한다고 해요.

🔴 특별한 자격은 없고 실력이 우선이에요

대학에도 소믈리에 관련 학과가 있어요. 하지만 소믈리에는 와인에 대한 역사와 품종 등의 이론을 익히는 것 말고도 새로운 와인과 유명 와인을 계속 맛보면서 실습해야 하기 때문에 대학에서 가르치기에는 어려운 점이 많아요.

그래서 실습 위주로 개인교습을 받는 게 더 좋을 수도 있답니다. 직업훈련소의 소믈리에 전문과정에 들어가거나 호텔·레스토랑 등에서 소믈리에를 도우면서 도제식으로 배우는 게 실력을 기르는 데는 더 도움이 될 거예요. 국가가 공인하는 자격증은 아니지만 한국소믈리에협회와 한국와인교육, 한국국제소믈리에협회가 각각 주관하는 시험이 있답니다.

🟡 소믈리에를 꿈꾼다면 필요해요

후각과 미각 음식의 맛과 향에 예민한 사람이라면 좋은 소믈리에가 될 소질이 있어요.

사교성 사람들과 스스럼없이 어울리고 많은 사람들과 즐겁게 대화하는 것을 즐긴다면 더욱 유리하겠지요.

해외 와인 연수

소믈리에가 되려면 일반음료학, 와인학, 주류학 등만 공부하는 게 아니랍니다. 프랑스 등 와인 선진국에 가서 직접 배워오는 경우가 늘고 있어요. 포도 산지에 가서 와인을 만드는 과정, 국제 교육기관, 포도밭 등을 견학하고 토양을 분석하는 과정도 거치면 더 좋은 소믈리에가 될 수 있겠죠?

해외 연수를 하지 않은 사람도 다양한 나라의 와인을 공부해야 하기 때문에 영어와 다른 외국어를 조금씩이라도 공부하지 않으면 안 돼요. 와인으로 유명한 프랑스나 이탈리아, 스페인의 언어를 배우는 게 가장 좋아요.

바리스타 Barista

맛있고 향기로운 커피를 만드는 사람

바리스타는 커피콩을 볶고 갈아서 손님이 원하는 커피를 만들어 제공해요. 어떤 커피콩을 어떻게 볶느냐, 다른 재료는 얼마나 넣느냐에 따라 커피의 맛과 향이 달라지기 때문에 결국 바리스타의 손끝이 커피 맛을 결정한답니다.

● 평범한 커피에 다양한 향을 더해 주는 마술사

어린이 여러분들은 커피를 안 마시지만 커피가게 앞을 지날 때 풍겨오는 깊고도 우아한 향기를 맡아 본 적이 있을 거예요. 그래요. 커피는 입보다 코로 먼저 마시게 돼요.
초보 시절에는 커피마다 맛이 확연히 다르다는 걸 잘 몰라서 설탕이나 시럽을 타서 마시면서 그저 달콤 씁쓸하다고 느꼈어요. 그런데 자꾸 마시다 보니 재료마다, 커피를 내리는 사람마다 모두 다른 맛을 낸다는 것을 깨닫게 되었지요. 이렇게 향기롭고 맛좋은 커피를 전문적으로 만드는 사람을 바리스타라고 해요.
커피의 맛은 커피콩의 종류, 생산지, 가공 방법, 원두를 섞는 방법, 원두를 볶는 방법과 시간, 원두를 갈 때의 크기, 커피가루에 뜨거운 물을 섞어 추출하는 방법에 따라 달라져요.
따라서 바리스타는 전문지식을 갖추고 좋은 원두를 사와서 잘 보관하고 있다가 원두를 갈아서 커피를 만들어야 해요.
미리 콩을 갈아 두면 향이 달아날 염려가 있어요. 진한 커피 원액이 만들어지면 거기에 손님의 취향에 따라 적절히 물을 더하고 우유, 시럽, 생크림 등을 첨가하면 커피가 완성돼요.

커피콩과 원두

커피나무 열매를 커피체리라고 하는데, 얇은 껍질에 싸여 있어요. 이 껍질을 벗겨내면 커피콩이 나오지요. 커피콩은 녹색 빛을 띠고 있어요.
이 커피콩 색은 로스팅(볶기) 과정을 거치면서 점차 노란색, 갈색으로 변해요. 로스팅은 커피의 맛을 결정하는 데 정말 중요하죠. 이렇게 볶은 커피콩을 원두라고 한답니다.

커피뿐 아니라 다른 음료에 대해서도 잘 알아야 해요

요새는 커피 말고도 다양한 음료를 함께 파는 경우가 많기 때문에 종종 바리스타는 다른 음료도 만들 줄 알아야 해요. 고객에게 친절한 서비스로 좋은 인상을 주고 커피머신을 이용하는 경우 기계를 잘 관리하는 일도 필수예요. 좋은 바리스타가 되기 위해서는 새로운 커피 음료를 개발하려는 노력을 꾸준히 해야 한답니다.

뛰어난 실력이 있어야 성공할 수 있어요

전문학교나 전문대학에도 바리스타 학과가 많이 생겼지만 바리스타가 되기 위해 꼭 대학을 졸업해야 하는 건 아니에요. 평생교육원, 문화센터, 사설 학원, 커피업체 자체 교육원 등에서도 공부할 수 있어요. 국가공인자격증은 아니지만 한국커피협회, 한국능력교육개발원 등에서 필기시험과 실기시험을 본 후 합격한 사람에게 자격증을 발급해 주고 있어요.

이런 과정을 거치고 나면 레스토랑, 커피전문점, 카페에 바리스타로 일할 수 있어요. 또, 커피제조업체, 식품제조업체, 식품 관련 연구소로 갈 수도 있지요. 스스로 커피전문점을 창업하기도 해요. 약간 진로를 수정해서 카페 창업을 도와주는 컨설턴트, 커피 무역상, 강사, 커피머신 엔지니어 등으로 성공할 수도 있답니다.

바리스타를 꿈꾼다면 필요해요

맛과 향에 민감 물론 여러분이 나중에 커피를 아주 좋아하게 된다면 저절로 커피 맛에 예민해질 거예요.
사교성과 창의력 밝고 쾌활한 성격에 새로운 맛을 실험하는 창의력이 있다면 훨씬 유리해요.

신비한 커피의 세계

커피는 종류만 수백 가지이고 세계적으로 사랑을 받는 차예요. 우리나라 사람들도 커피를 무척 좋아해요. 작년에 우리나라 어른 한 명이 1년 동안 마신 커피가 무려 338잔이래요! 비오는 날의 커피 한 잔은 세상 모든 사람을 용서해 줄 것처럼 넉넉한 마음을 가져다준답니다.

저는 커피 향에 빠져 바리스타 교육을 받은 적이 있어요. 커피를 잘 내리기 위해서는 팔 힘, 배 힘이 있어야 한다는 걸 아세요? 그리고 일정한 속도로 주전자를 돌리면서 물을 따르는 재주도요. 커피 물을 똑똑 떨어뜨리는 세기와 간격에 따라서도 맛이 확 달라져요.

• 못 다 한 이야기 5 •

반짝반짝 디자이너의 세계

너무너무 다양한 디자인 분야

우리의 생활은 디자인에 둘러싸여 있다고 해도 과언이 아니에요. 가구, 조명, 벽지 등 우리가 사는 집의 구석구석, 놓여 있는 물건 하나하나에도 모두 디자인이 담겨 있답니다. 좋은 디자인은 아름다울 뿐만 아니라 기능을 편리하게 해 주고 품질도 돋보이게 해 줘요.

같은 기능을 가진 제품도 디자인에 따라 차별성이 생기다 보니 기업들은 디자인이 새로운 가치를 만들어 낸다고 생각하고 점점 중시하고 있어요. 세상의 모든 디자이너에게는 유행을 읽는 안목과 창의성이 필요해요. 색상을 선택하는 미적 감각도 중요하지요.

여기서는 다양하고 색다르기까지 한 디자인 분야들을 몇 가지 소개할게요. 멋 내는 것을 좋아하고 무언가를 만드는 손재주가 있는 어린이는 나에게 꼭 맞는 디자인 분야가 뭘까 생각해 보세요!

패션 분야

패션 디자이너는 양복, 한복, 유니폼, 스포츠웨어, 평상복 등 각종 옷의 새로운 디자인을 생각해서 만들어 내는 사람이에요. 색상, 옷감, 스타일 등을 모두 감안해서 유행에 맞는 패션을 만들어내야 하기 때문에 모든 생산 과정을 잘 알아야 한대요.

같은 디자인의 옷이라도 어떤 천을 사용하느냐에 따라 옷이 다르게 보여요. 옷감의 무늬와 특징을 디자인하는 사람은 텍스타일 디자이너라고 해요. 천의 성분, 품질, 실의 색상과 종류, 무늬 등을 종합해서 개발한답니다.

최근에는 옷을 잘 입는다는 개념이 단순히 상하의 옷을 잘 맞춰 입는 것을 넘어 가방, 모자, 안경, 액세서리, 신발 등을 조화롭게 착용하고 헤어스타일까지 어울리게 연출하는 것으로 바뀌었어요.

신발 디자이너는 신발을 판매해 본 사람한테 유리하다고 해요. 또한, 발의 건강과 착용감까지 생각해야 하므로 발의 구조와 골격 등 인체공학적인 지식도 있어야 한답니다. 요즘은 멋을 위해 안경을 쓰는 사람도 많지요. 안경 디자이너 역시 얼굴형에 어울리는 디자인을 하기 위해 인체에 대해 잘 알아야 하고 광학적인 지식까지 갖추어야 해요.

다양한 브랜드와 제품 분야

브랜드 디자이너는 새로운 브랜드 이름을 지어서 디자인하는 사람이에요. 술, 아파트, 휴대폰, 화장품 하면 딱 떠오르는 브랜드가 있지요? 사람들 머릿속에 강한 인상을 남길 수 있는 쉬우면서도 아름다운 브랜드를 만드는 일이랍니다.

제품 디자인 하면 자동차 디자이너를 빼 놓을 수 없죠. 자동차의 외관과 실내를 디자인하고 색상을 입히는 일이에요. 회사에서 새로운 차량의 판매 방향과 성능 등을 정해 주면 스타일을 잡기 위해 많은 디자이너들이 뛰어들어서 경쟁한다고 해요. 제품이 나올 때까지 디자인은 일급비밀이랍니다.

휴대전화 디자이너도 디자인하려는 휴대전화의 성능을 고려해야 해요. 사용하기에 편리하지 않으면 아무리 아름답고 개성이 넘쳐도 소용이 없지요. 특히 휴대전화는 유행의 주기가 매우 짧아서 끊임없이 새로운 디자인이 필요해요.

컴퓨터 게임이나 애니메이션, 팬시 상품에 등장하는 친근하고 귀여운 캐릭터를 기획하고 디자인하는 사람을 캐릭터 디자이너라고 해요. 상품에 적용했을 때 잘 팔릴 것인지 결정할 수 있는 마케팅 능력이 꼭 있어야 하지요.

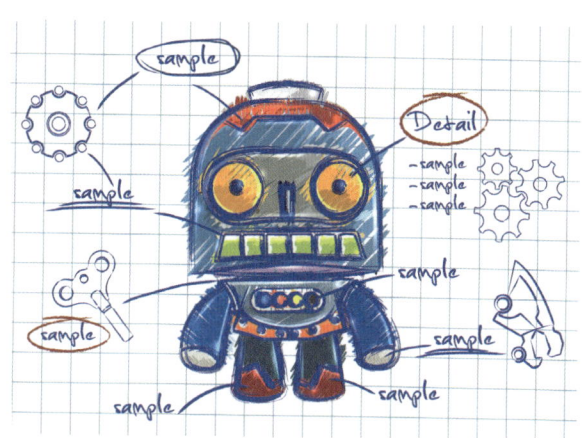

Designer

Chapter 6

1 0 0 J o b s o f t h e F u t u r e

  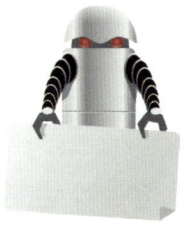 

경제/경영/서비스

난생 처음 비행기를 타고 하늘을 난다는 생각에 가슴이 마구 뛰었던 기억이 나요. 비행기에 들어서던 때의 그 행복한 기억은 활짝 웃으며 승객을 맞아 주던 승무원들의 선녀처럼 아름답던 미소로부터 시작됐지요. 비행기가 이륙하기 전에는 승무원이 비상상황이 생기면 어떻게 해야 하는지를 직접 보여 주었어요. 드디어 비행기가 날아오르자 모든 것이 발밑으로 자맥질치는 것처럼 보였어요. 구름들이 마구 발밑으로 멀어져 가던 광경은 멋있기도 했지만 무섭기도 했어요. 두려워하는 내게 승무원이 다가와 달콤하고 향기로운 잼이 가득 찬 사탕을 주며 용기를 주었지요. 여행에서 돌아온 후에도 오랫동안 비상시에 행동하는 법을 가르쳐 주고 배가 고플 때 맛있는 음식을 가져다주던 승무원의 모습이 떠올라 그 여행을 내내 아름답게 기억할 수 있었어요. 이렇게 승무원은 승객들에게 비행기에서의 행동요령을 알려 주고 엄마처럼 음료나 식사 등 필요한 것을 준비해 준답니다. 또한, 비행기를 타고 가면서 일어날 수 있는 모든 상황에 침착하게 대응하면서 승객의 안전을 도모하는 안전요원이기도 해요.

회계사 Accountant

회사의 회계를 감독하는 전문가

회계사는 회사가 회계를 잘했는지 감독하고 세금을 대신 계산해 줘요. 회사도 가계부처럼 돈 씀씀이를 잘 정리해 놓은 회계 보고서를 만들거든요. 그런 회계 장부가 잘못이나 거짓이 없는지 검사하고 지도하는 거예요.

⬤ 회계사가 하는 일은 도대체 뭔가요?

회계사가 어떤 직업인가에 대해서 저는 여기서 아주 어려운 말로 설명하려고 해요. 왜냐면 적당한 말로 풀어 쓰기보다 여러분이 뉴스를 들을 때나 어른들께서 이야기를 나누고 계실 때 알아들었으면 하는 바람이 있기 때문이에요.

어른들의 경우, 회계사를 시피에이(CPA)라는 이름으로 더 자주 불러요. 영어 'Certified Public Accountant(공인회계사)'의 첫 자만 모아 조합한 글자지요. 공인회계사란 '공인회계사법에 의해 국가로부터 공인된 자격을 취득하고 타인의 위촉에 의하여 회계에 관한 감사·감정·증명·계산·입안 또는 법인 설립에 관한 회계와 세무대리를 수행하는 자'예요.

쉽게 말해서 회계사는 회사나 사업을 하는 사람이 일 년 동안 돈을 얼마나 벌고 어디에 얼마를 썼는지 정산해 줘요. 또한, 법을 어긴 일은 없었는지 꼼꼼하게 감독하고, 문제가 없으면 세금 내는 일을 대신해 주는 사람이에요.

그뿐만 아니라 때로는 어떻게 회사를 경영하는 것이 더 좋은지 조언해 주기도 하고, 회사가 커지면 주식상장(주식을 발행하고 그 주식이 팔리도록 증권 시장에 내놓는 일)도 대신 맡아서 해 준답니다.

회계 단어장

- **위촉**(委囑): 부탁하여 맡김.
- **감사**(監査): 감독하고 검사함.
- **감정**(鑑定): 가치가 얼마인지, 진짜 혹은 가짜인지를 가려냄.
- **입안**(立案): 계획을 세움.
- **법인**(法人): 법적으로 사람처럼 의무와 권리가 있는 단체(회사).
- **세무대리**(稅務代理): 세금 업무를 대신함.

숫자를 다루는 일이라 신중해야 해요

회계사는 경제적인 보상이 큰 안정된 전문직이에요. 자신의 조언으로 회사의 경영이 나아졌을 때 보람을 느낄 수 있지요. 하지만 연말연초에는 거래하는 회사에 출장을 길게 가는 일이 많고 무척 바빠요. 회사의 회계 장부를 검사하는 비슷한 일을 계속하다 보면 지루해질 수도 있어요. 그래도 숫자를 다루는 일인 만큼 늘 긴장하고 있어야 하지요.

공인회계사 시험은 너무 어려워요

시험을 보는 데 학력이나 전공 제한은 없지만 경제학, 경영학, 회계학 및 세무 과목의 정해진 학점을 따야 응시 자격이 생겨요. 그래서 대학의 경영학과나 경제학과, 회계학과 등을 다니면서 준비하는 사람이 많지요. 공인영어시험(토플·토익·텝스 등) 성적도 있어야 하는데, 이 성적을 1차 시험의 영어성적으로 인정해 준답니다.

2차에 걸친 어려운 시험에 합격한 후에도 2년 이상 실무 수습을 거쳐 한국공인회계사회에 등록해야 정식으로 활동할 수 있어요. 회계 법인에 근무하는 것이 일반적이지만 나중에 독립하여 사무실을 여는 사람이 많아요. 그 밖에 일반 기업체의 회계 관련 부서나 금융감독원, 감사원, 금융기관 등에 취업할 수 있지요.

회계사를 꿈꾼다면 필요해요

논리력과 꼼꼼함 기본적인 수리력이 중요해요. 정확하게 분석하고 어디가 잘못되었는지 판단할 수 있는 논리적인 성격과 꼼꼼함도 필요해요. 내 용돈을 잘 관리하는 일부터 시작해 보세요.

사교성과 정직함 다양한 사람들을 만나므로 사교적이고 다방면에 지식이 많아야 돼요. 회사가 잘되도록 도와주는 일인 만큼 정직하고 따뜻하게 배려할 줄 알아야 해요.

외국어 기업의 활동이 세계화되고 있으니까 외국어도 열심히 공부하세요.

〈이 직업과 비슷해요!〉
세무사

국가에 내는 세금은 계산하는 것도 어렵고 항목별로 정리해서 납부하는 것도 복잡해요. 그래서 세무대리를 해 주는 회계사나 세무사가 필요해요. 세무사가 회계사와 다른 점이 있다면 회계감사는 할 수 없고 세무만을 담당한다는 거죠.

즉 세무사란 세금을 내는 납세자를 대신해서 조세(세금)에 대한 신고·신청·청구(이의 신청이나 심사·심판을 청구하는 것 포함) 등의 대리, 세무 관련 서류의 작성, 조세에 관해 상담 또는 자문해 주는 사람을 말해요.

마케팅 전문가 Marketer

광고와 홍보 전략을 세우는 사람

마케팅 전문가는 광고, 홍보 등 마케팅과 관련된 전략을 세우고 실천해요. 마케팅은 판매 효과를 높일 수 있는 모든 활동이라고 할 수 있어요. 소비자의 신뢰와 감동을 이끌어내는 것이 최고의 마케팅이랍니다.

● 상품 판매에 도움이 되는 모든 일

마케팅이라고 하면 괜히 어렵게 느껴지는데요, 모든 경영은 시장에서 판매를 통해 수익을 올리는 것이 목적이에요. 따라서 상품 판매에 좋은 영향을 끼치는 일이라면 분야를 따질 것 없이 다 해야 한다고 해요.

마케팅 전문가는 광고, 홍보, 판촉(판매촉진), 유통, 상품기획 등 다양한 업무를 총괄할 수 있는 능력을 갖추어야 하지요. 우선 상품이 널리 알려져야 판매할 수 있겠지요. 따라서 첫 번째로 해야 할 일은 제품의 광고와 홍보가 될 거예요. 우수한 광고 인력을 확보해야 해요.

또한, 시장과 소비자를 조사하고 분석하는 것이 중요해요. 이를 바탕으로 광고제작 전문가들, 판매 영업사원들과 원활하게 소통하면서 소비자를 설득할 마케팅 전략을 세우고 실천해야 해요.

상품에 자신이 있다면 판촉 행사 때 소비자가 시제품을 사용해 보도록 유도하는 것보다 더 좋은 방법은 없어요. 소문을 듣고 찾아온 일반 고객, 유통업자들에게 가장 낮은 비용으로 신속하고 정확하게 상품을 전달하는 방법도 함께 생각해야 한답니다.

모니터링의 중요성

제품에 대한 소비자의 반응을 모니터링(관찰)하는 것은 홍보 활동 중에서도 무척 중요해요.
작은 불만이라도 접수되면 공개적으로 성심성의껏 해결하려는 노력이 필요해요. 또, 이런 불만에 귀 기울이다 보면 차츰 소비자가 원하는 상품을 파악하게 된답니다. 이렇게 소비자의 기호를 읽어서 새로운 상품 기획에 반영하기도 해요.

소비자의 마음을 읽어야 해요

사회가 너무 바쁘게 돌아가고 수많은 광고와 판촉 활동에 시달리는 소비자들은 상업적으로 접근하는 것을 가장 싫어해요. 따라서 소극적인 자세로는 광고의 홍수에서 살아남기 어려워요. 항상 진취적으로 생각하고, 드러나지 않은 소비자의 욕구까지도 읽을 줄 알아야 해요. 마케팅 전략은 판매량과 같은 객관적인 성과로 곧바로 평가되기 때문에 스트레스를 받을 수 있답니다.

마음을 움직이는 마케팅 그 이상의 일

대학에서 마케팅과 관련 있는 공부를 하는 학과는 경영학과, 신문방송학과, 심리학과, 사회학과, 광고홍보학과 등이에요. 갈수록 시장이 세계화되고 있는 요즘, 무역학과나 국제통상학과 출신이라면 해외 마케팅 전문가가 될 수 있겠죠?
하지만 단순히 마케팅만 아는 사람보다는 우리 문화에 조예가 깊은 사람, 진정 어린 화술로 소비자를 감동시킬 줄 아는 사람이 훨씬 수준 높은 마케팅 전략을 구사할 수도 있다는 사실을 잊어서는 안 돼요. 예를 들어 문학이나 철학을 전공한 사람, 음악이나 미술에 대한 조예가 깊은 사람은 소비자의 감성을 자극하는 마케팅으로 신뢰감을 이끌어낼 수도 있답니다.

마케팅 전문가를 꿈꾼다면 필요해요

성실함과 열정 제품을 판매하는 데 의욕을 느끼고, 큰 판매 효과를 올릴 수 있는지 고민하고 노력하는 자세가 필요해요.
창의력과 소통 능력 수없이 많은 회사에서 수없이 많은 광고가 쏟아져 나오고 있기 때문에 웬만해서는 소비자의 눈길을 끌기가 어려워요.
외국어와 분석력 국내 및 해외 시장 상황을 정확하게 판단하기 위해서죠.

> **문화와 마케팅**
>
> 일본이 유럽시장에 자국의 제품을 홍보할 때는 물건을 들고 나가서 사라고 외치지 않았답니다. 다도(차 예절)나 하이쿠(짧은 시) 등으로 일본문화를 알려 일본에 대한 호감을 이끌어냈어요. 그리고 문화국가 일본에서 만드는 전자제품도 품질이 좋고 품격 있다는 인상을 확실하게 심는 데 성공했어요.
> 그 결과 오늘날의 소니, 히타치, 미쓰비시 등의 대기업이 탄생하게 되었지요. 이와 마찬가지로 우리의 전통문화와 한류문화도 우리 기업의 해외 마케팅에 도움을 주고 있답니다.

재무설계사 Financial planner

개인의 재무 관리를 도와주는 전문가

재무설계사는 개인의 경제문제를 상담하고 재무 계획을 설계해 줘요. 돈을 아무리 많이 벌어도 관리할 줄 모른다면 빚을 지게 될 수도 있어요. 개개인에게 딱 맞게 재무를 설계해 주는 '금융 주치의'랍니다.

● 개인 재산에 관한 모든 걸 해결해 줘요

곧 인생 100세 시대가 온다고들 하는데요, 최근 10년간 수명이 5년 연장된 데 반해 일반 회사의 정년은 보통 58세예요. 실제로는 이보다도 심하답니다. 평균 퇴직 연령이 53세라니 노후에 대한 불안이 자연히 심해질 수밖에 없어요. 살아가야 할 날은 까마득한데 돈을 벌 수 있는 나이는 한정되어 있어 지금 손안에 돈이 조금 있더라도 철저하게 계획을 세우지 않으면 안 돼요.

경영 컨설턴트가 회사의 경영에 관련된 문제에 대해 상담해 준다면 재무설계사는 개개인의 경제문제를 상담해 줘요. 우선 상담을 해 오는 고객의 생활환경, 재무상황 및 장래계획을 파악해야 해요. 그래야 얼마를 벌었으며 앞으로 얼마를 벌 수 있고 어디에 얼마만큼의 돈이 지출될지를 알 수 있지요.

재무설계사는 자료를 바탕으로 고객의 인생주기에 따라 필요한 목돈을 어떻게 마련할지 설계해 줘요. 또, 빚을 없애거나 재산을 늘리기 위한 투자 방법도 상담해 줘요. 이 과정에서 다양한 금융상품을 소개하고, 이를 관리해 준답니다.

끊임없는 공부가 필요해요

경제 흐름에 밝지 못한 노년층이 주 고객이지만 사회 초년생들도 상담을 받곤 해요. 따라서 재무설계사는 고객에게 필요한 내용을 파악할 수 있는 분석 능력을 키워야 한답니다. 이를 위해 끊임없이 경제 동향을 확인해야 해요. 경제 흐름 전반을 읽으면서 미래에는 금융상품들이 어떻게 변화할 지 예측할 줄 알아야 해요.

다른 사람의 돈을 관리하는 일은 책임과 부담이 따라요

경제적인 변화를 제도적인 변화가 미처 따라가지 못하고 사회가 고령화될수록 재무설계사는 더욱 진가를 발휘하게 되는 직업이랍니다. 또한, 다른 일에 비해서 자유롭게 자기 시간을 가질 수 있고 근무하는 시간을 기준으로 볼 때 급여가 높은 편이에요. 하지만 고객이 손실을 보거나 회사에서 실적을 올리라는 압박을 받을 경우 스트레스를 받을 수 있어요.

금융 자격증을 따고 경제 동향에 밝아야 해요

금융과 관련된 일이다 보니 대학에서 경제학, 회계학, 금융보험학, 재무설계학, 자산관리학 등을 전공한다면 일하기가 한결 수월하겠지요. 그러나 다른 학문을 전공했더라도 금융 자격증을 따고 경제에 관심을 가지고 공부하면 못할 리는 없답니다. 범죄가 기승을 부리면서 사람들은 말을 걸어 오는 낯선 사람이 두려워 선의를 가진 보험설계사들도 피했지요. 그런데 재무설계사 제도가 활성화되면서 고객들이 은행, 보험회사 등을 직접 찾아가 마음 놓고 자신의 경제문제를 상담할 수 있는 사회 분위기로 변하고 있답니다.

은행이나 증권회사에서는 재무설계사를 보통 '(개인)자산관리사'라고 불러요. 국제공인재무설계사(CFP) 자격증을 따면 취업에 큰 도움이 되고 국제적으로도 활동할 수 있어요.

재무설계사를 꿈꾼다면 필요해요

정직성과 사교성 다른 사람의 신뢰를 얻기 위해서는 정직해야 하고 자신의 일에 자부심을 가져야 해요. 고객을 상담하려면 사교성이 좋고 다방면에 걸쳐 상식이 풍부해야 한답니다.
금융에 대한 관심 수학을 열심히 공부하고, 용돈을 효율적으로 관리하는 습관을 들이세요. 어린이용 금융 상품에 관심을 가지는 것도 좋아요.

〈이 직업과는 달라요!〉
보험설계사

사실 이제까지는 보험설계사가 재무설계사와 비슷한 일을 해 왔어요. 하지만 가장 중요하면서도 눈에 잘 띄지 않는 차이가 있답니다.

예전의 보험설계사들은 각종 보험 상품을 설명하고 계약을 유도하는 과정에서 고객의 이익보다는 자신이 받는 이익을 계산할 확률이 높았어요.

하지만 재무설계사들은 '지금 처한 상황에서 어떻게 하면 오랫동안 자산을 잘 투자하고 저축해서 경제적인 성과를 얻을까'를 코치하는 게 먼저예요. 즉 보험설계사에서 윤리의식이 강화되고 고객 위주의 상담방식으로 전환된 것이 재무설계사라고 봐요.

펀드매니저 Fund manager

고객이 맡긴 돈을
대신 투자해 주는 전문가

펀드매니저는 많은 사람들의 돈을 모아서 좋은 기업에 투자를 대신해 줘요. 경제 움직임에 따라 주식과 채권의 가치는 시시때때로 변하기 때문에 자금을 투자해 이익을 얻으려면 전문지식과 경험이 필요하답니다.

● 대박이냐 쪽박이냐, 투자는 그래서 어려워요

주식 투자를 해서 많은 돈을 벌고 싶지만 보통 사람들은 경제나 회계를 전문적으로 알지 못하고 어떤 회사가 좋은 기업인지 구별하기가 쉽지 않아요. 그래서 금융전문가에게 돈을 맡겨 수익을 얻으려는 사람들이 늘어나고 있어요.

펀드(fund)는 원래 투자가 가능한 '자금'이라는 뜻이지만, 여러 사람의 돈을 모아 주식이나 채권, 부동산 등에 투자하는 상품을 가리키기도 해요. 펀드매니저는 이런 상품이 높은 수익을 올릴 수 있도록 관리하는 전문가예요. 은행이나 증권회사, 보험회사 등에서도 일하지만 주로 자산운용사에서 일해요. 자산운용사는 투자자의 재산을 맡아 효율적으로 관리해서 이익을 내도록 하는 회사랍니다.

주식이나 채권은 매일매일 그 가치가 조금씩 달라져요. 펀드매니저는 날마다 시장 정보를 수집해서 값이 더 오를 종목이나, 값이 떨어질 위험 요인을 확인한답니다. 그래서 수익이 날 것 같은 채권이나 주식을 좋은 가격으로 사들여요. 그러다가 좀 위험하다 싶으면 얼른 팔고 또 다른 수익이 날 곳을 찾지요.

주식과 채권

주식은 운영에 필요한 돈을 얻기 위해 회사가 주식 시장에서 파는 증서를 말해요. 주식을 산 사람은 회사에 대한 권리와 이익을 얻을 수 있어요.
채권은 정부나 공공기관, 회사가 돈을 빌리기 위해 만드는 증서를 말해요. 채권을 산 사람은 약속된 날짜에 빌려준 돈과 이자를 받을 수 있답니다.

잘나가는 펀드매니저는 선망의 대상이에요

주식이나 채권을 사고파는 시기를 놓치면 며칠 만에 몇 십억 원의 손실을 입을 수도 있어요. 잘나가는 펀드매니저들은 대개 억대의 연봉을 받아요. 큰 수익을 올릴 때는 보람도 많지만 그만큼 경쟁이 치열하고 스트레스가 심해서 강한 체력과 정신력이 필요해요.

자격증 그 이상의 공부가 필요해요

펀드매니저가 되는 데 특별한 제약은 없어요. 하지만 경제학이나 경영학, 회계학, 통계학 등을 공부하는 것이 유리해요. 물론 대학에서 4년간 공부하는 것만으로는 부족해요. 세계 정세와 경제 흐름은 계속 변하고 있으니까요. 같은 이유로 다른 학과에서 공부했더라도 꾸준히 경제 동향을 파악한 사람은 전공에 관계없이 누구나 펀드매니저가 될 수 있어요.
펀드매니저가 되고 싶다면 투자자산운용사, 펀드투자상담사 등의 자격증을 취득한 뒤 이름 있는 자산운용사에 취직하는 게 지름길이에요. 우리나라에서는 투자자산운용사 자격증이 필수랍니다. 회사에서는 실제 펀드 운용을 맡기기 전에 가상 펀드 운용 경험을 쌓게 한대요.

펀드매니저를 꿈꾼다면 필요해요

도전정신 도전과 모험을 즐기고 성취감이 강한 사람에게 적합한 직업이에요.
도덕성 큰돈을 다루는 일이므로 성격이 꼼꼼하면서도 도덕적이어야 해요.
금융에 대한 관심 경제신문을 꾸준히 읽고 어린이 전용 펀드에 가입해 보는 것이 큰 도움이 될 거예요.

펀드매니저의 능력

주식이나 채권은 발행한 곳이 사업을 아주 잘하거나 앞으로도 유망한 경우에는 가격이 높아지고, 세상이 변해서 가치가 줄어들 때에는 가격이 떨어져요.
따라서 펀드매니저는 국내외 기업들과 증권 시장의 동향, 석유 등의 물가와 환율 변동, 세계 곳곳에서 일어나는 전쟁처럼 외부적인 조건들에 대한 정보를 늘 확인해야 해요. 작은 변화라도 어떤 결과를 가져오는지 예측할 수 있는 날카로운 판단력과 순발력이 필요하답니다.

경호원
Bodyguard

보호가 필요한 사람을
지켜 주는 전문가

경호원은 주로 연예인, 대통령 같은 중요한 사람들을 곁에서 지켜 줘요. 날렵한 체격에 검은 안경을 쓰고, 귀에 통화 장치를 꼽고, 무전기와 호신용품을 갖고서 주위를 살피다가 위기 상황이 벌어지면 안전하게 보호해 준답니다.

● 무술 종합 3단은 기본이에요

경호원은 국가나 사회적으로 중요한 일을 맡은 사람들, 위험에 처한 사람들처럼 보호가 필요한 사람들을 지켜 주는 직업이에요. 남을 지키려면 일단 공격하는 사람들을 제압할 정도의 힘이나 무술 실력이 있겠지요?

그래서 경호원들은 태권도, 유도, 검도, 합기도 등의 무술을 한두 개씩 하는데, 적어도 자기가 할 줄 아는 무술의 단수 합이 3단은 되어야 해요. 이를 종합 3단이라고 부르지요. 그런 만큼 경호원은 어느 날 갑자기 원한다고 해서 되는 게 아니에요. 꾸준하게 무술을 연마하면서 강인한 체력, 순발력과 민첩성을 길러야 해요.

범죄를 저지른 적이 없고 운전면허를 따는 것은 기본, 총이나 폭발물을 다룰 줄 알아야 한답니다. 요새는 외국인을 경호하는 일이 많아져서 외국어 능력도 필요해요.

에스원(세콤)이나 캡스처럼 개인을 경호하기보다는 경호 시스템을 설치하고 누군가 침입해서 경보가 울리면 출동하는 서비스를 운영하는 회사들도 있어요. 경보가 울렸을 때 출동하는 사람들도 대부분 경호 업무를 전공했다고 합니다.

> **청와대 경호원 시험과목**
>
> 1차 필기 시험과목은 상식(100문항), 국어(한문포함), 한국사, 세계사, 정치, 경제, 사회, 과학, 정보산업, 환경, 법률, 경호학이에요.
> 2차 체력 시험에서는 근지구력(윗몸일으키기 1분), 근력(제자리 멀리뛰기), 민첩성(10m 왕복달리기), 심폐지구력(달리기, 남:2,000m, 여:1,200m)을 측정해서 뛰어난 사람만이 합격할 수 있어요.

희생정신을 발휘해야 할 때가 많아요

경호를 받는 사람이 위험에 처하면 자신의 몸을 던져서라도 의뢰인을 지켜야 하기 때문에 본인이 다칠 수도 있어요. 항상 긴장하고 있다 보니 부담감이 커요. 위기가 닥쳤을 때 상황을 재빠르게 판단하고 침착하게 대처해야 하니까요. 경호를 받는 사람의 일정에 맞춰야 하기 때문에 개인적인 시간이 부족할 수도 있어요.

무술은 물론 경호학도 공부해야 해요

경호원이 되려면 우선 대학이나 전문 학원에서 경호에 필요한 지식을 배워야 해요. 경호학과가 있는 대학교 중에는 용인대학교 경호학과, 경기대학교 경호보안학과가 가장 유명해요.
이 대학들에서는 경호의 정신을 가르치는 무도학뿐만 아니라 범죄학 등의 과목도 가르쳐요. 또, 경호하는 과정에서 일어날 수 있는 사고에 효과적으로 대응하고 부상자를 치료하기 위해서 응급처치 등의 과목도 공부한답니다.
그 후 여러 사람을 거느린 큰 경호회사에 들어가거나 경호원을 필요로 하는 개인과 직접 계약을 맺는 프리랜서가 되는 길이 있어요.

경호원을 꿈꾼다면 필요해요

체력과 책임감 기본 체력이 튼튼하고 나보다 남을 먼저 배려하는 마음과 책임감이 강해야 해요.
무술 실력 무술에 소질이 있다고 생각한다면 태권도 학원이나 검도 학원 등에서 단을 따 두면 좋아요.

대통령 경호원의 품격

청와대에서 대통령을 경호하는 사람은 최고 경호 실력을 갖추고 사명감과 품위가 있어야 하지요. 까다로운 공개채용시험에 합격하면 7급 공무원이 돼요. 우리나라에서 가장 높은 분을 경호하는 만큼 체력뿐만 아니라 머리도 좋아야 하지요. 1차는 필기시험, 2차는 체력 테스트를 본답니다. 3차는 인성검사·표준성격 진단 검사와 영어면접을 포함한 심층면접예요. 마지막 4차에서 신체검사·체력 및 질병 검사를 받지요. 참, 논술시험도 치러요. 시험에 합격한 후에도 6개월 동안 특수 훈련을 받아야 정식 경호원이 될 수 있어요. 경호 훈련 이외에 외국어와 승마, 골프, 국제 예절 등의 사교술도 배운답니다.

©Lasse Ansaharju / Shutterstock.com

항공승무원 Steward / Stewardess

비행기 안에서 서비스와 안전을 책임지는 사람

항공승무원은 승객이 편안하고 안전하게 여행할 수 있도록 서비스를 제공하고 안전을 책임져요. 단정한 외모와 세련된 국제 매너로 '하늘을 나는 민간 외교관'이라고 불려요. 세계 여행을 할 수 있는 직업이라 인기 있답니다.

● 친절·외모·실력까지 갖췄어요

난생 처음 비행기를 타고 하늘을 난다는 생각에 가슴이 마구 뛰었던 기억이 나요. 비행기에 들어서던 때의 그 행복한 기억은 활짝 웃으며 승객을 맞아 주던 승무원들의 선녀처럼 아름답던 미소로부터 시작됐지요. 비행기가 이륙하기 전에는 승무원이 비상상황이 생기면 어떻게 해야 하는지를 직접 보여 주었어요.

드디어 비행기가 날아오르자 모든 것이 발밑으로 자맥질치는 것처럼 보였어요. 구름들이 마구 발밑으로 멀어져 가던 광경은 멋있기도 했지만 무섭기도 했어요. 두려워하는 내게 승무원이 다가와 달콤하고 향기로운 잼이 가득 찬 사탕을 주며 용기를 주었지요.

여행에서 돌아온 후에도 오랫동안 비상시에 행동하는 법을 가르쳐 주고 배가 고플 때 맛있는 음식을 가져다주던 승무원의 모습이 떠올라 그 여행을 내내 아름답게 기억할 수 있었어요.

이렇게 승무원은 승객들에게 비행기에서의 행동요령을 알려 주고 엄마처럼 음료나 식사 등 필요한 것을 준비해 준답니다. 또한, 비행기를 타고 가면서 일어날 수 있는 모든 상황에 침착하게 대응하면서 승객의 안전을 도모하는 안전요원이기도 해요.

승무원의 외모

대개 남자승무원(스튜어드)들은 '몸짱'이고 여승무원(스튜어디스)들은 날씬하고 아름다워요. 항공사의 '얼굴'로서 '민간 외교관' 역할까지 하기 때문이에요.
게다가 남자 승무원은 테러범이 나타나거나 승객이 난동을 부리면 순식간에 무술로 제압할 수 있는 믿음직한 보안관으로 변신하기 때문에 체격 조건이 좋아야 해요.

불규칙한 생활로 건강을 해치기도 해요

하루를 꼬박 비행기를 타야 하는 상황에서 자주 서 있거나 위험에 대비해 긴장까지 하기 때문에 체력적으로 힘든 일이에요. 승객을 위한 서비스를 철저히 하다 보면 자신의 식사나 휴식은 뒷전이 될 때가 많아 건강에 주의해야 한답니다. 대신 보수가 아주 높고 일한 보람도 그만큼 크대요.

외국어는 기본 중의 기본이에요

승무원이 되려면 자신이 취직하고 싶은 항공사의 입사시험을 보면 된답니다. 각국에서 온 승객들과 대화하려면 영어를 기본적으로 잘해야 해요. 게다가 요즘에는 외국 항공사에서도 한국인 승무원을 많이 채용하고 있어요. 따라서 토익과 영어회화는 기본이고 승무원이 무슨 일을 하는 직업인지 확실히 알아 두어야 면접관에게 좋은 인상을 심어 줄 수가 있지요.
인하공업전문대학, 안양과학대학, 수원과학대학, 한서대학교 등에 승무원으로서 필요한 자질을 모두 익히게 해 주는 항공운항과가 있어요. 항공사와 연계하여 교육 일체를 준비시키는 사설 학원들도 생기고 있답니다.

항공승무원을 꿈꾼다면 필요해요

단정한 용모 예쁘다기보다는 긍정적이고 호감이 가는 인상이 좋아요.
체력과 위기관리능력 비상시에 승객의 안전을 책임지기 위해서예요.
외국어와 의사소통능력 국제선 항공기를 타는 경우 외국어와 그 나라 문화까지도 잘 알아야 해요. 친절하다는 것은 결국 승객들의 필요가 무엇인지 아는 능력을 말해요.

> ### 승무원이 수상 안전요원?
> 2009년 1월 15일, 뉴욕 라과디아 공항을 출발해 노스캐롤라이나로 향하던 US에어웨이 소속 항공기가 이륙 4분 만인 오후 3시 30분경에 새떼와 충돌해 엔진 두 개가 모두 멈추는 사고가 일어났어요. 이때 조종사는 비행기를 허드슨 강에 비상 착륙시키고 승객들을 모두 구조하는 데 성공했어요.
> 한 명도 사망하지 않은 것은 승무원들이 신속하게 행동한 덕이에요. 모든 승객을 비상통로로 인도하고 강 위에 떠오른 비행기 날개 위의 구명보트 위에 태웠답니다. 이렇듯 비행기가 물 위에 비상 착륙하면 승무원은 수상 안전요원으로 변신하기도 하지요. 이를 위해 정기적으로 안전훈련을 받는답니다.

여행안내원 Travel guide

편안하고 즐거운 여행을 도와주는 사람

여행안내원은 여행객들을 직접 인솔하면서 일정에 따라 관광지를 안내해요. 여행을 출발하기 전부터 여행이 끝날 때까지 관광객의 즐겁고 안전한 여행을 책임져요. 지리는 물론 관광지의 문화와 역사를 잘 알아야 한답니다.

◉ 더욱 알차고 풍요로운 여행을 도와줘요

혹시 유명한 곳을 무작정 찾아갔는데 안내표지판을 읽으면서 답답했던 적이 있나요? 여행지에서 헤매다가 관광은 물론이고 어디서 자야 할지, 무엇을 먹어야 할지, 정하지 못해 당황한 적은요? 이럴 때 누군가가 옆에서 숙박시설과 음식점, 교통편을 알려 주고 관광지가 문화·역사적으로 어떤 의미가 있는지 자상하게 설명해 준다면 얼마나 좋을까요? 여행안내원(여행가이드)은 바로 이런 사람들을 위해 생긴 직업이에요.

여행안내원은 여행사가 개발한 다양한 여행 코스를 일정에 따라 안내하면서 관광객들이 편안하고 즐겁게 여행할 수 있도록 동행해요. 그러자면 우선 지리와 현지 사정에 밝아야 하겠죠? 그리고 관광지의 역사와 문화를 잘 알아야 해요. 또, 다양한 계층의 사람들에 맞춰서 대화할 수 있는 능력이 꼭 필요해요.

예전에는 여행안내원들이 관광버스에 동행하고 있다가 목적지에 도착하기 전에 마이크를 잡고 간단하게 설명해 주는 것이 전부였지요. 하지만 교통이 발달하고 소득이 높아지자 여행객이 크게 늘면서 여행의 종류가 많아졌어요. 이에 따라 여행안내원의 역할도 다양해지고 있답니다.

관광산업의 미래

관광산업은 부가가치가 높고 제조업처럼 환경오염이 심하게 발생하지 않아 21세기에 각광을 받고 있어요. 정부도 해외여행객들이 더 많이 우리나라를 찾을 수 있도록 꾸준히 관광산업을 육성하고 있답니다. 똑똑한 인재들이 이 분야에 몰려들면서 관광을 전문적으로 연구하는 학과는 갈수록 인기를 얻고 있어요. 여배우 한가인도 경희대학교 관광학부를 나왔대요.

실컷 여행하며 돈도 벌 수 있어요

여행을 좋아하는 사람에게 맞춤 직업이에요. 다른 사람들은 쉬는 휴일에 가장 바쁘답니다. 여행객들을 인솔하며 하루 종일 분주하게 다니고 말하다 보면 몸과 마음이 힘들고 지칠 수도 있어요. 여행 중에 갑작스러운 사고나 환자가 발생하면 침착하게 대처해야 해요. 해외에 많이 다니는 경우 시차 적응에 어려움이 있을 수 있답니다.

앞으로는 전문성을 키워야 성공해요

사람들은 여행지에 대해서 좀 더 전문적이고 알찬 정보를 얻고 싶어 해요. 여행객들이 만족할 만한 안내를 하려면 여행안내원도 역사·문화·지리 등 많은 지식이 필요하답니다.
외국인을 상대하거나 해외에 나가서 일하는 경우 외국어 회화는 필수예요. 관광통역의 경우 영어·중국어·일본어가 중요해요. 해외여행을 인솔하는 경우 영어는 기본이고, 유럽이 유로존으로 통합되었기 때문에 프랑스어·이탈리아어 등의 언어도 추가로 알아 두면 좋아요.
대학의 관광 관련 학과에서는 기본적으로 관광영어를 가르쳐요. 관광심리학은 사람들의 마음을 읽을 수 있는 소통능력을 키워 준답니다. 최근에는 전문성을 강화해서 교육하고 있어요. 호텔경영전공, 항공여행서비스전공, 호텔외식조리전공 등으로 전공을 세분화하고 있답니다.

여행안내원을 꿈꾼다면 필요해요

열정과 사교성 여행이 즐겁고 다양한 사람들 만나기를 좋아하세요? 말을 재미있게 잘한다고 칭찬 듣나요? 그렇다면 꼭 여행안내원에 도전해 보세요. 건강한 체력은 필수랍니다.
독서와 외국어 역사와 문화 등에 해박한 지식이 있어야 하니까 평소 독서를 꾸준히 하세요. 영어는 물론 여행하고 싶은 나라의 말도 미리미리 공부해 두세요.

여행안내원의 분야

우선 우리나라 사람들을 위한 국내여행안내원과 우리나라를 찾아온 외국인 관광객을 위한 관광통역 안내원이 있어요. 관광통역 안내원은 외국인에게 한국의 좋은 인상을 심어 주는 민간 외교관의 역할을 톡톡히 해낸답니다. 최근에는 해외여행이 늘어나면서 우리나라 사람들을 안내하는 국외여행 인솔자도 크게 늘고 있어요.
국내여행안내사, 관광통역안내사 자격증이 있어요. 누구나 응시할 수 있고 필기시험은 국사와 관광학 등을 봐요. 자격증이 필수는 아니지만 여행사, 호텔, 항공사 등 관광 관련 회사에 취업하거나 프리랜서로 일하는 데 도움이 돼요.

©Jenny Leonard / Shutterstock.com

쇼핑호스트 Shopping host

홈쇼핑에서 상품을
판매하는 사람

쇼핑호스트는 홈쇼핑 방송 프로그램을 진행해요. 생방송으로 상품을 안내하고 판매하는 거죠. 소비자들이 상품에 매력을 느끼고 전화기로 주문하도록 유창한 말솜씨로 상품을 소개하는 전문 방송인이에요.

● 소비자가 궁금해 할 내용을 콕콕 집어서 말해요

1995년부터 케이블 텔레비전 방송국이 문을 열면서 다양한 채널들이 생겨났는데, 이때 홈쇼핑 전문 채널도 생겼어요. 홈쇼핑 전문 채널에서 쇼핑 프로그램을 진행하는 사람이 쇼핑호스트예요.
홈쇼핑은 상품을 안내하고 판매하는 프로그램이므로 쇼핑호스트의 능력에 따라 판매량이 절대적으로 결정돼요. 따라서 쇼핑호스트는 소비자들 대신 상품을 써 보고 그 상품의 특성, 장점과 단점 등에 대해 정확하고 유용한 정보를 전달해 주어야 해요.
쇼핑호스트는 생방송 전에 상품을 완벽하게 이해해야 해요. 판매 전략을 마련하기 위해 상품 담당자와 자세히 이야기를 나눈 뒤 시장도 직접 조사해요. 생방송 중에는 시청자의 눈과 귀를 사로잡는 진행 실력이 있어야 하죠.
쇼핑호스트에게 가장 필요한 것은 소비자의 요구를 파악하고 그에 걸맞은 정보를 주는 것이죠. 또, 쇼핑호스트의 생명은 소비자의 믿음이에요. 따라서 상품판매를 맡기는 회사들의 로비에 넘어가지 않도록 주의해야 해요. 철저하게 소비자 입장에서 검증한 후 그 결과를 시청자들과 공유해야 한답니다.

홈쇼핑의 진화

최근에는 홈쇼핑에서 판매하는 상품이 무척 다양해지고 있어요. 침대나 노트북, 정수기를 빌려 주는 렌탈 서비스, 직장의 채용정보, 부동산 전화상담도 등장했지요.
물론 홈쇼핑에 절대 못 들어오는 상품도 있어요. 술과 담배는 안 되고, 모유 수유를 권장하기 위해 분유도 팔지 않아요. 보험 상품과 자동차를 함께 팔면 안 된다는 법규 때문에 자동차도 판매할 수 없어요.

시청률과 판매량에 울고 웃어요

홈쇼핑은 시청률과 판매량에 민감해서 스트레스를 많이 받아요. 방송시간이 매우 불규칙적이고 휴일에는 더욱 바빠서 강한 체력이 필요하답니다.

채용할 때는 실제 방송 진행 능력만 봐요

공주영상대학교에 유일하게 쇼핑호스트학과가 신설되었어요. 그 전에는 연극영화과나 신문방송과를 나온 사람들이 이 분야로 진출했었지요. 앞으로 홈쇼핑이 활성화되면 다른 학교에서도 쇼핑호스트과가 더 늘 수도 있어요.

이 분야에는 학력 제한이 거의 없어요. 채용할 때에도 실기 능력만을 봐요. 따라서 실제 상황이 주어졌을 때 대응하는 능력을 키우는 게 최선이 될 거예요. 사설 학원이나 방송 아카데미, 방송 동아리 활동을 통해 방송 감각을 배우는 것이 좋아요. 같은 꿈을 가진 사람들의 모임에 들면 서로 유용한 정보를 주고받을 수 있을 거예요.

평소에 연기와 화술, 상품을 소개하는 프레젠테이션, 카메라 테스트, 면접에 대비해 많이 연습해 두어야겠죠. 최근에는 분야별로 전문성을 가진 쇼핑호스트가 환영받고 있어요.

> **쇼핑호스트의 자질**
> 1. 시청자들이 무엇을 원하는지 정확하게 파악할 것
> 2. 시간대별 시청자가 누구인지 어떤 상품을 원하는지에 대해 정보를 얻을 것
> 3. 시청자들이 주의를 집중할 수 있는 말솜씨 키우기. 다른 사람이 귀를 기울이는 내용을 간파하는 감각 키울 것
> 4. 프로그램이 장시간에 걸쳐 진행될 때 모든 것을 시나리오대로 하기 어려우므로 모든 상황에 빠르게 대처할 수 있는 순발력과 연기력을 갖출 것

쇼핑호스트를 꿈꾼다면 필요해요

말솜씨와 순발력 말을 정확하게 잘하고 순발력과 재치가 있는 어린이라면 도전해 보세요.
호감을 주는 외모 성격이 밝고 호감을 주는 외모라면 유리해요.
협동심 방송은 여러 사람이 함께 만들어 가므로 협동을 잘하고 책임감이 있어야 한답니다.

• 홈쇼핑 방송의 한 장면

공인중개사
Real estate agent

집이나 땅을 사고팔 때
중개해 주는 사람

공인중개사는 집이나 땅을 사려는 사람과 팔려는 사람 사이에서 계약이 이루어지도록 해 줘요. 보통 사람들은 법률이나 현재 가격이 어느 정도인지 자세히 모르잖아요. 그래서 특히 사려는 사람이 피해를 입지 않도록 도와줘요.

◉ 좋은 집을 얻는 것은 복을 넝쿨째 얻는 거죠

추운 겨울 찬바람을 피해 종종걸음으로 아늑한 집에 들어서는 순간 우리는 안도감을 느끼게 돼요. 집은 추위와 더위, 그리고 세상의 모든 위험으로부터 우리를 지켜 주지요. 집은 우리 삶에서 중요하기 때문에 좋은 집을 얻는 것은 복을 얻는 것과 같다고 생각해 왔어요.

오래전에는 덕망이 높고 연세도 있어 마을 사정을 잘 아는 분이 살 집을 소개해 주곤 했어요. 이런 곳을 '복덕방'이라고 불렀지요. 복과 덕을 불러온다는 뜻이에요.

하지만 요즘은 세상이 복잡해지면서 법적인 절차가 필요해요. 등기도 해야 하고 세금도 내야 하지요. 집의 위치와 내부가 마음에 든 다음에도 따져 볼 것이 많아요. 집이 법적으로 문제가 있는 것은 아닌지, 혹시 살다가 불편한 점은 없을지 등등요. 만일 그렇다면 어떻게 구제를 받아야 하는지 등등, 집 한 채를 사고팔기 위해서 꼼꼼히 살펴보고 처리해야 할 일이 한두 가지가 아니랍니다. 그래서 전문적으로 공부한 사람만이 부동산 거래업의 공인을 받아 운영할 수 있도록 법으로 정했어요. 이 법에서 정한 공식적인 이름이 공인중개사랍니다. 공인중개사는 아파트·건물·토지 등

부동산

부동산은 한자로 '不動産'이라고 써요. 움직이지 않는 재산이라는 뜻이지요. 자동차는 우리 재산이지만 타고 다닐 수 있으니 움직이죠? 보석이나 장롱, 피아노 등도 움직일 수가 있어요. 하지만 집은 옮길 수가 없지요. 집을 옮기려면 알라딘의 마술램프에 사는 '지니'가 필요해요. 마술이 아닌 한 움직이지 못하는 재산, 즉 땅이나 집 등을 부동산이라고 불러요.

을 사려는 사람과 팔려는 사람, 빌리려는 사람과 빌려 주는 사람 사이에서 가격을 협상하고 계약이 잘 맺어지도록 도와주는 사람이에요.

집을 사고파는 물건으로만 보면 안 돼요

사람이 직접 들어가 살 집인 만큼 공인중개사는 정직해야 돼요. 큰돈이 오가는 만큼 실수 없이 꼼꼼하고 치밀하게 일을 처리해야 하지요. 다양한 사람과 만나고 많은 장소를 돌아다녀야 한답니다. 부동산은 가격과 법률에 변화가 많으므로 항상 최신 지식을 갖추어야 해요.

공인중개사 자격증이 꼭 필요해요

공인중개사는 법률에 따라서 자격을 얻은 사람만 할 수 있어요. 공인중개사 자격시험을 보기 위한 특별한 응시자격은 없어요. 공인중개사 자격증을 딴 다음 공인중개사무소를 열려면 그 지역을 관할하는 관청에 중개사무소를 열겠다는 개설등록을 해야 해요.
혼자 일하기가 힘들다면 중개보조인과 함께 일해도 된답니다. 그래서 대개 공인중개사 사무실에 가면 전화를 받는 사람, 상담을 하는 사람 등 많은 사람들이 북적일 때가 있지요.
서울 역삼동 같은 곳에 가면 커다란 빌딩을 빌려서 공인중개 회사를 차린 사람들도 있어요. 이런 곳에서는 많은 공인중개사들이 월급을 받으면서 일하고 있답니다. 하지만 대부분은 동네마다 개인들이 사무실을 차리고 부동산을 중개해 준 대가로 수수료를 받는답니다.

공인중개사를 꿈꾼다면 필요해요

책임감과 사교성 책임감이 강하고 대인관계가 좋은 사람에게 알맞은 직업이에요.
정직함 고객이 편하게 살 수 있는 곳인지 장단점을 잘 따져서 알려 주려는 친절한 마음과 정직성이 필요해요.

공인중개사 자격시험

시험은 1·2차로 나누어져요. 1차에서는 부동산학 개론과 민법 시험을 보고, 2차에서는 공인중개사의 업무 및 부동산 거래에 관한 법률 과목들을 시험 봐요. 법 시험을 많이 보기 때문에 법학과에 다니는 학생들에게 유리한 점이 있어요.
대학을 안 나온 사람이라도 시험을 볼 수 있어요. 각종 고시학원에서는 공인중개사 시험 준비반을 운영하고 있고, 사이버 대학 같은 데서도 시험과목을 배울 수 있어요. 물론 워낙 다양하고 좋은 책이 많이 나와 있기 때문에 혼자 공부해도 합격할 수 있답니다.

국제의료관광 코디네이터

International medical tour coordinator

외국인 환자의 의료와 관광을 돕는 사람

국제의료관광 코디네이터는 외국인 환자를 국내 병원의 의료진에게 연결해 주고 환자와 가족들이 편안하게 지낼 수 있게 도와줘요. 마치 외국인 여행안내원과 병원 코디네이터 역할을 동시에 하는 것과 같아요.

◉ 국제의료관광 코디네이터란?

의료시술을 목적으로 관광을 오는 외국인들은 먼저 우리나라를 관광한 후 치료를 받거나, 성형수술처럼 가벼운 수술을 하고는 회복기간 중에 관광을 한답니다. 국제의료관광 코디네이터는 국내 병원에서 치료를 받고자 하는 외국인의 의료시술 계획을 세워 줘요. 환자와 함께 여행 온 가족이나 동료들이 국내에 편안하게 머무를 수 있도록 지원해요.

마치 외국인 여행안내원과 마찬가지로 관광안내도 하고, 병원 코디네이터처럼 친절하게 환자 상담과 사후 관리도 해 주지요. 환자의 만족도가 높아지도록 도와준 답니다. 코디네이터(coordinator)란 조절하고 정돈해 주는 사람, 진행을 책임지는 사람이란 뜻이에요.

때로는 환자에게 수술 후 예기치 않은 사고가 생길 수도 있겠지요? 그런 위험에도 대비하고 문제점이 생기면 해결해 줘요. 국제의료관광 코디네이터는 외국어 의사소통능력은 기본이고, 의학 용어를 쉽게 설명할 수 있는 지식도 필요해요.

국가에서도 적극 지원해요

정부는 2009년도에 의료관광을 '차세대 신성장 동력산업'으로 선정했어요. 의료법 개정을 통해 해외 외국인 환자의 국내 병원 유치 활동을 허용한 것이랍니다. 2013년부터는 '국제의료관광 코디네이터 국가기술자격시험'도 실시되어요. 점점 외국인 의료관광객이 늘어 가자 국가에서 필요한 인력을 기르기 위해 국가기술자격증을 만든 거예요.

🟣 우리나라 의료과학은 수준 높고, 저렴해요

미국 등 서구 선진국들은 화폐 가치가 높은 편이고 과학도 발달하였지요. 그런데 우리나라는 의료과학 수준이 선진국을 거의 앞지를 정도이지만 아직 화폐 가치는 낮아요. 그렇다 보니 의료비가 저렴하면서도 선진적인 의료 환경을 갖춘 우리나라가 인기를 끌고 있어요.

또한, 기술이 낮은 나라에서 고칠 수 없는 병이 있다거나, 우리와 기술이 비슷하지만 더 싸고 좋은 서비스를 원하는 사람들도 한국을 찾겠지요? 이런 이유로 아프리카, 몽골, 중국, 일본 등지에서 치료와 시술을 받기 위해 우리나라를 방문하는 사람의 숫자가 늘고 있답니다.

🟠 국가기술자격증과 외국어는 필수예요

2013년에 처음으로 국가기술자격시험을 치르게 되는데, 이때까지 취득한 민간자격시험은 법적으로 보호해 주지 않아서 다시 시험을 봐야 해요. 자격증을 가진 사람이 병원, 관광회사, 각종 의료와 관광 관련 정부기관 및 공공단체에 취직하면 가산점을 인정받는다고 하니 국제의료관광 코디네이터가 되고 싶은 사람은 꼭 자격증을 따 두세요.

늘 외국인들을 만나 상담해야 하므로 기본적으로 영어를 할 줄 알아야 하고, 자신이 일하고 싶은 지역 언어를 한두 개 더 알아 놓으면 좋아요. 예를 들어, 아시아 지역의 환자들을 위해 일하고 싶다면 중국어나 일본어, 말레이시아어 등을 공부하는 게 좋아요.

국제의료관광 코디네이터 국가기술자격시험

응시 자격에는 제한이 있어요. 대학 다닐 때 보건의료, 관광 분야를 전공하지 않은 사람은 대학 졸업 후 2~4년의 실무경력을 쌓아야 해요. 관광통역안내원·보건교육사·간호조무사 등은 하는 일이 비슷하기 때문에 시험에 응시할 자격이 주어져요. 자격을 따면 일할 수 있는 영역이 훨씬 넓어지는 효과가 있답니다.

필기시험 과목에는 보건의료관광행정, 보건의료서비스 지원관리, 보건의료 관광마케팅, 관광서비스 지원관리, 의학용어 및 질환의 이해가 들어가요. 실기시험은 보건의료관광 실무를 봐요. 어학 능력은 기본이기 때문에 지원 자격에 영어·일본어·중국어·러시아어 등의 공인어학 성적을 포함하고 있어요.

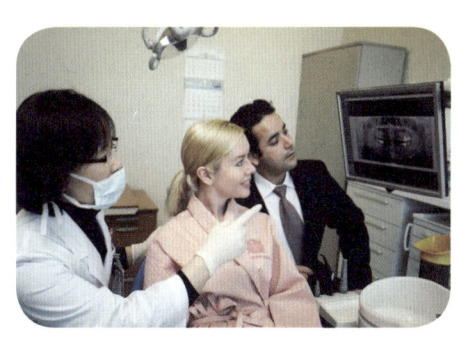

🟡 국제의료관광 코디네이터를 꿈꾼다면 필요해요

인내심과 책임감 환자를 상대하는 일이니까 긍정적인 자세와 인내심, 책임감을 갖는 게 중요해요.
의사소통능력 차분하게 상담할 수 있는 능력, 신뢰감을 줄 수 있는 인상도 중요하지요.
외국어 외국인과 의사소통을 할 수 있으려면 외국어 공부를 열심히 해야겠지요?

• 못다 한 이야기 6 •

CEO가 되고 싶어요!

CEO가 하는 일은 뭔가요?

CEO(Chief Executive Officer)란 최고경영자를 말해요. 최근 들어 사업가, 사장이라는 말 대신 많이 쓰이고 있답니다. 자신이 일으킨 사업체를 이끌고 대표하는 사람도 있고, 큰 회사에서 높은 연봉을 받으며 사장으로 일하는 사람도 있어요.

그럼 CEO가 하는 일은 뭘까요? CEO는 회사의 경영 방침과 사업 목표를 정하고, 회사의 모든 일을 책임지고 경영해요. 또, 목표를 달성하기 위한 다양한 전략들을 세우고 실행을 지휘한답니다.

작은 기업도 있지만 큰 다국적 기업의 경우 직원이 몇 만 명이 될 수도 있어요. 따라서 CEO에게는 좋은 인재를 선택하고 전체 직원들을 이끄는 리더십이 반드시 있어야 해요. 사업에 도움이 된다면 작은 의견이라도 귀 기울일 줄 알아야 좋은 경영자라고 할 수 있지요.

CEO의 능력에 따라 회사의 운명이 결정되기 때문에 전문지식을 공부하고 충분한 실무경험도 쌓아야 해요. 그래서 대부분 경영학이나 경제학을 전공한 이후에도 실무경험을 쌓으면서 최고경영자 과정이나 경영전문대학원(MBA) 과정을 더 밟기도 해요.

다른 사업체와 피 튀기는 경쟁을 하기 때문에 끊임없는 자기 계발과 혹독한 자기 관리가 필요한 자리랍니다. 외국어 능력이 뛰어나고 사회·문화나 경제 사정에 능통해야 유리해요.

CEO가 곧 브랜드가 된다고요?

CEO는 사업을 새로 시작하거나 철수할 때 꼼꼼하게 분석하고 단호한 결단력과 도전정신을 발휘해야 해요. 잘못 판단을 내리면 회사에 큰 손해가 생길 수 있으니까요. 그래서 성공한 CEO들은 집요하리만치 열정적이고 자기 일을 사랑하는 사람들이에요.

CEO는 외부적으로 회사를 알리는 자리에 참석하고 언론에도 자주 얼굴을 비춰요. 정부 관계자, 다른 사업체의 CEO나 간부들, 중요한 고객들, 기자들 등 등 다양한 사람들을 만난답니다. 패기 있고 도전적인 CEO의 이미지는 곧 그 회사의 이미지가 되어 매출에도 큰 기여를 할 수 있죠.

새로운 아이폰이 나올 때마다 직접 프레젠테이션으로 소개하여 세계적인 관심을 불러일으키곤 했던 스티브 잡스가 대표적이에요. 지금은 고인이 됐지만 디지털시대의 아이콘으로 추앙받은 스티브 잡스는 그 이름 자체가 아이폰을 능가하는 브랜드였죠.

내 인생의 CEO가 되자!

스티브 잡스뿐만 아니라 빌게이츠, 안철수, 박지성, 김연아 등은 모두 자신의 이름을 브랜드로 만든 사람들이에요. 브랜드란 남과 다르고 특별하다고 인정받는 거예요.

번뜩이는 아이디어가 재산이 되는 창의성의 시대에는 남들이 말하는 '전망', '안정' 같은 것이 아니라 내 마음을 좇아서 좋아하는 일을 찾아야 성공할 수 있답니다. 열심히 하는 사람은 즐기는 사람을 못 당한다는 말이 있잖아요.

한때 '미친 존재감'이란 말이 유행이었어요. 여러분은 모두 학교에서나 집에서 귀한 존재예요. 그 존재감을 어떻게 드러내느냐는 자신한테 달려 있어요. 독서광이다, 성격이 좋다, 친구들의 얘기를 잘 들어 준다, 말을 재미있게 잘한다, 공부를 잘한다…… 등등으로 나만의 존재감, 나만의 브랜드를 만들기 위해 지금부터 노력하다 보면 마침내 내 삶을 성공적으로 경영하는 CEO가 될 수 있답니다.

Chief Executive Officer

# Chapter 7

1 0 0   J o b s   o f   t h e   F u t u r e

우리 앞으로 바싹 다가온 직업

인터넷은 우리 사회에 혁신적인 변화를 가져온 가상공간이지요. 우리 삶을 유용하게 한 혁신도 있지만 불법적인 영역에서도 예전과는 다른 변화가 나타나고 있어요. 이런 경우를 가정해 보세요. 중국 사람이 한국에서 일본으로 캐나다 항공 비행기를 타고 가면서 비행기에 마련된 인터넷망을 이용해요. 이때 미국에서 막 비행기를 타고 프랑스로 가고 있는 희생자의 계정을 해킹할 수도 있겠지요. 이런 상황에서는 어느 나라 법을 적용해서 이 승객의 해킹 행위를 처벌할 수 있을까요? 범인이 탄 비행기가 있는 한국일까요, 목적지인 일본일까요? 아니면 희생자가 막 비행기를 탄 미국일까요, 목적지인 프랑스일까요? 이처럼 미래에는 쉽게 웹사이트에 기반을 두고 국경을 초월한 사이버 범죄가 벌어질 수 있답니다. 한 사건에 법의 관할권이 다른 지역들이 복잡하게 얽혀 있어서 해결하기가 매우 어렵겠지요. 그래서 등장하게 될 직업이 가상현실 법률가예요.

데이터 과학자 Data scientist

대용량 데이터를 분석하는 과학자

 데이터 과학자는 빅데이터를 분석해서 다양하게 활용해요. 빅데이터는 용량만 큰 게 아니고 형태는 다양하고 속도가 빨라요. 이것을 분석하고 가치 있는 정보를 찾아내서 회사의 이익과 연결하는 전문가가 필요해진 거죠.

◉ 빅데이터 시대의 등장

데이터 과학자는 현재 어떤 분야를 연구한다고 딱 집어 말하기가 곤란한 직업이에요. 아직도 이 분야는 계속적으로 발전하고 있기 때문이지요. 그런데 한 가지 분명한 것은 데이터 과학자들이 필요하게 된 것은 '빅데이터'의 등장과 직접적인 관련이 있다는 거예요.

빅데이터는 처리가 불가능할 정도로 용량이 큰 데이터를 말해요. 현재 인터넷에 무료로 사용할 수 있도록 공개된 많은 자료들이나 통신사업을 하는 사업가들이 다루는 정보 같은 어마어마한 양의 전자 자료지요. 이런 빅데이터들을 잘 분석해서 활용하면 이익이 엄청나게 증대될 것만은 분명해요.

◉ 빅데이터로 비즈니스를 한다고요?

데이터 과학자는 빅데이터를 분석해서 적절히 활용함으로써 사업을 구상하고 수익을 늘릴 수 있도록 해 줘요. 따라서 빅데이터 처리에 대한 전문지식을 가지고 있으면서 독창적인 해석을 통해 새로운 사업의 가능성을 판단할 수 있어야 해요.

> **빅데이터의 특징**
>
> 빅데이터들의 속성에 대한 기본 개념은 대개 '3V'로 표현되고 있어요. 볼륨(Volume, 양), 벨로시티(Velocity, 속도), 버라이어티(Variety, 다양성)를 말하는 거지요.
> 즉 빅데이터란 방대한 양은 기본이에요. 그리고 형식이 다양하고 데이터가 순환하는 속도가 빨라 원래 있던 방식으로는 분석하기 어려운 데이터를 뜻해요.

예를 들어, 트위터, 페이스북 등 소셜미디어에서 오고가는 개인 정보들은 엄청나게 많아요. 만일 신용카드사가 여기서 나온 빅데이터를 자세히 분석한다면 소비 유형에 맞추어 효과적인 마케팅을 펼칠 수 있을 거예요.

하지만 사업적인 통찰력과 데이터베이스 전문기술, 그리고 소통하는 능력을 혼자 다 갖춘 완벽한 인재는 드물답니다. 그래서 데이터 과학자의 절반 이상은 다른 데이터 과학자나 통계 전문가, 프로그래머들과 공동으로 작업하고 있대요.

● 대학에 학과가 새로 만들어지고 있어요

사실 이전에도 통계학자처럼 데이터를 처리하는 사람들은 있었는데, '하둡'과 같은 플랫폼이 등장하면서 데이터의 용량이 상상할 수 없을 정도로 커지고 말았어요.

아직 우리나라에는 데이터 과학자를 길러내는 학과가 없답니다. 하지만 앞으로의 폭발적인 수요에 대비해 대학들은 이 일을 무리 없이 소화할 수 있는 과정을 개발하고 있어요.

얼마 전 충북대학교에 비즈니스 데이터 융합학과가 신설되었어요. 서울대학교 역시 지식창출 연구센터를 설립하고 데이터 과학과 관련된 다양한 학문 분야의 교수들이 협력해 공학·의학 등에 접목하고 응용하는 방안을 연구하고 있어요.

● 실제 데이터 과학자의 충고 한마디

정우재 씨는 세계적 IT기업인 EMC 그린플럼에서 선임 데이터 과학자로 근무하는 유일한 한국인이에요. 이 사람은 빅데이터 시대에 과학자로 활동하려면 두 가지가 필요하다고 했어요.

통계학을 기본적으로 알아야 할 뿐만 아니라 하둡 등의 전문 기술과 지식이 반드시 필요하대요.

또한, 프레젠테이션(발표) 기술과 의사소통능력도 키워야 한대요. 분석한 내용을 고객에게 정확히 설명하고 이해시키는 것도 데이터 과학자의 주요 임무이기 때문이지요.

하둡

하둡(Hadoop)은 대용량의 자료를 분산 처리할 수 있는 플랫폼(기반)이에요. 오픈소스인 것이 특징이지요.

오픈소스란 소프트웨어의 설계도에 해당하는 소스코드를 인터넷에 공짜로 공개하여 누구나 그 소프트웨어를 고치거나 다시 배포할 수 있도록 하는 것을 말한답니다.

특히 하둡은 요새 인기 높은 '클라우드(cloud, 구름)' 서비스의 핵심 기술이에요. 클라우드 서비스란 인터넷 공간에 각종 자료와 소프트웨어를 저장해 놓고, 개인이나 그룹이 인터넷에 연결된 PC와 스마트폰 등 다양한 기기로 장소와 시간에 구애 받지 않고 꺼내 쓰는 것을 말해요. 이메일이나 USB에 저장하는 것보다 훨씬 편리하겠죠?

가상현실 법률가 Virtual lawyer

가상공간에 법률을 적용하는 전문가

가상현실 법률가는 웹상에서 벌어지는 국제 범죄행위에 법률을 적용하는 일을 할 거예요. 인터넷은 국경을 초월하여 전 세계를 연결해 주는 가상공간이에요. 따라서 복잡한 범죄나 법적인 분쟁을 해결할 전문가가 필요하답니다.

● 인터넷은 국경을 초월한 가상공간

인터넷은 우리 사회에 혁신적인 변화를 가져온 가상공간이지요. 우리 삶을 유용하게 한 혁신도 있지만 불법적인 영역에서도 예전과는 다른 변화가 나타나고 있어요.

이런 경우를 가정해 보세요. 중국 사람이 한국에서 일본으로 캐나다 항공 비행기를 타고 가면서 비행기에 마련된 인터넷망을 이용해요. 이때 미국에서 막 비행기를 타고 프랑스로 가고 있는 희생자의 계정을 해킹할 수도 있겠지요.

이런 상황에서는 어느 나라 법을 적용해서 이 승객의 해킹 행위를 처벌할 수 있을까요? 범인이 탄 비행기가 있는 한국일까요, 목적지인 일본일까요? 아니면 희생자가 막 비행기를 탄 미국일까요, 목적지인 프랑스일까요?

이처럼 미래에는 쉽게 웹사이트에 기반을 두고 국경을 초월한 사이버 범죄가 벌어질 수 있답니다. 한 사건에 법의 관할권이 다른 지역들이 복잡하게 얽혀 있어서 해결하기가 매우 어렵겠지요. 그래서 등장하게 될 직업이 가상현실 법률가예요.

사이버 범죄

경찰청의 사이버수사대가 수사하는 범죄는 해킹, 바이러스 유포와 같은 사이버테러가 대표적이에요. 그 밖에도 온라인으로 처리하는 일이 많아지면서 인터넷이 범죄의 주요한 수단으로 쓰이는 경우가 늘고 있어요.
게임아이템 등의 전자상거래 사기, 프로그램 불법 복제, 도박·음란 등 불법 사이트 운영, 개인정보침해, 명예훼손 등도 처벌을 받는 사이버 범죄랍니다.

가상공간에서 벌어지는 범죄나 분쟁을 해결해요

가상현실 법률가는 출근하면 컴퓨터 앞에 앉아 가상현실 세계에 적용할 법적인 선례들이 새로 나왔는지 모니터링하게 될 거예요. '스파이더' 같은 프로그램을 설치하고 범죄행위가 의심되는 거래의 흔적을 역추적하여 사건의 실마리를 찾아야 합니다. 또한, 범죄자를 기소할 때 도움을 줄 수 있는 전문가를 물색하지요.

특히 국제적인 전자상거래 분야에서 가상현실 법률가의 역할이 커질 거예요. 다양한 법체계를 가진 국가들 간에 전자상거래가 이루어졌을 때 안전하고 합법적으로 거래 방법을 조언해 주는 일이지요.

또한, 온라인 게임이나 콘텐츠 다운로드 같은 다양한 온라인 활동에서 발생할지도 모르는 범죄나 법적인 분쟁을 사전에 예방할 수 있어요.

스파이더

스파이더(spider)는 웹 사이트들을 방문하여 웹 페이지 및 기타 여러 가지 정보를 읽어 오는 프로그램이에요. 주요 검색 엔진들은 색인 작업을 위해 모두 스파이더와 같은 프로그램을 가지고 있어요. 이 프로그램이 스파이더라고 불리는 이유가 궁금하지요? 웹(거미집)의 큰 지역을 커버하는 스파이더(거미)의 여러 다리들처럼 이 프로그램이 많은 수의 사이트를 동시에 방문할 수 있기 때문이에요.

스파이더는 일반적으로 새로 생긴 사이트나 갱신된 사이트들을 방문하도록 프로그램돼요. 모든 하이퍼텍스트 링크를 따라 모든 페이지를 읽을 때까지 탐색하는 기능이 있어서 유용하답니다.

법학과 컴퓨터공학 둘 다 알아야 해요

'스파이더'처럼 가상현실 법률가가 주로 사용하게 될 프로그램은 자바 기술에 기초하고 있어요. 그러니 자바 등의 프로그래밍 언어와 새로 등장하는 기술을 능수능란하게 구사할 수 있어야 한답니다.

법을 알아야 가상공간의 질서를 해치는 사람들을 어떻게 기소할 것인지 결정하고 법적인 분쟁을 해결할 수 있어요. 따라서 변호사들이 컴퓨터 언어를 공부해서 이 일을 수행할 가능성이 높아요. 미래에 가상현실 법률가를 꿈꾸는 사람은 전공을 정할 때 법학이나 컴퓨터 프로그래밍을 선택한다면 훗날 도움이 될 거예요.

개인데이터 관리자

Virtual clutter organizer

개인의 데이터를
잘 관리해 주는 사람

 개인데이터 관리자는 개인이 컴퓨터나 인터넷에서 이용하는 데이터를 효율적으로 관리해 줄 거예요. 데이터가 뒤죽박죽 쌓이면 제대로 사용할 수 없게 된답니다. 이렇게 가상공간에서 생길 수 있는 혼란을 막아 주는 일이에요.

● 대책 없이 늘어나는 데이터를 어떻게 할까요?

우리가 일상생활에서 온라인으로 주고받는 데이터는 아주 복잡하고 많지요. 게다가 이메일을 사용하거나 새로운 웹 사이트에 회원 가입을 하는 등 인터넷으로 어떤 활동을 할 때마다 데이터는 거침없이 늘어나요.
이것을 제대로 관리하지 못하면 빠르게 돌아가는 정보 사회에서 소외된답니다. 바빠서 전혀 데이터를 관리할 시간이 없거나 컴퓨터 기술이 부족한 사람들은 혼란에 빠질 수도 있겠지요. 꼭 관리하기는 해야 할 텐데 스스로는 못 하므로 전문가의 도움이 필요해요.

● 컴퓨터나 인터넷 사용 환경을 깨끗하고 편리하게 관리해 줘요

개인데이터 관리자는 데이터를 관리·보호하고 정보망을 구축하는 전문가예요. 이 일에 필요한 소프트웨어 도구는 다운로드나 새스(SaaS) 방식을 통해 제공하고, 여러분만을 위한 데이터를 관리하는 완전히 개인화된 서비스를 해 줄 거예요.
개인데이터 관리자는 직접 방문해서 일할 수도 있고, 원격으로 조

> **새스**
>
> 새스(SaaS)란 서비스형 소프트웨어(Software as a Service)를 말해요. 소프트웨어를 구매하고 다운로드하는 방식이 아니라 중앙에서 관리자가 소프트웨어를 올려놓으면 인터넷에 접속해서 이용하는 방식이랍니다.
> 사용한 만큼만 돈을 내니까 비용이 저렴하고 사용하는 사람이 따로 설치하거나 업그레이드를 하지 않아도 되니까 편리해요.

종할 수도 있어요. 컴퓨터에 접속해서 여러분이 작업한 것들을 샅샅이 살펴보고 이메일과 문서, 그리고 온라인 계정 등을 확인해요. 또, 매일매일 체크해야 할 것들을 정해서 새로운 정보가 생성될 때마다 필요한 정보들은 저장하고, 쓸모없는 데이터들은 버리도록 안내하지요.

개인데이터 관리자가 제공하는 소프트웨어는 여러분이 일하느라고 컴퓨터에 내려받은 프로그램 중에서 중복 저장된 것들을 찾아 없애 줄 거예요. 또, 업그레이드나 업데이트가 필요한 프로그램이 있다면 알려 줄 거예요.

새로운 연락처가 생길 때마다 자동적으로 폴더를 만들거나 새로 생성된 모든 ID들을 포착해 중앙저장소에 보관하도록 하는 등, 데이터가 뒤섞이지 않도록 관리해 준답니다.

> **〈이런 직업도 있어요!〉**
> **쓰레기 데이터 전문가**
>
> 쓰레기 데이터 전문가(waste data handler)는 자신이 검색한 정보나 지워 버린 정보가 다른 사람들에게 추적당하지 않도록 확실하게 지워 주는 일을 하는 사람이에요. 가까운 미래에 등장할 직업이지요. 우리가 컴퓨터에서 삭제 버튼을 누르더라도 컴퓨터에는 흔적이 남아 기술이 좋은 사람들은 바로 되살릴 수 있답니다. 남의 정보를 캐는 사람들에게 정보를 빼앗기는 것을 방지하기 위해서 전문가의 도움을 받아 정보를 보호하는 거예요.

컴퓨터공학에 대한 공부가 필요해요

개인데이터 관리자가 되려면 온라인 웹사이트를 만들 때 쓰는 프로그래밍 언어들을 잘 알아야 해요. 그리고 데이터를 관리하는 방법을 잘 알아야 하겠지요? 데이터를 복원하고 지우며 업그레이드하는 방법, 컴퓨터 환경을 가장 적합한 상태로 유지할 수 있는 방법을 알려면 컴퓨터공학에 대해서도 공부를 해야겠어요.

사실 개인데이터 관리자가 하는 일은 요즘 컴퓨터 보안 회사가 하는 일과 비슷한 점이 있어요. 다만 조금 더 깊이 컴퓨터 기능에 대해 알아야 할 것이고, 개인 고객을 상대해야 하기 때문에 상담 능력도 있어야 해요. 컴퓨터공학과나 전자·전파공학과, 정보디스플레이학과처럼 컴퓨터나 프로그래밍 관련 학과를 선택하면 유리할 거예요.

한국에서도 앞으로 이 직업이 생기면 분명 자격증이 필요하게 될 거예요. 그때 시험과목에는 컴퓨터 알고리즘, 윈도우즈 프로그래밍, 웹서비스 컴퓨팅 등과 같은 과목들이 들어가겠지요? 여기에 소비심리나 마케팅 이론 등이 추가될 수 있어요.

노화예방 매니저 Old age wellness manager

노년 생활을 행복하게 해 주는 전문가

노화예방 매니저는 노화를 예방하고 노년기를 행복하게 관리해 줄 거예요. 앞으로 다가올 100세 시대에 젊고 건강한 몸과 마음으로 행복한 노년 생활을 할 수 있게 도와줄 거예요. 운동, 영양, 치료, 상담 등의 프로그램을 기획하고 제공해요.

● 평균수명은 늘어나는데 삶의 질도 높아졌나요?

요즘은 환갑에 작게 잔치를 벌이지요? 왜 그럴까요? 예전에는 사람들이 60세까지 살기가 힘들 정도로 평균수명이 짧았기 때문에 60세를 넘기면 장수를 축하하는 잔치를 벌였어요. 61세가 되는 해 생일 날 환갑잔치를 열던 풍습이 지금까지 이어져 오는 거예요. 하지만 요즘에는 사고를 당하는 경우가 아니면 의학의 발달 덕분에 환갑 전에 죽는 사람은 많지 않아요.

위의 평균수명 그래프를 보면 최근 10년이 지나는 동안에도 평균수명은 다섯 살이나 늘어났어요. 그렇지만 문제는 삶의 질이에요. 죽는 날까지 병만 앓는다면 오래 사는 걸 기뻐할 이유가 없어요. 말년에 병이 고통스러워서 자살을 하는 사람까지 생기고 있으니까요.

준비된 죽음, 웰다잉

최근에 죽음도 우리 삶의 일부라는 인식이 점차 확산되면서 웰다잉(well-dying)이 주목을 받고 있어요. 웰다잉이란 인간으로서 존엄을 유지하며, 남겨진 사람들에게 죄책감을 남기지 않는 죽음, 고통이 최소화된 죽음, 준비된 죽음, 편안한 죽음을 말해요. 웰다잉 강좌에서는 자서전 쓰기, 유언장, 상속과 나눔, 사전의료 의향서를 작성하는 것 등을 체험해 본대요.

● 행복한 나이 듦을 위한 도우미

머지않아 다가올 평균수명 100세 시대에 건강하고 행복한 노년 생활을 위해서는 적당한 운동과 영양의 균형, 그리고 치매 등에 걸리지 않도록 두뇌의 건강을 돕는 뇌운동이 있어야 해요. 이런 것들을 고루 만족시키도록 프로그램을 짜서 어르신들이 전보다 젊고 건강하게 살 수 있도록 관리해 주는 사람이 노화예방 매니저예요.

노화예방 매니저들은 정보에 어두운 어르신들의 특성을 잘 알아내서 연세에 맞는 운동과 건강식 등에 대해 정기적으로 적절하게 가르쳐 주어야 해요. 혹시 아픈 곳이 있다면 증세에 따라 질병도 관리해 주어야 한답니다.

이뿐만 아니라 새로 개발된 신약, 치아에 넣는 보철, 정신 건강, 노년의 지혜를 활용할 수 있는 일자리까지 행복한 노년을 위한 모든 것을 상담해 줘요.

◉ 의학 지식과 상담 기술이 핵심이에요

노화예방 매니저는 우선 고객의 건강 상태를 확인하고 돌볼 수 있어야 하므로 간호사에 버금가는 의학 지식이 있어야 해요. 게다가 영양사, 물리치료사 자격증이 있다면 더욱 좋겠지요.

하지만 노화예방과 관련된 모든 일을 다 알려면 너무나 많은 시간과 노력이 들겠지요? 따라서 매니저에게 꼭 필요한 사항만을 집중적으로 훈련시킬 교육기관과 자격증 제도가 필요하리라고 생각해요. 이런 기관에서는 식품영양학, 물리치료법, 간호법 등의 핵심 지식을 필수과목으로 가르치고, 심리학과 상담 기술 등도 가르쳐야 할 거예요.

노화예방 매니저는 전반적으로 우리 몸과 정신 건강에 필요한 계획을 과학적으로 마련할 수 있는 지식을 쌓아야 한답니다. 예를 들면 포도나 블루베리에는 노화를 막는 항산화물질 리스버라트롤이 많이 들어 있다고 해요. 이런 과일은 비싸기 때문에 경제적이고 효율적으로 먹을 수 있는 방법도 알려 줄 수 있겠죠?

늙지 않는 것이 과연 행복할까요?

SF영화 「인 타임」에서는 일을 한 대가로 돈이 아니라 시간을 준다는 설정이 나와요. 그래서 어느 재벌 가문은 3대가 나란히 서 있는데 엄마와 할머니, 증조할머니가 모두 20대 여인처럼 아름답지요. 올더스 헉슬리의 소설 『멋진 신세계』에서는 모두 다 20대의 젊음을 유지하다가 정해진 시간이 되면 아무런 고통도 없이 사라져요.

사실 이 영화와 소설은 그것이 좋은 사회라고 말하고 있지는 않아요. 사람이 태어나고, 늙고, 병들고 죽는 것을 겪는 과정에 행복도 있고 가치도 발견되는 것이지, 이 모든 게 사라진 후 매일 '소마(소설에 나오는 우울증 약)'를 먹으면서 편안해 보았자 무슨 의미가 있느냐고 의문을 던지고 있답니다.

인생 설계사
Life planner

인생의 여러 가지 문제를
상담해 주는 전문가

인생 설계사는 고객의 인생에서 벌어지는 여러 가지 문제를 상담해 주고 필요한 도움을 제공해 줄 거예요. 쏟아지는 정보 속에서 진짜 필요한 정보를 찾아내고 그것을 이용해 삶을 풍요롭게 만들어 주는 인생의 디자이너지요.

한 번뿐인 인생을 헛되이 살 수 없어요

사람을 편리하게 하는 기계가 점점 많이 발명되고 있는데 왜 전보다 우리는 더 바빠진 것일까요? 모든 것을 빨리 하는 게 가능하다 보니 모든 곳에서 우리가 더 빨리 더 많은 일을 하기를 원하게 되고, 결과적으로 점점 더 바빠지는 셈이지요.

마치 『어린왕자』의 점등인형처럼 말이에요. 소혹성이 빨리 돌아가고 그 결과 아침이 가면 바로 저녁이 와서 눈코 뜰 새 없이 가로등 불을 켜자마자 바로 끄고, 끄자마자 바로 켜는 장면을 상상해 보세요.

요즘에도 너무 많은 직업이 생기고 새로운 기술, 새로운 분야가 확장되었답니다. 도무지 우리의 능력과 시간을 어디에 투자해야 가장 행복한 삶을 살 수 있을는지 알 수 없을 때가 많아요. 점점 대인관계가 부족해지고 주변에 마땅히 조언해 줄 사람들이 없을 때는 막막하지요. 인생을 살아 보고 나면 소중한 경험이 생기지만 인생은 단 한 번밖에 살 수 없으니까요.

인생 설계 분야

인생 설계사가 상담하는 분야는 실질적인 생활 문제는 물론이고 심리적인 문제까지 포함해요.
누군가와의 갈등을 해결하고 싶은 사람, 꿈과 희망을 잃은 사람, 혹은 너무 하고 싶은 게 많은데 무엇을 해야 할지 몰라 고민하는 사람 등등. 인생을 살아가면서 해결해야 할 수많은 문제만큼이나 상담해 오는 문제도 다양하겠지요.

정보 활용이 뛰어난 상담전문가라고 할 수 있어요

인생 설계사는 갈수록 복잡해지는 세상에서 스트레스가 증가하는 현대인들에게 장차 필요하다고 여겨지는 직업이에요. 진로를 걱정하는 사람에게, 가장 먼저 인생 설계사는, 상담을 받는 사람이 세상에서 누구보다도 중요한 사람이라는 것을 알려 줄 수 있죠.

그다음으로 그 가치 있는 삶을 더 아름답게 가꾸기 위해 어떤 직업이 좋을지 함께 의논할 수 있어야 해요. 그러려면 우리 사회에 어떤 직업들이 있고 그 직업을 가졌을 때 좋은 점과 나쁜 점, 그 직업을 가지기 위해 어떤 준비를 해야 할지 연구해서 파악하고 있어야 하지요.

직업뿐만 아니라 육아, 결혼 등 고객이 의뢰하는 문제를 함께 해결해야 해요. 그래서 여러 분야의 많은 사람들과 다양한 정보를 알고 있어야 적절한 도움을 줄 수 있어요.

인생 설계사의 자질

각 분야에서 일하고 있는 상담사들이나 심리치료, 놀이치료, 음악·미술 치료를 하는 치료사들은 우선 인생 설계사의 자질을 갖춘 사람들이라고 할 수 있어요. 예전처럼 형제가 많지 않은 요즘은 편하게 마음을 터놓고 이야기를 나눌 수 있는 사람이어야 자신의 인생에 대해 의논할 수 있을 테니까요.

인생 설계사는 도량이 넓고 경험과 지식이 풍부해야 해요. 인간관계가 원만하고 발이 넓은 사람, 친구들의 고민에 귀 기울여 주고 친구들 사이에서 일어나는 문제를 기쁜 마음으로 해결해 주는 데 앞장서는 사람이라면 인생 설계사를 한번 꿈꾸어 보세요. 직장 생활을 하면서 돈도 벌고 남까지 도울 수 있으니 보람도 그만큼 클 게 틀림없어요.

시대를 읽는 능력과 상담 능력이 필요해요

뛰어난 인생 설계사를 배출하기 위해서는 다음 세 가지 환경 조건이 해결되어야 해요.

첫째, 인생 설계사를 길러내는 교육과정
둘째, 인생 설계사의 자격을 확인할 수 있는 제도(자격시험)
셋째, 인생 설계사와 상담이 필요한 사람을 연결할 기관

이 세 가지가 갖추어지기 전이라도 인생 설계사 역할을 할 사람들은 늘 필요해요. 자격시험이 생긴다면 시험에서 합격하자마자 바로 일을 시작할 수 있도록 자질을 키워 두는 게 좋겠어요.

누군가의 입장을 이해하고 조언하려면 우선 사람들의 심리를 잘 알아야 하므로 상담사가 되기 위한 준비가 필요하답니다. 또 한 가지는 현재 세상과 앞으로 우리에게 다가올 세상을 파악하고 예견하는 능력이 필요해요. 그래야 어떻게 미리 준비해서 인생을 풍요롭게 살 수 있을지 알 수 있을 테니까요.

홈스쿨링 전문기획자 Homeschooling specialist

홈스쿨링을 효과적으로 기획하는 사람

홈스쿨링 전문기획자는 학교 대신 집에서 공부하는 홈스쿨링을 전문적으로 기획해요. 나이와 적성에 따른 맞춤 교육과정을 만들어 효과적으로 가르치는 거지요. 창의성을 길러 주는 홈스쿨링은 앞으로 크게 발전할 거예요.

○ 홈스쿨링이 뜨는 이유

먼 훗날에도 지금 같은 학교가 있을까요? 우리나라는 출생률이 떨어지고 있을 뿐만 아니라 학교에 가는 대신 집에서 공부하는 홈스쿨링을 선택하는 사람들도 점점 늘고 있어요.

이유는 여러 가지가 있어요. 부모님의 직업 성격상 자주 근무지를 옮겨 다녀야 한다거나 학생이 몸이 약해서 종일 계속되는 수업을 견딜 수 없을 수도 있어요. 이런저런 사정으로 학교에 정기적으로 나갈 수 없는 경우도 있겠죠.

자녀들의 학교를 그만두게 하고, 몇 년 간 함께 해외 일주 여행을 떠나는 가족도 본 적이 있어요. 어쩌면 앞으로는 눈코 뜰 새 없이 점점 바빠지는 사회 환경 탓에 종일 학교에 가 있는 게 무리가 될는지도 몰라요.

또한, 홈스쿨링은 천편일률적인 교육으로 아이의 창의성이 떨어질까 봐 걱정하는 부모들이 선택하는 길이기도 해요. 자녀 개개인에게 꼭 맞는 맞춤 교육을 하게 되므로 가장 바람직한 교육 방법이 아닐까요?

홈스쿨링의 어려운 점

자기주도학습에서 가장 중요한 것은 공부하려는 의지예요. 집에서 공부하다가 한번 계획했던 진도를 나가지 못하면, 자꾸 못한 것이 쌓이게 되어 나중에는 자포자기 상태가 될 수 있답니다. 작심삼일이라는 말이 있듯이 처음에는 의욕이 넘치다가 조금씩 힘들어질 수 있어요. 이때 계획을 느슨하게 실천하다 보면 학교에 다니는 학생들보다 많이 뒤처지게 되지요.

홈스쿨링의 계획부터 실천까지 하나하나 챙겨 줘요

여러 가지 이유로 홈스쿨링을 선택한다고 해도 예기치 못한 상황이나 고려해야 할 내용이 많아요. 자녀들은 계속 커 가고 부모가 초등학교서부터 대학에 들어가기 전까지 모든 것을 다 현명하게 선택하고 판단해서 가르친다는 것은 쉽지 않으니까요.

이때 전문가 입장에서 자녀의 나이와 환경, 적성과 재능에 맞는 과목을 선택하고, 공부하는 방법을 조언해 줄 사람이 필요하겠지요. 학생의 전반적인 과목 선택에서부터 진도 체크, 학습 성과까지 꼼꼼하게 계획해서 조언해 주는 사람이 바로 홈스쿨링 전문기획자랍니다.

홈스쿨링과 사교육

요즘은 인터넷으로 홈스쿨링 비법과 학습 자료를 제공하는 전문 웹 교육업체들이 생겨나고 있어요. 이런 업체에 입사하면 홈스쿨링 전문기획 일을 맡게 돼요. 하지만 조심할 것은 학습지 회사라거나 과외를 알선해 주는 일을 주로 하면서 홈스쿨링이라고 이름을 붙인 업체들이 많다는 거예요.

이런 업체들은 홈스쿨링을 결국은 사교육의 장으로 만들기 때문에 의미를 잃어버리게 하지요. 진정한 홈스쿨링은 성적과 입시를 위한 사교육과는 전혀 달라요. 경쟁에서 이기는 방법보다는 자기 진도에 따라 원하는 공부를 마음껏 하는 방법을 가르치니까요.

교사이자 기획자로서의 능력을 두루 갖추어야 해요

미래 사회가 어떻게 변할는지는 확신할 수 없지만 홈스쿨링은 반드시 하나의 교육 형태로서 자리 잡을 거예요. 중요한 것은 원래 홈스쿨링의 목적에 부합되도록 학생을 깊이 이해하고 개인화된 교육 서비스를 해야 한다는 거지요.

사실 홈스쿨링을 제대로 하려면 다른 중요한 전문직들이 자격시험을 보는 것처럼 시험제도가 있어야 해요. 적어도 중등교사 자격증이 있거나 교육계에서 상담교사로 일한 경력 등이 응시 조건이 되어야 하죠.

머지않아 홈스쿨링을 원하는 사람이 점점 많아진다면 이 직업도 분명 공인자격증을 따야 하도록 바뀔 것이에요. 그 전까지는 교육학과 심리학, 문학 등을 공부하고, 교사 자격증을 따 두는 게 좋겠어요.

자신만의 독창적인 아이디어를 가지고 있고 남들에게 가르쳐 주고 상담하는 것을 잘할 자신이 있나요? 그렇다면 한 번쯤 생각해 볼 만한 직업이에요.

동물권리보호 전문법률가
Animal rights lawyer

동물보호법을 연구하고 적용하는 전문가

동물권리보호 전문법률가는 동물보호법을 직접 적용하여 학대행위를 처벌할 수 있도록 하는 전문가예요. 우리나라가 선진국이 될수록 동물복지는 더욱 강화될 거예요. 앞으로 동물보호법의 발달과 함께 나타날 직업이랍니다.

◉ 동물도 행복하게 살 권리가 있어요

사람들 사이에 일어난 분쟁은 대개 사건을 맡은 변호사들이 조언하고 해결해 주지요. 하지만 동물은 어떤 일을 당해도 변호사를 찾아갈 수 없어요. 사람들은 이제껏 동물들이 법적인 보호를 받을 이유를 잘 느끼지 못했어요.

내가 키우는 애완동물은 몰라도 다른 동물들의 권리를 위해 싸운다는 것은 쓸데없는 일이라는 생각이 널리 퍼져 있거든요. 하지만 동물들을 잔인한 방법으로 도살하거나 화풀이하는 장면을 본다면 사람들은 대부분 마음이 불편해진답니다.

우리가 잘 모르고 지나쳤지만 동물보호법은 생긴 지 꽤 오래됐어요. 1988년 서울올림픽 이후 우리나라가 애완동물을 학대한다는 비난이 일자 정부는 1991년에 동물보호법을 제정했지요.

그러나 조항들이 애매하고 추상적이어서 동물을 제대로 보호하지 못한다는 의견에 따라 2011년에 전부 개정되었답니다. 문제는 개나 고양이를 학대한 사람이 실제 처벌을 받는 경우가 거의 없다는 거예요.

> **돌고래에게 자유를!**
>
> 지금까지 동물권 보호 소송은 매우 이기기 어려웠어요. 법적으로 동물은 권리 주체가 아니고 동물보호단체는 직접 피해자가 아니기 때문이죠. 그런데 최근에 한국동물복지협회가 제주도의 한 돌고래쇼 공연업체를 상대로 낸 소송에서 돌고래들을 놓아 주라는 판결이 내려졌어요. 수년간 남방돌고래들은 제주도에서 불법 포획되어 모진 공연에 시달리며 생명에 위협을 받고 있었답니다.

🔵 동물보호를 넘어 동물복지를 실천해요

동물권리보호 전문법률가는 동물보호법에 근거를 두고 동물을 잔인하게 죽이거나 학대하는 사람에게 법적인 책임을 지도록 할 거예요. 동물도 인간과 똑같은 생명이기 때문에 고통을 모른 척해서는 안 된다는 도덕적인 입장에서 동물들이 학대당하지 않도록 권리를 지켜 주는 사람이랍니다.

현재 동물보호법에는 동물복지위원회라는 것이 있지요. 그 위원의 자격은 동물보호 및 동물복지에 대한 학식과 경험이 풍부한 수의사나, 동물복지 정책을 깊이 아는 사람이랍니다. 미래에 동물권리보호 전문법률가는 이런 위원회 활동을 통해 동물복지 정책을 만들 때 중요한 역할을 하게 될 거예요.

> **동물보호법 제3조**
> **(동물보호의 기본원칙)**
>
> 누구든지 동물을 사육·관리 또는 보호할 때에는 다음 각 호의 원칙이 준수되도록 노력하여야 한다.
>
> 1. 동물이 본래의 습성과 신체의 원형을 유지하면서 정상적으로 살 수 있도록 할 것
> 2. 동물이 갈증 및 굶주림을 겪거나 영양이 결핍되지 아니하도록 할 것
> 3. 동물이 정상적인 행동을 표현할 수 있고 불편함을 겪지 아니하도록 할 것
> 4. 동물이 고통·상해 및 질병으로부터 자유롭도록 할 것
> 5. 동물이 공포와 스트레스를 받지 아니하도록 할 것

🔵 동물보호법을 공부한 법률가가 유리해요

기본적으로 법을 공부해야 하니 법학과를 다니는 게 유리할 거예요. 하지만 동물권리보호 전문법률가는 시험을 치른 후 자격증을 따는 형태로 나타날 가능성이 높아요.

공인자격증이 생기기 전까지는 동물 보호에 관심 있는 변호사들이 이 분야를 다루겠지요. 하지만 점점 동물권리에 대한 사람들의 생각이 개선될 것이고 전문가에 대한 수요가 늘어날 것이 틀림없어요. 우선 동물보호단체의 활동에 참여하면서 미래를 준비해 보세요.

🔵 동물을 사랑하는 마음이 최우선이에요

동물권리를 보호하는 운동에 관심이 있는 사람에게 알맞은 직업이에요. 물론 법률가로서 법을 해석하고 논리적으로 표현할 수 있는 능력도 필요해요. 하지만 개나 고양이 등 동물을 사랑하고 동물의 습성에 대해서 잘 아는 것이 먼저랍니다. 때로는 법정에서 피해를 당한 동물을 변호하게 될 수도 있으니까요.

담수전환회사
Water conversion company

바닷물을 담수로
바꿔 주는 회사

전 세계적으로 물이 부족한 현상이 일어나고 있답니다. 우리나라도 예외가 아니래요. 담수전환회사는 바닷물을 마실 수 있는 물로 바꿔 주는 회사예요. 바닷물은 그 자체로 사람이 마실 수 없기 때문이에요.

우리나라가 물이 부족하다고요?

우리나라는 사계절이 뚜렷하고 눈비가 많이 와서 때때로 가뭄이 찾아오기는 하지만 대부분은 강에 물이 넘치지요. 그런데 우리나라가 물 부족 국가라는 사실을 아세요? 국민 한 사람이 1년간 사용할 수 있는 물이 1,000㎥ 미만이면 물 기근 국가라고 부르고, 1,700㎥ 미만이면 물 부족 국가로 분류한답니다.

그 기준이 담수, 즉 민물(마실 수 있는 물)이기 때문이에요. 우리나라에는 1년 동안 1,274mm의 눈과 비가 온답니다. 결코 적은 양은 아니지요. 그렇지만 우리는 국토가 좁아 인구밀도가 높아요. 게다가 동쪽에는 대개 높은 산맥들이 있고 서쪽은 바다로 빠지는 해안지대라 낮아요. 이를 동고서저 형태의 지형이라고 하지요. 눈이나 비가 오면 순식간에 강이 불어서 경사를 타고 빠른 속도로 강물이 바다로 빠져나가 버려요. 그러다 보니 실제로 우리가 쓸 수 있는 물은 부족해지는 거지요.

> **담수전환 과정**
>
> 원래 물은 농도가 높은 곳에서 농도가 낮은 곳으로 흘러 들어가게 되어 있어요. 이때 생기는 압력을 삼투압이라고 해요. 그런데 반대로 농도가 높은 바닷물에 압력을 가해서 바닷물에서 순수한 물이 흘러나와 담수가 되도록 하는 게 역삼투압 방식이에요.
> 때로는 화학약품을 넣어서 소금이나 불순물이 결합해 가라앉도록 하는, 즉 침전물이 생기게 한 다음 걸러내는 방식도 있어요.

바닷물로 물 부족 문제를 해결해요

지구에 있는 전체 물의 97.5%가 바닷물이고 2.5%만 담수이므로 만일 바닷물도 마실 수 있다면 물 부족 현상이 사라지겠죠? 이렇게 바닷물을 마실 수 있는 담수로 바꿔 주는 기술을 가진 회사를 담수전환회사라고 해요.

여러분은 '아랍' 하면 떠오르는 것이 무엇인가요? 저는 사막과 낙타가 떠올라요. 사방이 모래로 되어 있어 드물게 비가 오더라도 바닥으로 빠져나가 버리는 땅. 사막은 물이 없는 땅이에요. 그런데 사막 한가운데 어마어마한 오아시스를 만든 기술을 가진 나라가 바로 대한민국이랍니다.

동아건설은 리비아의 사막 한가운데에 수로를 놓아 유명해졌지요? 1984년부터 2003년까지 무려 17년간 꾸준히 건설했어요. 한국은 이런 기술력을 바탕으로 삼아 아랍권에서 기초 산업과 수로 건설 등 모든 분야에서 세계 1위의 업적을 쌓아 왔지요.

> **우리나라 담수전환회사의 미래**
>
> 우선 우리나라의 경우 사막이 아니기 때문에 담수전환 관련 회사는 국토 전체에 수로 등을 만드는 사업을 추진하기보다는 정수기를 달아 주듯이 집집마다 개인용 담수전환 시설을 설치하는 서비스를 제공할 가능성이 높아요.
>
> 또 한 가지는 바닷가를 중심으로 담수전환회사들이 들어서서 현재 수도 관리국이 하는 것 같은 사업을 함께 하게 될 수 있어요. 즉 해수를 담수로 만들어 계약을 한 가정에 수돗물처럼 공급하는 것이지요. 우리나라가 점점 아열대 기후로 되어 가므로 이런 회사들이 등장할 날은 멀지 않았어요.

담수전환회사에서 일하고 싶나요?

최근 두산중공업이 아랍에미리트(UAE)의 후자이라 담수 플랜트(설비) 사업을 7억 9,900만 달러에 주문받았대요. 미래에는 이외에도 많은 담수전환회사들이 생길 거예요.

담수전환회사는 단순하게 물만을 정수한다든가 필요한 시설만 건설한다든가 하는 어느 한 분야의 지식만으로는 운영할 수 없어요. 게다가 모든 회사 제품은 영업부서가 있어야 소비자에게 공급하게 돼요. 두산중공업이 보여 주듯이 담수전환회사로서는 건설과 판매 등 모든 것을 동시에 총괄하는 종합회사가 성공할 확률이 커요.

담수전환회사의 연구원이 되고 싶다면 고등학교에서는 문과보다는 이과에 진학한 다음 대학교는 화학과나 건축설계학과 등에 들어가는 게 좋을 것 같아요. 경영이나 경제 등을 전공해서 영업부 사원이 될 수도 있답니다.

• 못다 한 이야기 7 •

SF영화가 그리는 가상현실

가상현실에서 범죄사건이 일어난다면?

최첨단 설비가 마련된 첨단 형사대에 긴급한 경고음이 울립니다. 민완형사들은 이 소리만 듣고서 음속보다 빨리 하늘을 나는 오토바이를 타고 신속히 출동해서 가상범죄자를 체포합니다. 죄목은 '몇 분 후 살인을 저지를 확률 100% 추정죄'. 따라서 범인이 될 사람은 죄를 짓기 전에 사회와 격리해야 합니다.

이것은 2002년에 발표된 영화 「마이너리티 리포트」의 한 장면이에요. 뛰어난 예지력을 가진 세 사람의 뇌파를 이용해서 어떤 한 지역에 살고 있는 사람들의 범죄 가능성을 분석한 다음 실제 범죄가 일어나기 직전에 체포하는 미래의 치안 제도와 그 허점을 보여 주는 영화랍니다. 영화의 한 장면이지만 상당히 현실성이 있고 옳은 점도 많은 영화예요.

만일 사람이 손가락 하나 까딱하지 않고 가상현실만을 이용해서 어떤 행동을 할 수 있는 날이 온다면 범죄를 예방하고 범인을 잡는 것 역시 영화에서처럼 가상현실을 이용하게 되겠죠?

가상현실(virtual reality)이란 어떤 특정한 환경이나 상황을 컴퓨터 시스템을 이용하여 실제와 똑같이 느낄 수 있도록 만든 기술이에요. 1960년대에 비행기 조종훈련을 가르치던 모의 비행훈련 장치에서 시작되어 1991년 걸프전쟁 때는 미군이 실제 상황에 대비해 훈련을 하는 데도 사용되었어요.

오늘날에는 게임·전시·제품 설명회 등에서 다양한 수준의 가상현실 기술이 사용되고 있고, 앞으로 연예·의학·공학·설계 등으로 가상현실 세계는 점점 넓어질 거예요.

만일 직장생활이나 일상적으로 물건을 사고파는 행위, 우리의 실생활에 직접 영향을 주는 모든 일들이 가상현실로 이루어지는 세상이 온다면 어떨까요? SF 영화에서는 현실과 가상이 융합된 이런 세상을 조금은 어둡게 그리는 경우가 많아요.

가상현실에서는
원하는 모습대로 나를 바꿔요

어느 날 켄터 박사는 뇌와 '써로게이트'라는 기계 몸을 연결시켜 사람이 생각하는 대로 대신 움직이는 로봇을 만들어냅니다. 뜻하지 않은 사고나 병으로 인해 불구가 된 사람들의 사회생활을 돕기 위해서였습니다.

써로게이트를 이용하니 너무나 편리한 게 많았습니다. 얼굴도 몸도 자신의 취향대로 젊고 멋질 뿐만 아니라 터미네이터처럼 강한 것으로 주문해서 사용할 수도 있습니다. 이런 편리한 점 때문에 차차 장애가 없는 건강한 사람들도 써로게이트를 사용하기 시작합니다.

그러다 보니 사람들은 집에서 씻고 화장실 가고 밥을 먹는 시간 외에는 뇌신경과 써로게이트를 연결하는 기계 속에 들어앉아 종일 아바타와 같은 기계 몸, 써로게이트만을 사용해서 모든 사회생활을 하게 됩니다. 사고가 나서 써로게이트의 팔이 떨어져 나가면 새것으로 교환해 버리지요.

이것은 2009년 영화 「써로게이트」에 나오는 얘기예요. 아주 허황되다고 할 수만은 없어요. 실제로 이미 의학은 사용자의 뇌파를 이용해 움직이는 의료용 로봇을 만들어 실험을 거듭하고 있으니까요.

현재 가상현실의 수준은 기계가 조작자의 오감과 연결된 장치를 통해 생각하는 대로 움직이고 그 기계의 상태를 조작자가 실제처럼 직접 느끼게 해 줌으로써 기계와 사람 간의 양방향 소통이 가능한 경지까지 와 있답니다.

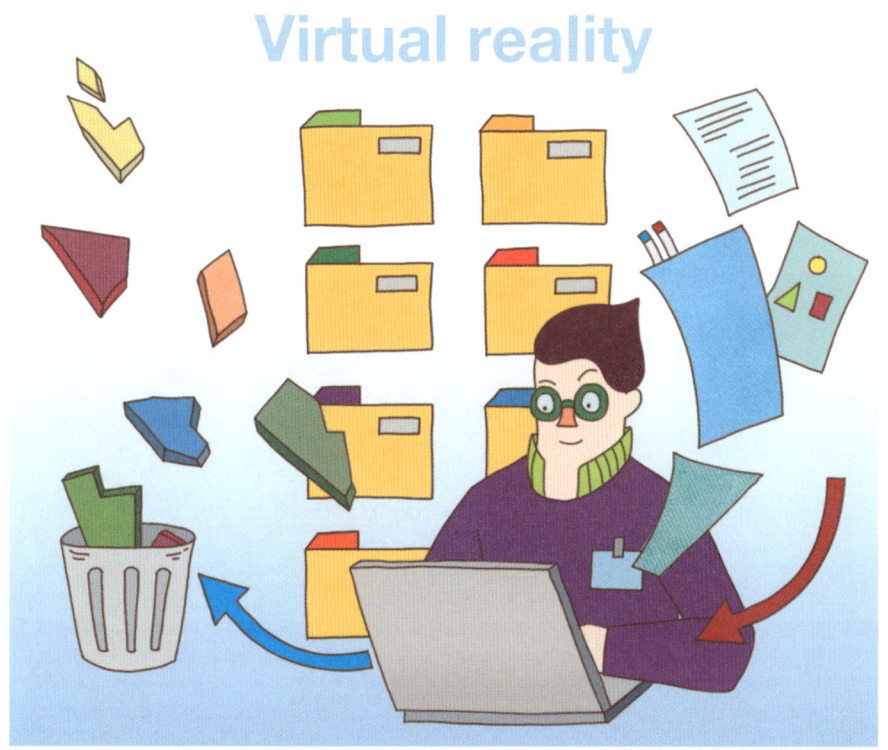

Chapter 8

100 Jobs of the Future

새로운 기술, 새로운 직업

무엇보다도 여러분은 벌써 우주여행을 한 사람들이 있는지 무척 궁금할 거예요. 우주인 말고 일반인 중에도 우주여행을 한 사람들이 정말 있답니다. 재정이 어려워진 러시아가 물건을 실어 나르거나 연구를 목적으로 우주정거장에 가는 소유즈(Soyuz) 호에 엄청난 돈을 받고 일반인을 태우면서 우주여행이라는 상품이 생겨나게 되었어요. 미국의 사업가 데니스 티토는 2001년 4월에 소유즈 호에 탑승해서 6일 동안 우주여행을 하는 대가로 2,000만 달러, 한국 돈으로 214억 원이나 주고 여행을 했답니다! 앞으로 2015~2016년쯤에는 관광을 목적으로 설치한 우주정거장에서 첫 번째 손님을 받을 수 있을 것이라고 해요. 영국의 버진 갤럭택이라는 우주관광 사업을 하는 회사는요, 지구 위 110km 상공에서 4분간 무중력 상태를 경험하게 해 주는 대가로 20만 달러를 받는답니다. 어마어마한 액수지요. 연료를 전보다 싼 것으로 대체할 수 있는 날이 와서 많은 사람들이 동참하면 가격도 훨씬 저렴해질 거예요.

나노 의사
Nano-medic

나노 기술로 환자를 치료하는 의사

 나노 의사는 미래에 나노 기술을 이용하여 미세한 수술을 할 거예요. 나노 기계를 환자의 혈관에 주입해서 원격으로 수술하거나 세포에 약물을 직접 전달하는 거죠. 나노는 전자현미경으로만 볼 수 있는 극히 작은 단위예요.

◉ 수술 없이 뇌종양을 잘라내는 놀라운 나노 기술

나노는 10^{-9} 또는 10억분의 1을 나타내는 단위로서 길이뿐만 아니라 시간을 나타낼 때도 쓰여요. 나노 기술은 현재는 아주 미세한 크기로 재료를 다루거나 처치를 하는 분야에서 성과를 내고 있어요.

예를 들어, 화장품 개발에 나노 입자들이 많이 쓰이고 있어요. 나노 입자는 모공보다 작아요. 따라서 피부 속으로 침투하면 피부에 좋은 성분을 직접 투여하기 때문에 효과가 크죠. 또한, 나노 크기의 탐침을 통해 약이 주입되도록 피부에 직접 꽂아 쓰는 의학용 센서들이 현재 개발되어 실제로 쓰이는 단계에 있어요.

공군의 폭격기 조종사들에게 목표지점을 정확히 알려 주는 계기판처럼, 뇌종양이 생긴 부위만 정확하게 표시해서 정밀하게 수술하는 방법도 개발되었다고 해요. 미국 스탠퍼드 의대 연구진은 '특별히 개발한 나노 입자'와 '3가지의 서로 다른 영상화 기법'을 결합해서 뇌종양에 걸린 쥐의 종양을 최초로 초정밀도로 잘라내는 데 성공했대요.

나노

나노(nano)는 난쟁이를 뜻하는 고대 그리스어 나노스(nanos)에서 유래했어요. 1나노미터는 머리카락 굵기의 1/100,000 정도의 크기로, 보통 원자 3~4개가 들어간대요.

나노 과학의 발달은 물질의 최소 단위로 알려진 분자나 원자의 세계까지 인간이 통제할 수 있게 되었다는 뜻이죠.

나노 의사가 하는 일은 무엇일까요?

나노 의사는 장차 발전된 기계로 미세한 수술을 행하는 전문 의사를 뜻해요. 나노 기술이 발달하면 앞으로는 직접 메스로 피부를 절개하는 등의 외과수술 자체가 없어질 확률이 높아요. 주사기로 나노 기계들을 혈관에 주입해서 원격조종으로 수술하는 일이 가능해질 테니까요.

나노 기계는 막힌 혈관으로 들어가 직접 혈관 벽을 청소한다든가 청소한 후 나온 쓰레기들을 치우는 역할도 할 수 있어요. 또, 혈관 벽이 헐어서 터졌을 때 신속하게 주입되어 다친 혈관 벽을 꿰매거나 치료한다면 뇌출혈 같은 치명적인 병을 고칠 수 있지요.

이런 수술을 하는 의사들은 우선 수술에 필요한 기계를 자유 자재로 다룰 줄 알아야 하고 나노 기술의 장단점을 정확하게 파악해야 해요.

21세기 의학 혁명, 나노 의학의 등장이 기대돼요

지금 의료체계 내에는 나노 의사가 아직 없어요. 하지만 요즘도 의사들이 발달한 영상 시스템과 의료용 로봇을 이용해 수술을 하는 일이 점점 잦아지고 있어 나노 의학을 전공하는 의사가 나타나는 건 시간문제예요.

현대 의학이 미래 의학으로 넘어가는 과도기에는 의과대학이나 대학원, 혹은 인턴이나 레지던트 과정 중에 나노 의학과가 개설되어서 이런 일을 주로 맡는 의사들을 훈련하고 배출할 것으로 보여요. 하지만 나노 의학이 하나의 독립된 과가 될지, 각 과에서 다시 세부적으로 나노 내과, 나노 외과 등으로 나뉠는지는 아직 확실치 않아요.

나노 의사가 되려는 어린이들은 고등학교에서는 이과로 진학을 하고, 나노 의학과가 개설된 의과대학에 입학하면 되겠어요. 의사가 꿈인 학생은 21세기 의학의 혁명이라고 불리는 나노 의학에 관심을 가져 보세요.

다운증후군도 치료할 수 있다고요?

미래에 나노 의학이 본격적으로 등장한다면 세포 안에 든 유전자의 이상을 치료할 수 있을 거예요. 사슬이 끊어지거나 문제가 생긴 유전자를 나노 의사들이 치료한다면 유전자의 결함으로 생기는 다운 증후군 같은 병을 고칠 수 있어요.

다운증후군은 21번 염색체가 정상인보다 1개 많아 3개가 있답니다. 이런 경우, 지체나 신체 기형, 전신 기능 이상, 성장 장애 등을 일으키게 되지요.

특히 다운증후군 환자들은 전 세계가 공통적으로 특징적인 얼굴을 가지게 돼 눈으로도 증세를 쉽게 판단할 수 있고, 대개 지능이 낮아요. 이런 경우 유전자 자체를 고친다면 발병하지 않을 거예요.

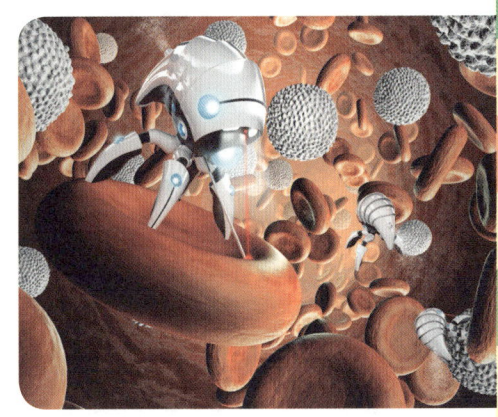

인간신체 제조회사 Body part maker

신체 각 부위를 생산하는 회사

인간신체 제조회사는 미래에 줄기세포를 이용해 신체 각 부위를 만들어 판매하게 될 거예요. 줄기세포는 복제 기능이 있는 만능 세포예요. 사고로 팔다리를 잃은 환자, 장기이식이 필요한 환자들이 주요 고객이랍니다.

● 병든 눈을 새 눈으로 바꾼다고요?

1982년에 개봉된 「블레이드 러너」라는 영화는 미래 우리 사회의 한 면을 보여 준답니다. 아직 여러분은 나이가 어려서 볼 수 없지만 몇 년 후면 볼 수 있겠지요? 미리 그 영화의 한 장면을 설명해 줄게요.

미래에는 전쟁을 수행할 군대를 복제인간으로 채워요. 그래서 우주에서 위험한 건설 현장이나 전쟁터에 파견하죠. 사람들은 지구나 화성 등의 주택가에서 건강하고 행복하게 살아가고 있어요.

여기에 노화예방 매니저들에게도 관심이 갈 만한 공장이 하나 소개돼요. 이곳에서는 병들면 교체할 수 있도록 과학자가 눈만 만들어 내고 있어요. 요즘도 당뇨병이나 녹내장, 고혈압 합병증 등으로 시력을 잃은 사람이 많지요?

특히 각막 혼탁증 같은 병은 각막 이식수술을 하지 않으면 시력 회복이 어렵답니다. 이런 병을 앓고 있는 사람들이 만약 눈을 공장에서 갓 만들어진 건강한 눈으로 교체한다면 노안이나 실명에서 해방되겠죠?

> **인간신체를 만드는 연구실 모습을 예상해 볼게요**
>
> 인간신체 제조업자는 연구실에서 신체 부위를 컴퓨터로 디자인하고 만든 뒤 환자의 몸과 잘 맞는지 성능을 테스트하는 데 하루 대부분을 보낼 거예요. 신체 부위를 환자의 몸에 이식하는 수술은 외과 의사들이 하기 때문에 의사들과도 자주 긴밀히 의논하는 시간을 가질 거예요.

팔다리와 각종 장기를 만들어서 공급하는 회사예요

미래에는 줄기세포를 이용한 의학이 발달하게 될 거예요. 신체 어느 부위든지 망가진 부분을 우리 자신의 세포를 배양함으로써 회복할 수 있는 의학체계가 나타날 거예요.

줄기세포는 특정 기능을 수행하는 세포로서 분화하기 전 단계의 세포, 미분화 세포를 말해요. 다른 세포와는 달리 세포의 운명이 결정되지 않은 상태이기 때문에 우리 몸을 구성하는 210여 가지 세포로 분화할 수 있고 스스로 복제할 수 있죠.

이런 기술 덕분에 다양한 신체 부위를 만들어 판매하는 인간신체 제조회사가 등장할 거예요. 앞으로 환자, 군인, 운동선수로부터 신체 각 부분에 대한 수요가 늘어날 거로 예상하고 있어요.

예를 들어, 간이나 신장 같은 장기를 인큐베이터에서 세포 배양할 수 있다면 장기이식이 필요한 환자들을 살릴 수 있어요. 팔다리의 경우는 뼈와 관절을 만드는 데 로봇공학, 나노공학 등 첨단기술이 총동원될 거예요. 사고로 팔이나 다리를 잃은 환자도 새로운 신체 부위의 접합 수술을 통해 간단히 장애를 극복하고 정상인이 될 수 있어요.

인간신체 제조회사를 세우고 싶다고요?

누구든 사업을 하려면 해당 행정업무를 보는 기관이 정한 절차에 따라서 사업자등록을 해야겠죠? 등록한 후에는 원하는 사람들에게 공급할 수 있도록 제품을 생산하는 시설을 만들어야 해요.

신체부위를 생산하려면 생산기술이 있어야 하는데, 그 기술은 바로 유전공학, 의학, 로봇공학, 신소재 등의 분야에서 연구하고 있죠. 인간신체 제조회사는 이러한 전문가들을 채용해 필요한 팔다리와 장기 등 신체의 각 부분을 생산, 판매, 수리한답니다.

노벨상 받은 줄기세포

2012년 노벨생리의학상은 줄기세포와 관련된 연구 성과에 돌아갔어요. 줄기세포의 연구 목적은 안전하게 의료용으로 사용할 수 있는 줄기세포를 얻는 거예요. 기존의 배아줄기세포는 수정이 완료된 배아에서 얻었어요. 그러나 여성의 난자를 채취해서 인공적으로 수정시킨 후 배아를 파괴해야 하기 때문에 생명 윤리와 관련해 논란이 많았지요.

이번에 노벨상을 받은 유도만능줄기세포(iPS)는 체세포에서 만능 줄기세포를 얻을 수 있게 해 준대요. 본격적으로 효율적이고 안전한 줄기세포를 연구할 수 있는 길이 열린 거죠.

약제농업

Pharmer of genetically engineered crops and livestock

유전공학으로 약효가 있는 작물을 키우는 농업

약제농업은 유전공학을 이용해서 약효가 있는 특화작물을 재배하는 농업이에요. 유전자를 변형시켜 당뇨나 암 같은 질병을 치료하는 작물을 개발하는 거죠. 약제농업은 과학기술의 발달로 미래에 본격적으로 나타날 농업이랍니다.

약제농업이 대체 뭔가요?

약제농업이란 어떤 병이나 특정한 질병 증세에 약과 같은 효력을 내기 위해 유전자변형 기술과 생명공학 등을 이용해서 개발한 특화작물을 키워내는 농업이에요.

지금은 농부들이 햇빛을 받아 가면서 비료를 주고 돌보며 흙에서 작물을 키우지요. 그러나 미래에는 컴퓨터에 연결된 모니터링 시스템을 통해 자동으로 온도를 조절하고 비료와 물을 주어 기르는 농업이 등장하게 된답니다.

그때에는 지금처럼 약재로 쓰이는 작물을 특화해서 키우는 데서 한발 더 발전할 거예요. 우리가 주식으로 먹는 작물이나 가축 등 어떤 것이든 아예 유전자를 변형시키거나, 약성분이 체내에서 합성되도록 작물을 키워내는 거지요.

예를 들어, 바나나를 하나 먹으면 B형 간염이 치료되고, 토마토를 하나 먹으면 신종플루 백신을 맞은 것과 같은 효과를 볼 날이 온다는 뜻이에요.

약제농업학자

컴퓨터로 제어하는 완전자동 시스템에서 약효가 있는 작물을 생산하는 사람들을 약제농업학자라고 부르게 된답니다.

화학이나 제약 분야의 지식을 갖춘 사람이 농부가 될 수도 있고, 원래 농부였던 사람이 과학을 공부해서 약제농업학자가 될 수도 있을 거예요. 이들은 다음 세대의 농부 모습이랍니다.

미래 약제농업학자의 하루를 미리 체험해 볼까요?

아침이 되면 보안 팀과 교대하면서 약제농업학자의 하루가 시작됩니다. 모니터링 시스템의 CCTV를 조사하고, 컴퓨터를 꼼꼼히 살피지요. 컴퓨터에는 지난 밤, 각 작물들의 상태와 가축들이 어떻게 지냈는지가 그대로 통계수치로 기록되어 나타난답니다.

각 수확물에 대한 데이터는 수확의 다음 단계인 식품제조업자, 도축업자, 분배배급사, 제약회사 등에 자동적으로 보내져 관계자들이 검토할 수 있게 하지요.

추수 때가 다가와도 걱정 없어요. 농작물 이랑마다 촘촘히 배열된 바이오센서로부터 온도, 대기조건, 식물이 얼마나 건실한지에 대한 정보를 읽어 체크하는 복잡한 컴퓨터 시스템이 수확 시기를 결정하는 데 이용될 테니까요.

자, 어느새 유전자변형 '암 치료' 해바라기가 제대로 잘 자라서 수확단계에 이르렀네요. 드디어 내일이면 수확과 가공을 하게 돼요. 그러면 약제농업학자님! 어서어서 오늘 안에 품질과 수량 검사가 이루어지도록 준비 잘하기를 빌어요!

약제농업은 지금도 있어요!

우리나라가 세계 각국의 여러 나라들과 자유무역협정(FTA)을 맺고 교역을 하면서 벼농사 등의 전통적인 농작물이 경쟁력을 잃게 됐어요. 그래서 농가에서는 여러 가지 생존전략을 마련했는데, 그중 하나가 질병 등의 치료약으로 쓰이는 특화작물이었어요.

현재도 질병 치유 효력이 있다는 모모르디카(당뇨에 효과가 있는 동남아산 여주), 당뇨 예방 쌀 등 여러 가지 약재가 되는 작물을 키워 농가소득을 올리고 있어요. 평균수명이 늘어나고, 영양과 건강을 염려하는 사람들이 증가하고 있기 때문에 약제농업의 전망은 매우 밝아요.

유전공학과 농업의 만남, 괜찮을까요?

유전자변형으로 인간은 전보다 더 건강에 좋고 더 오랫동안 열량을 공급하는 식품을 먹게 되어서 결국 음식물 쓰레기가 줄고 굶주림도 줄게 될 거예요. 새로운 종자의 대표적인 예가 비타민 A를 강화한 '황금 쌀'이에요. 이 쌀을 활용하면 개발도상국에서 아동의 실명을 예방할 수 있지요.

하지만 이런 기술은 개발되고도 아직 보건당국의 승인을 받지 못하고 있어요. 유전자변형을 두려워하는 소비자들이 여전히 많기 때문이죠. 그래도 사람들의 인식은 점차 바뀌고 있답니다. 머지않아 유전자변형 식품이 지구촌에서 빈곤을 퇴치하는 데 도움을 줄 날이 올 거예요.

유전공학 식재료회사

Cultured meat production

유전공학을 이용하여
음식재료를 만드는 회사

유전공학 식재료회사는 유전공학을 이용하여 식재료를 키워서 공급할 거예요. 살아 있는 동물의 세포를 배양해 만드는 육류가 대표적이에요. 앞으로는 쇠고기를 축산 농가가 아니라 이런 회사에서 대량으로 얻을 수 있답니다.

● 유전공학의 착한 기술

SF영화를 자주 보는 사람들은 유전자를 조작해서 우성으로만 만들어진 사람들 이야기를 많이 보았을 거예요. 눈·코·입이 모두 잘생기고 키도 크며 힘도 센 사람들만 좋은 도시에서 살아가는 이야기나 복제인간들을 만들어 군대로 쓰는 이야기들 말이에요.
유전공학 기술이 발달하면 그렇게 무시무시한 세상이 오는 것일까요? 사실은 그렇지 않아요. 그런 영화들은 인류가 기술을 잘못 사용하면 아주 불행하고 무서운 세상, 디스토피아가 올 수도 있다는 사실을 경계하기 위해 만들어진 것이랍니다.
유전공학이 발달함으로써 가장 좋은 것은 우리가 살아가기 위해서 다른 동물을 죽이는 살생을 하지 않아도 된다는 거예요. 외양간에 한번 가 보세요. 소가 얼마나 순박하고 충성스러운 동물인지 알게 될 거예요. 요즘 소를 이용해서 논밭을 가는 농촌은 많이 사라졌지만 여전히 축산 농가에서는 소를 많이 기르고 있어요. 바로 쇠고기를 얻기 위해서랍니다.
특히 농가 가축을 빨리 키우려고 공장식으로 사육하는 모습을 보면 마음이 아파요. 유전공학 식재료회사가 등장한다면 더 이상 가축을 죽이거나 괴롭히지 않아도 돼요!

> **세포 배양은 유전자변형이 아니에요!**
>
> 유전자변형농산물(GMO)은 생산량을 늘리기 위해 병충해에 강한 품종의 유전자를 농산물에 결합시킨다든지 하는 방법으로 유전자 자체에 변형을 가한 식품이에요. 이런 유전자변형농산물을 불안하게 생각하는 사람은 혹시 유전공학을 이용한 식재료도 몸에 해로운 것이 아닐까 걱정할 수도 있어요. 하지만 세포 배양 과정에는 유전자변형이 전혀 없음은 물론, 세포의 유전자지도 조작도 거치지 않는다고 해요.

살아 있는 동물의 세포를 배양한다고요?

유전공학 식재료회사는 세포를 배양해서 우리가 요리할 때 필요로 하는 다양한 식재료를 키워 공급하는 회사랍니다. 대표적인 예로 고기를 얻기 위해 소나 돼지를 죽이지 않고 등심이나 안심의 세포만을 배양해서 고기를 만들어내는 것이지요. 이렇게 유전공학 기술을 이용해 살아 있는 동물의 세포를 배양해 만드는 육류를 '배양육'이라고 해요. 축산 농가를 거치지 않고 고기를 생산하는 거죠. 그렇게 되면 자원의 낭비도 없고 살생도 피할 수 있어요.

유전공학 식재료회사를 운영하려면 무엇을 준비해야 할까요?

어떤 종류의 회사든 제대로 운영하기 위해서는 경영학, 판매를 잘하기 위해서는 마케팅 이론 등을 기본적으로 공부해야겠죠. 유전공학 분야의 일을 전문적으로 하는 회사이니만큼 유전공학에 조예가 깊은 인재들도 많이 필요해질 거예요.

이 회사를 운영하려면 장차 어떤 기술을 개발하고 어떤 제품으로 소비자들을 만족시킬 수 있을지, 그에 따른 문제점은 없는지 예측할 수 있는 지식이 있어야 해요. 그뿐만 아니라 식재료를 적절하게 공급하기 위해서는 그 식재료가 쓰이는 요리도 공부해야 하지요.

이 분야에 흥미가 있는 학생은 나중에 농업생명과학부나 화학생물공학부 등 유전공학을 공부할 수 있는 학과에 진학하면 좋아요. 주로 연구하고 개발하는 일이니까 분석력과 수리능력이 뛰어날 뿐만 아니라 인내심 많고 꼼꼼한 성격이 유리하겠지요.

육류 식재료의 미래

배양육은 앞으로 몇 년 내에 대량생산이 가능할 것으로 예상돼요. 육류 식재료의 미래는 값싸고 신선한 배양육이 될 수밖에 없어요. 요새 구제역 같은 질병이 늘어나고, 소를 먹일 사료를 재배할 땅과 물도 부족해지고 있거든요. 게다가 가축이 싼 똥은 지구온난화 등 환경문제까지 일으키고 있어서 배양육의 필요성이 점차 커지고 있어요.

우리나라에서도 대학이나 지방자치단체 안에 유전공학 연구소, 농생명 유전공학 연구소 등이 있어서 일반 기업과 연구개발 협정을 맺고 연구하고 있답니다.

군사로봇 전문가
Military robots expert

군사용 로봇을
개발하는 과학자

 군사로봇 전문가는 인간 대신 싸우는 군사용 로봇을 연구하고 개발해요. 사람이 타지 않은 무인 정찰기가 전쟁터를 날아다니는 일은 더 이상 영화가 아니랍니다. 터미네이터 같은 인간형 전투 로봇이 나올 날도 머지않았어요.

● 인간 대신 기계가 전쟁을 하는 미래

로봇태권브이를 아시나요? 못생긴 것에 열등감을 품고 세상을 저주하던 카프 박사는 악의 무리를 모아 붉은 제국을 만들어 나쁜 짓을 일삼지요. 이에 맞서 대한민국의 김 박사는 로봇태권브이를 만듭니다. 김 박사의 아들 훈이 조종하는 정의의 로봇이지요. 특기는 돌려차기! 로봇태권브이의 돌려차기 한 방이면 붉은 무리가 보낸 사악한 로봇 군단은 모두 나가 넘어졌지요.

이제 이런 일이 우리 눈앞에서 벌어질 날도 멀지 않았어요. 1999년 말 발칸반도의 코소보 분쟁지역에 미국은 무인항공기를 처음으로 보냈어요. 이 무인기는 정찰도 할 수 있고, 급할 때는 공격도 할 수 있었어요. 사람 대신 기계가 전쟁을 대신하게 하려는 최초의 시도였지요.

군사대국 미국의 무인항공기

현재 미국에는 공군의 프레데터, 글로벌호크, 다크스타 등을 포함해서 육군이 운영하는 레이븐, 헌터, 그리고 해병대가 운영하는 드래곤아이, 스캔이글 등의 다양한 무인기가 있어요.
미래의 전쟁은 아까운 인명을 살상하지 않고 이런 기계끼리 겨루는 전쟁이 될 가능성이 많아요.

우리나라도 군사로봇을 개발 중이에요

우리 국방부도 전쟁이나 천재지변에 투입하기 위한 무인 군사용 로봇 개발에 박차를 가하고 있어요. 지금 우리 군에서 연구·개발하는 로봇으로는 '다목적 감시정찰 로봇', '지뢰탐지 로봇' 등과 '전투로봇', '차륜형·보행형 로봇' 등이 있어요.

이 일을 누가 할까요? 바로 군사로봇 전문가들이지요. 이들은 국방연구소 등에 소속되어서 고급 기술을 가진 민간기업과 서로 협력해서 개발하고 있어요. 주로 하는 일은 군사용 목적에 맞춰서 로봇을 기획·설계·개발하는 일이지요.

군사로봇 전문가가 되려면 무엇을 공부해야 할까요?

로봇이 주위를 판단하고 원하는 장소로 사고 없이 빨리 이동하려면 사물을 잘 판단하는 눈 기능을 하는 기관이 있어야 하고, 사람의 머리처럼 생각할 줄 아는 두뇌가 있어야겠죠?

이를 위해 GPS(위치 측정), 열상 감지, 나노봇(아주 작은 초소형 로봇) 분야의 전문가들이 함께 모여 로봇의 두뇌에 프로그래밍하고 있어요.

그런데 로봇이 사람처럼 움직이려면 사람의 소뇌에서 행동을 관리하듯이 로봇을 제어하는 프로그램이 필요해요. 로봇도 기계이기 때문에 로봇을 개발하기 위해서는 기계공학을 연구한 사람이 필요해요. 그리고 그 행동을 원활하게 하기 위해서는 제어계측, 컴퓨터공학 등을 전공한 인력이 있어야겠죠.

그래서 대개 이런 연구소에서는 로봇공학 석사 이상의 연구원을 뽑기도 하고, 제어계측·컴퓨터공학·기계공학 등을 전공한 사람을 뽑기도 해요.

애국심이 투철해야 해요

실력 못지않게 필요한 것은 애국심과 뚜렷한 국가관이에요. 요즘 중국, 일본 등의 산업스파이가 우리나라 기술자들에게 거액의 돈을 주면서 기술을 빼내 가려고 기승을 부리고 있거든요. 애국심이 없다면 돈의 유혹에 쉽게 넘어가서 국가의 기밀을 아무도 모르게 팔아 넘길 수 있어요.

서울역의 로봇댄스

춤추는 로봇군단을 본 적 있으세요? 서울역 대합실에서는 때때로 50cm 크기의 로봇들이 팀을 이룬 로봇 댄싱크루가 원더걸스 등 한류 스타들의 케이팝에 맞춰서 단체로 춤추고 체조하는 공연을 한답니다. 이 로봇들을 만일 크게 만든다면 힘이 엄청나겠지요.

이 군단이 대한민국의 명령을 받아 로봇 태권브이처럼 활약한다고 상상해 보세요. 우리나라를 침략한 적의 탱크를 이단옆차기로 혼내 주고, 하늘로 날아올라 폭격기들을 돌려보낸다면 우리는 마음 놓고 살 수 있을 거예요. 우리나라 로봇 기술은 우리도 모르는 사이에 나날이 발전해 가고 있는 중이랍니다.

• 정찰기로 사용되는 무인항공기 글로벌 호크

첨단과학 윤리학자
'New science' ethicist

첨단과학 관련
도덕 문제를 관리하는 사람

 첨단과학 윤리학자는 첨단과학과 관련한 도덕 문제를 관리해 줄 거예요. 과학이 빠른 속도로 발전하면서 이제 과학기술의 개발은 '할 수 있느냐'의 문제가 아니라 '해도 되느냐'의 문제로 바뀌고 있어요.

● 첨단과학 발전의 딜레마

과학의 발달이 점점 가속화되면서 미처 생각하지 못한 부작용들이 많이 생겨날 거예요. 주로 도덕과 관련한 문제들이에요. 예를 들어, 요즘 테러가 큰 문제가 되고 있는데요, 테러 집단이 유전자 복제 기술을 이용해서 두려움을 느끼지 않는 전투형 복제인간을 대량으로 만들어낸다고 상상해 보세요. 이런 분야에서는 절대로 유전자 복제를 할 수 없도록 법으로 정하고, 그것을 위반하면 제재를 가하는 조치가 꼭 필요하겠지요.

유전자 복제기술뿐만 아니라 프로테오믹스, 나노 기술 분야에서도 도덕성에 관한 문제가 나타날 수 있어요. 그래서 이 분야의 개발이 이루어질 때는 우리의 도덕적 기준에 어긋나는 것은 아닌지 먼저 신중하게 생각해야 해요. 유전공학자 등의 과학자들뿐만 아니라 관련법을 만들어야 할 입법부, 또 그것을 집행해야 할 행정부에서 일하는 사람들까지 관련된 사람들이 가능한 한 많이 참여해 논의하고 결정해야 한답니다.

> **프로테오믹스**
>
> 프로테오믹스(Proteomics)는 단백질의 대규모 실험 분석을 의미해요. 인간 게놈 프로젝트는 완성되었지만 유전자 지도를 해석하고 질병의 예방과 치료를 가능하게 하기 위해서는 어떤 세포에서 어떤 유전자가 단백질을 만드는 데 관여하고, 합성된 단백질이 실제로 어떻게 활동하는지를 알아야 해요. 인간 생체 활동의 기본 단위는 단백질이기 때문에 이것을 파악한다면 생명의 비밀에 한걸음 더 다가가는 셈이죠.

기술 윤리에 대한 논의를 매끄럽게 이끌어 갈 사람이 적임자예요

어떤 기술의 발전이 과연 인류의 삶의 질 향상에 기여하며 도덕적으로 올바른지 논의하려면 공개적으로 청문회나 토론회를 열어야겠지요? 이런 일을 전문적으로 맡을 사람이 바로 첨단과학 윤리학자예요.

첨단과학 윤리학자는 과학자와 회사 대표들, 국회의원들, 변호사들과 정기적으로 만나거나 인터넷 화상회의를 통해서 기술 개발에 찬성하는지 반대하는지를 놓고 논의해야 할 거예요. 이를 위해 현재 쟁점이 되는 연구를 앞장서서 선도하고 있는 연구개발센터를 방문할 수도 있어요.

가장 흔한 업무 방식은 직접 강연이나 온라인 강연, 워크숍과 공개토론 등일 거예요. 예를 들어, 학생들이 이런 사회 문제들에 대해 이해하도록 중·고등학교나 대학에서 윤리에 대한 토론회를 열 수 있어요. 이런 활동으로 시민들은 지속적이고 합리적인 태도로 과학의 발달에 따른 윤리 문제를 평가하고 결정할 수 있도록 훈련을 받게 된답니다.

> **첨단과학 윤리학자의 활동 분야**
>
> 이 분야는 아주 범위가 넓게 걸쳐져 있어요. 이런 주제로 글을 쓰는 일부터, 학생과 일반인을 대상으로 교육 활동에 초점을 둘 수도 있어요. 또한, 정부·과학자·기업이 어느 수준까지 기술 개발을 허용할 것인지 합의하도록 돕는 일까지 무척 다양해요.
>
> 첨단과학 윤리학자들은 정부로부터 지원을 받으며 활동할 수도 있고, 과학 분야를 선도하는 회사에 들어가 처음부터 사회에서 받아들일 수 있는 수준으로 기술을 개발하도록 기틀을 마련할 수도 있어요. 따라서 이 직업은 첨단과학기술에 해박하고 논의를 잘 이끌어 가는 능력을 가진 사람에게 알맞답니다.

인간과 사회에 대한 이해가 중요해요

여러분이 첨단과학 윤리학자가 되고 싶다면 우선 유전공학이나 컴퓨터공학·나노 기술 분야로 진출해도 좋아요. 이들 분야를 나중에 배우기로 하고 윤리학·철학·종교학·법학·사회학·신문방송학 등을 먼저 공부해도 좋겠어요.

어차피 사회를 이루는 구성원들의 종교관, 도덕관, 철학 그리고 사회를 이끌어 가는 법까지 종합해서 과학의 발전 방향을 결정하게 될 테니까요.

새로 개척되는 과학 분야에서 어떤 쟁점이 나타날지 미리 예측하고 연구하다 보면 문제가 표면으로 떠올랐을 때 바로 해결책을 찾을 수 있을 거예요.

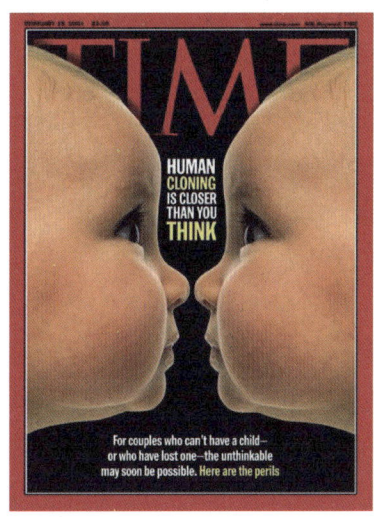

• 2001년 인간 복제가 가능해진 시대를 알리는 미국 잡지 「타임」

우주여행 가이드
Space tour guide

즐겁고 안전한
우주여행을 돕는 전문가

 우주여행 가이드는 우주로 여행 가는 사람들을 도와 안전하게 다녀올 수 있도록 해 줄 거예요. 우주비행사로서의 능력은 기본이지요. 떠나기 전에는 상담과 다양한 훈련을 받게 하고, 다녀와서는 후유증은 없는지 살펴 줘요.

◉ 코앞으로 다가온 우주여행

무엇보다도 여러분은 벌써 우주여행을 한 사람들이 있는지 무척 궁금할 거예요. 우주인 말고 일반인 중에도 우주여행을 한 사람들이 정말 있답니다. 재정이 어려워진 러시아가 물건을 실어 나르거나 연구를 목적으로 우주정거장에 가는 소유즈(Soyuz) 호에 엄청난 돈을 받고 일반인을 태우면서 우주여행이라는 상품이 생겨나게 되었어요.

미국의 사업가 데니스 티토는 2001년 4월에 소유즈 호에 탑승해서 6일 동안 우주여행을 하는 대가로 2,000만 달러, 한국 돈으로 214억 원이나 주고 여행을 했답니다! 앞으로 2015~2016년쯤에는 관광을 목적으로 설치한 우주정거장에서 첫 번째 손님을 받을 수 있을 것이라고 해요.

영국의 버진 갤럭틱이라는 우주관광 사업을 하는 회사는요, 지구 위 110km 상공에서 4분간 무중력 상태를 경험하게 해 주는 대가로 20만 달러를 받는답니다. 어마어마한 액수지요. 연료를 전보다 싼 것으로 대체할 수 있는 날이 와서 많은 사람들이 동참하면 가격도 훨씬 저렴해질 거예요.

> **우주 선진국을 향한 꿈**
>
> 짝짝짝! 우리나라는 2013년 1월 30일에 나로호 발사에 성공했어요. 몇 차례 시련은 있었지만 이번 성공으로 우리는 자기 힘으로 개발한 로켓을 자기 나라 발사대에서 쏘아 올려 위성을 궤도에 진입시킨 '스페이스 클럽'에 11번째로 이름을 올렸답니다.
> 지금 발사체 기술은 러시아의 도움을 받고 있는데요, 몇 년 안에 순수 우리 기술로 한국형 발사체를 제작할 수 있다고 해요.

우주여행의 A부터 Z까지 전부 책임져요

우주여행 가이드를 하려면 우주선 조종 원리와 우주탐사 방법까지 다 알아야 해요. 우주탐사를 떠나기 전에 가장 먼저 하는 일은 우주여행을 희망하는 사람들을 대상으로 우주환경에 적응할 수 있는지 상담하는 업무가 될 거예요.

상담을 거쳐 여행자들이 선정되면 탐사를 위한 준비 훈련, 막막하고 어둠에 가득 찬 우주에서 당황하거나 공포심을 느끼지 않도록 하는 심리 훈련을 실시해야 해요. 또, 지구에 돌아올 때 우주선이 떨어지는 속도가 위험할 정도로 빠른데, 이때 쇼크를 받지 않도록 중력가속도 훈련, 우주 공간에서 이동할 수 있는 무중력 훈련도 시켜 주어야 하지요.

아폴로 11호를 타고 달나라에 갔었던 루이 암스트롱처럼 훈련이 잘된 우주인들도 후유증을 앓았어요. 이런 후유증까지 책임질 사람이 바로 우주여행 가이드랍니다.

우주인처럼 지성과 체력, 정신력을 두루 갖추어야 해요

다른 여행 안내인들과 달리 우주여행 가이드는 우주선에 대해 잘 알아야 하니 항공공학과, 기계공학과처럼 기계를 전공한 사람이 유리하겠지요? 전공도 중요하지만 무엇보다도 강철 같은 체력을 가진 사람이어야 해요. 돌발적인 사고를 당했을 때 냉철하게 상황을 수습하려면 체력이 약하거나 담이 없는 사람은 곤란해요.

또한, 우주에서 일어나는 여러 가지 현상과 자신들이 가는 곳의 위치, 특성 등에 대해 설명할 수 있는 지식을 갖추어야 하겠죠. 기본적으로 영어와 기타 외국어를 구사할 줄 알아야 한답니다.

한국 최초의 우주인 이소연

2007년 고산이 우주인으로 뽑혔을 때 이소연은 예비우주인으로 함께 뽑혔어요. 그런데 고산이 러시아 연구원에게 우주선의 매뉴얼을 빌린 일이 규칙 위반이었다는 석연치 않은 이유로 러시아 소유즈 호를 탄 우주인은 이소연으로 교체되었어요. 지켜보는 국민들도 매우 마음이 아팠죠.

고산과 이소연은 강도 높은 체력 훈련을 받았을 뿐만 아니라 지성도 겸비한 인재들이었어요. 고산은 서울대와 하버드대에서 석사학위를 받았고, 한국항공우주연구원에서 근무했어요. 전국 신인 아마추어 복싱선수권대회에서 동메달을 땄을 정도로 강철체력의 소유자랍니다. 이소연도 카이스트에서 박사학위를 땄고 역시 한국항공우주연구원에서 근무했어요.

날씨변경 감시경찰

Weather modification police

날씨변경 행위를
감시하는 사람

 날씨변경 감시경찰은 인공적으로 날씨를 변경하는 행위를 감시하게 될 거예요. 브라질 나비의 날갯짓이 미국 텍사스에 토네이도를 발생시킨다는 '나비효과'처럼 날씨변경은 다른 지역에 큰 영향을 줄 수도 있기 때문이에요.

● 비가 필요하면 오게 할 수 있어요

중국에서는 매년 가뭄 때마다 비로 자랄 수 있는 '씨앗'을 구름에 뿌려서 비가 오게 하고 있어요. 중국뿐만 아니라 미국·러시아 등 40여 개국이 이런 인공강우 연구를 진행하고 있답니다. 이 중 러시아와 중국 등 일부 국가가 실용화 단계에 접어든 거예요.
안 그래도 요즘 이상기후로 가뭄이나 홍수가 들기도 하고, 또 폭설이 내려서 피해를 입는 일이 많아요. 인공적으로 비를 내리게 하는 기술이 안전하기만 할까요?
한 지역의 날씨를 인공적으로 변형시키는 행위는 수천 킬로미터 밖의 날씨 패턴을 변화시킬 수도 있어요. 주변에 미치는 영향을 고려하지 않고 날씨를 변경하는 지역 이기주의가 판친다면 다른 지역에서는 재앙을 맞을 수도 있답니다.

> **인공강우**
>
> 비나 눈이 내릴 때는 수증기가 물방울 또는 얼음알갱이가 되도록 하는 응결핵이나 빙정핵이 필요해요. 비나 눈이 내리기 위한 씨앗인 셈이죠.
> 인공강우는 요오드화은(요오드와 은을 반응시켜 얻는 노란색의 바늘 모양 결정)이나 드라이아이스·염화칼슘 같은 씨앗을 항공기를 동원하거나, 대포나 로켓을 쏘아서 뿌려요.

미래에는 날씨변경으로 무시무시한 일이 일어날 수도 있어요

지금까지 그래왔지만, 미래에는 과학자들이 낀 범죄단이 출현할 가능성이 더 많아요. 다른 곳으로 떠갈 구름을 훔치는 행위는 이미 세계 여러 곳에서 벌어지고 있는 실정이랍니다.

어쩌면 미래에 이보다 더한 나쁜 일도 일어날 수 있는데요, 과학의 힘을 빌리면 일 년 사시사철 낮만 되게 한다거나 계절을 조작할 수도 있어요. 하지만 그럴 경우 반대로 밤과 겨울만 맞는 사람들은 어떻겠어요? 그래서 중요한 과학기술이 범죄자들의 손에 들어가지 않도록 철저히 감시하는 전문적이고 범세계적인 경찰이 필요해질 거예요.

과학자예요? 경찰관이에요?

날씨변경 감시경찰은 무인 비행기와 땅에 설치한 센서로 실시간 데이터를 확보할 거예요. 그래서 누군가 로켓을 띄우고 지나가는 구름을 비로 바꾸는 요오드화은 같은 것을 뿌렸다면 바로 알아낼 수 있지요. 이 사람들은 과학자 역할부터 감시자와 대테러 전문가 역할까지 해낼 수 있어요.

날씨변경 감시경찰은 날씨의 자연적인 패턴을 변경하고자 신청한 사람을 철저히 심사하고 면허를 내줄 거예요. 만일 허용 되지 않은 곳에서 날씨변경 행위가 적발되면 곧 비를 내리게 하는 물질을 강제로 수거하고, 사건 기소를 준비해야 한답니다.

주 업무는 비와 흙의 샘플을 채취해서 분석하는 일이 될 거예요. 만일 수상한 물질이 나오면 더 자세히 분석에 들어가야겠지요. 미세한 화학원소의 변화만으로도 불법행위를 알아내려면 상당한 과학 지식이 있어야 해요.

각 지역의 날씨변경 감시경찰들은 불법으로 사용되는 기술과 새로운 수법을 서로 공유해야 한답니다. 생화학적·나노화학적 연구의 발전으로 날씨변경을 노리는 범죄는 더 활개를 치게 될 테니까요. 그래도 문제는 없어요. 그때쯤에는 불법행위를 정밀하게 감시하는 기술도 함께 발전할 테니까요!

우리나라의 인공강우 기술

우리나라에서는 1994년부터 인공강우 연구를 시작했어요. 2008년에는 항공기를 이용한 연구가 진행되었는데, 아직은 걸음마 단계라고 해요. 우리나라는 비보다는 눈을 내리게 하는 실험을 더 많이 했는데, 스키장에서 눈이 부족할 수 있기 때문이에요.

기상연구소가 2008년부터 2011년까지 19차례 실시한 실험에서는 8차례 눈이나 비를 더 내리게 만들어 42% 성공률을 기록했대요. 2018년 평창 겨울올림픽을 대비해 2016년에는 기상전용 비행기를 마련하고, 2017년까지 인공증설 기술을 확보하는 게 목표라고 해요.

통역기사
Interpretation equipment operator

동시통역기기를 다루는 전문가

통역기사는 미래에 동시통역기기를 통해 통역 서비스를 제공할 거예요. 지금 국제회의장에서 동시통역사들이 하는 일을 대신하는 거죠. 미래의 동시통역기기는 지금보다 훨씬 발전된 통역 프로그램이 입력된 방송장비랍니다.

◉ 동시통역사는 어디로 사라졌을까요?

2013년 ○월 ○일.
외국의 학자나 정치가 등이 단상에서 강의 혹은 연설을 하고 있습니다. 청중은 귀에 이어폰을 꽂고 동시통역사가 통역한 내용을 자기 나라 말로 듣고 있습니다.

같은 시간, 통역장비를 갖춘 부스 안에서는 최소한 두 명의 동시통역사가 말하는 사람에게 온 정신을 집중한 채 듣는 즉시 모국어로 동시통역을 하고 있습니다. 만약 이 사람들이 없다면 청중은 지금 연단에 있는 사람이 무슨 소리를 하는지도 모를 것입니다.

2023년 ○월 ○일.
노벨상 수상과학자가 서울 모 대학에서 강연하고 있습니다. 통역 부스 안에서는 통역기사가 통역기기를 분주하게 조작하고 있습니다. 볼륨을 조절하고 청중들의 반응을 살피면서 화면을 확인하고 있습니다. 통역장비가 고장이 났을까요? 동시통역사들은 어디로 갔을까요?

스마트폰이 동시통역을 해요

최근에 한국 전자통신연구원이 한-영 실시간 통역 애플리케이션을 개발했어요. 외국인이 스마트폰에 대고 말하면 바로 한국어로 통역되고, 한국어로 대답하면 다시 영어로 통역되는 거죠. 통역 성공률이 80%에 달해서 세계 최고 수준인 '구글'보다 15%나 높다고 해요.
2018년까지 중국어와 스페인어 등 8개 언어의 통역 시스템도 추가된다고 하니 한국을 찾는 외국인들에게 정말 좋은 소식이죠?

동시통역기기와 통역기사가 힘을 합치니 천하무적이겠지요?

10년 후쯤에는 외국인이 하는 말을 통역하느라 동시통역사들이 진땀을 빼지 않아도 된답니다. 왜냐면 동시통역을 능숙하게 해내는 동시통역 기계가 제 할 일을 완벽하게 해내고 있을 테니까요. 이때 필요한 사람은 동시통역사가 아니라 동시통역 기기를 조작하는 기사예요.

처음 선보였을 때에는 단어를 번역해서 토막토막 이어붙이는 수준밖에 안 됐던 통역 프로그램이 지금은 기능이 많이 향상되어 오역이 점점 적어지고 있어요. 앞으로 10년이 지나면 오히려 불명확한 발음이라도 기계로 데이터를 읽어 들이기 때문에 귀로 들어야 하는 사람보다 통역이 더욱 완벽해질 수 있어요.

하지만 기계는 기계, 프로그램은 프로그램일 따름이지요. 어떤 형태의 기계라도 무결점일 수는 없답니다. 따라서 이 시스템이나 기계 사용을 원활하게 해 주는 전문가가 꼭 필요하지요. 동시통역기기의 프로그램을 작성하고 능숙하게 조작하여 소비자에게 통역 서비스를 제공하는 사람이 바로 통역기사랍니다.

미래의 통역사 선발 기준

만일 통역기사 시험이 생긴다면 외국어 시험성적과 방송장비 관련 자격증을 갖춘 사람을 1차로 선발하고, 그다음 필요한 통번역 프로그램을 능숙하게 다룰 줄 아는지 실기시험을 치르게 되지 않을까요? 물론 면접에서는 해당 외국어 회화 능력도 볼 게 분명해요.

따라서 컴퓨터 프로그램 언어를 잘 아는 학생, 기계 다루는 것을 좋아하고, 특히 방송장비에 관심이 많은 학생이라면 나중에 통역기사에 도전해 보세요. 집중력과 순발력이 있다면 유리하겠지요. 우선은 외국어를 꾸준히 공부하세요.

외국어와 기계를 다루는 실력이 필요해요

통역기사가 다루는 기계는 앞으로 더욱 발달할 방송장비가 될 거예요. 통역기사가 되고 싶은 사람은 기본적으로 방송장비를 다루는 기술을 갖추어야 해요. 그뿐만 아니라 통번역 프로그램을 입력하고 결과를 송출하려면 기계가 제대로 작동하고 있는지를 판단할 만한 이론적 지식도 꼭 필요하답니다.

예전의 동시통역사만큼 외국어를 잘할 필요는 없어요. 그러나 적어도 입력한 말이 외국어로 제대로 번역되었는지를 판단할 만한 외국어 능력은 있어야 할 듯해요.

못다 한 이야기 8

20년 이내에 나타날 새로운 직업들

미래에 나타날 것으로 예상되는 일자리는 우리가 알지 못하는 것들이 많아요. 아직 만들어지지 않았기 때문이죠. 2010년에 포어사이트 네트워크에서 수백 명의 전문가 진단을 통해 2020~2030년에 부상할 직업 20가지를 선정해서 발표했어요.

우리 책에서 소개한 가상현실 법률가, 개인데이터 관리자, 노화예방 매니저, 나노 의사, 인간신체 제조회사, 약제농업, 첨단과학 윤리학자, 우주여행 가이드, 날씨변경 감시경찰, 쓰레기데이터 관리자 등 10개 직업도 'Fast Future(빠른 미래)' 조사팀이 펴낸 「The shape of jobs to come(미래에 부상할 직업)」에서 발표한 20가지 직업 중 일부예요.

여기서는 우리 책에서 다루지 않은 10개의 미래 직업을 간단히 소개해 볼게요. 모두 과학기술의 놀라운 발전 덕분에 새롭게 등장하는 직업들로서 우리 삶을 더 건강하고 더 행복하고 더 편리하게 만들어 줄 거예요.

- **기억력 증강 내과의사** (Memory augmentation surgeon)
  인체에 메모리칩을 심어 기억력을 확장시키는 일을 하는 의사예요.

- **수직 농민** (Vertical farmers)
  도시의 고층 건물에서 과학기술을 이용해 작물을 재배하고 판매하는 농민이에요.

- **기후변화 대응 전문가** (Climate change reversal specialist)
  기후변화의 위협을 줄이거나 대처하는 전문가예요. 예를 들어, 바다에 철가루를 뿌리면 태양광선을 차단하는 우산 효과를 만들어 낼 수 있다고 해요.

- **질병 검역 관리자** (Quarantine enforcer)
  치명적인 바이러스가 퍼질 경우 환자들을 격리시키는 전문가예요.

- **아바타 매니저/가상현실 교사** (Avatar manager/Virtual teachers)
  미래에는 지능화된 아바타나 컴퓨터 캐릭터가 교실에서 선생님을 대체하게 될 거예요. 이때 아바타와 학생들을 잘 매치해 주는 역할을 할 사람이 필요해요.

- **대체에너지 자동차 개발자** (Alternative vehicle developers)
  차세대 대체에너지 자동차를 개발하는 사람이에요. 미래에는 연료가 들지 않는 차, 하늘을 나는 자동차, 물속을 달리는 자동차도 나오지 않을까요?

- **협송인** (Narrowcasters)
  널리 방송을 송출하는 방송인과 상대되는 직업이에요. 특정 개인이나 기업의 취향에 맞는 콘텐츠를 제공하는 사람이랍니다.

- **시간 브로커/시간 은행 거래자** (Time broker/Time bank trader)
  시간을 단위로 하는 상호 교환 서비스예요. 미래에는 마치 화폐처럼 시간을 거래하게 될 거예요.

- **소셜 네트워크 전문가** (Social 'networking' worker)
  블로그, 트위터, 페이스북 등의 소셜 네트워크에서 소외되거나 충격을 받은 사람을 돕는 사회복지사예요.

- **개인 브랜드 홍보 전문가** (Personal branders)
  미래는 개개인이 브랜드가 되어야 하는 시대예요. 고객에게 소셜 네트워크나 다른 미디어를 통해 원하는 이미지를 만들어 주는 사람이 필요해요. 유명인사의 스타일리스트나 홍보 전문가가 하던 역할의 연장이라고 볼 수 있어요.

10년 후 자신의 모습을 마음껏 꿈꾸세요!

어린이를 위한 미래직업 100

ⓒ 최정원 EK티쳐미래교육연구소 2016

초 판 1쇄 | 2013년 5월 7일
개정판 3쇄 | 2020년 1월 13일

지은이 | 최정원 EK티쳐미래교육연구소
펴낸이 | 정미화 기획편집 | 정미화 이정서 디자인 | twoes 그린이 | 정지혜
펴낸곳 | (주)이케이북 출판등록 | 제2013-000020호 주소 | 서울시 관악구 신원로 35, 913호
전화 | 02-2038-3419 팩스 | 0505-320-1010 홈페이지 | ekbook.co.kr 전자우편 | ekbooks@naver.com

ISBN 979-11-86222-10-2 74370
ISBN 979-11-86222-02-7 (세트)

* 이 도서의 국립중앙도서관 출판예정도서목록(CIP)은 서지정보유통지원시스템 홈페이지(http://seoji.nl.go.kr)와
 국가자료종합목록 구축시스템(http://kolis-net.nl.go.kr)에서 이용하실 수 있습니다.(CIP제어번호 : CIP2016023690)
* 이 책은 저작권법에 따라 보호받는 저작물이므로 무단 전재와 복제를 금합니다.
* 이 책의 일부 또는 전부를 이용하려면 저작권자와 (주)이케이북의 동의를 받아야 합니다.
* 잘못된 책은 구입하신 곳에서 바꾸어드립니다.